李舫◎主编

见证

中国改革开放
40年40人

商务印书馆
The Commercial Press

2019年·北京

图书在版编目（CIP）数据

见证：中国改革开放 40 年 40 人 / 李舫主编. —北京：
商务印书馆，2018（2019.7 重印）
ISBN 978-7-100-16606-5

Ⅰ.①见…　Ⅱ.①李…　Ⅲ.①名人—生平事迹—世
界—现代　Ⅳ.①K812.5

中国版本图书馆 CIP 数据核字（2018）第 211402 号

见证

中国改革开放 40 年 40 人

李舫　主编

商 务 印 书 馆 出 版
（北京王府井大街36 号　邮政编码100710）
商 务 印 书 馆 发 行
北京新华印刷有限公司印刷
ISBN 978-7-100-16606-5

2018 年 10 月第 1 版　　　开本 787×960 1/16
2019 年 7 月北京第 3 次印刷　印张 29
定价：168.00 元

李　舫

中国巨变何以可能

1978—2018。

今年，中国改革开放迈入了第 40 个年头。

每一位中国人都不会，也不应该忘记，40 年前，从"文化大革命"走出来的中国，是怎样的满目疮痍、百废待兴。十年浩劫给中华民族带来了深重的灾难，让整个国家的发展进程都经历了重大的曲折。一时间，历史旧债堆积成山，人们的思想陷入极度的混乱。中国，究竟向何处去？这个问题已经严肃地摆到人们面前。

俄国作家托尔斯泰曾说："思想，就是推动自己和全人类的生活的力量。"灾难深重的中国能够冲破"两个凡是"的禁锢，来源于思想的解放，这不仅关系到中国社会主义事业的兴衰成败，更关系到党和国家的前途命运。1978 年，邓小平同志以非凡的胆识和科学的态度，冲破各种阻力，打破社会发展的僵局，旗帜鲜明地支持"真理标准问题的讨论"，开启了解放思想、实事求是的伟大进程。

这一年的 12 月，中共十一届三中全会成功召开，不足而立之年的年轻的共和国开启了黄金时代。会议的中心议题是根据邓小平同志的指示，讨论把全党的工作重点转移到经济建设上来。正是这次会议，结束了粉碎"四人帮"之后两年党的工作在徘徊中前进的局面，实现了思想路线的拨乱反正、政治路线的拨乱反正、组织路线的拨乱反正，开始了系统地清理重大历史是非的拨乱反正，恢复了党的民主集中制的传统，同时作出了实行改革开放的新决策，启动了农村改革的新进程。1984 年 10 月，中共十二届三中全会召开——短短六年时间，9 亿中国人以家庭联产承包责任制的路径基本解决了温饱问题，中国的改革开放翻开新的一页。

回顾改革开放 40 年的历史进程，我们不难发现，每个重要关口，都是一次观念突破和思想解放。没有思想解放，就没有改革开放。

站在改革开放 40 年的历史节点上，我们选取 40 位代表人物，通过他们的故事来反映这可歌可泣的伟大历程。这具有标志意义的 40 个人，分别是——作为思想者的胡福明、厉以宁、吴南生、温元凯、李灏、赵启正、周瑞金、高尚全、杜润生、林毅夫；作为创业者的蒋子龙、柳传志、张瑞敏、宗庆后、马云、李书福、王石、吴仁宝、褚时健、李宁；作为突破者的袁隆平、屠呦呦、杨利伟、钟南山、邓丽君、金庸、贾平凹、郎平、张艺谋、姚明；来自国际社会的基辛格、傅高义、大平正芳、李光耀、费正清、拉法兰、陆克文、萨马兰奇、齐赫文斯基、古特雷斯。他们都是中国改革开放的见证者，他们的经历让后人得以窥见改革开放 40 年的每一次彷徨与前进，每一次探索和成功。

南京大学胡福明教授以特邀评论员身份，在《光明日报》刊发《实践是检验真理的唯一标准》文章，引发了一场关于真理标准问题的大讨论；小岗村的 18 位农民在一张秘密契约上一一按上了鲜红的手印；情报员出身的袁庚在蛇口的工地上耸立起 "时间就是金钱，效率就是生命" 的标语牌；吴南生立下 "在汕头划出一块地方搞试验，用各种优惠的政策来吸引外资，把国外先进的东西吸引到这块地方来" 的宏愿，用颈上人头做军令状，发誓 "如果省委同意，我愿意到汕头搞试验。如果要杀头，就杀我好了"；浦东开发开放时，赵启正认真思考，如何让廉政也成为重要的投资环境，他与美国宗教领袖路易·帕罗在黄浦江边留下了开明、开放、开心的 "江边对话"；经济学家林毅夫泅渡台湾海峡来到大陆，亲历改革开放大潮后对比世界经济发展时说，改革开放 40 年最大的财富，不仅是让 14 亿中国人的生活得到改善，而且是可以改变全世界更多人生活的可能，感慨"我非常幸运地经历了中国创造奇迹的时代"。

蒋子龙用一部《乔厂长上任记》将改革文学深深地烙在当代文学的史册上，应和了人们渴望雷厉风行的社会心理；张瑞敏当众砸毁76台有缺陷的冰箱，以"要么不干，要干就要争第一"的魄力，打造了高质量中国产品；李书福立志"让中国的汽车走向世界，而不是让全世界的汽车跑遍全中国"；获得过14个世界冠军、106块金牌的体操王子李宁，怀着"中国奥运冠军穿着自己国家制造的运动装备站在奥运会的领奖台上"的梦想，开启艰辛的创业历程。

袁隆平数十年如一日地躬耕田亩，将杂交水稻研究不断向前推进，解决了数亿中国人的挨饿问题，造福了全世界；杨利伟自豪地向中国和世界展示五星红旗和联合国旗帜，在《飞行日志》上郑重写下"为了人类的和平与进步，中国人来到了太空了"；张艺谋用独具魅力的电影语言讲述中国故事，颂扬中华民族坚韧不拔、激奋昂扬的民族精神；带有中国文化背景的姚明在世界各大赛事中开启他的高光时刻，赢得国内外球迷的尊敬和喜爱，从而成为中外文化沟通交流的标志性人物。

在中美建交中扮演重要角色的基辛格诚恳地表示，"随着中国融入世界秩序步伐的加快，它也正在重新塑造国际关系"；中国人民的老朋友、法国前总理拉法兰提出，作为一个历史悠久的伟大国家，中国有自己独特的文化和传统，在这块土地上从事改革开放事业，这本身就决定了中国特色社会主义的原创性；萨马兰奇缓缓打开装有2008年奥运会主办城市的信封，宣布"获得2008年第29届奥运会主办权的城市是——北京"时，有超过7亿的受众在人民日报全媒体平台上通过文字和视频观看了采访；前来参加2018年中非合作论坛北京峰会的联合国秘书长古特雷斯说："当前多边主义面临严峻挑战，中国坚定支持多边主义、积极维护多边秩序并推进全球治理令人赞赏。"

正是这些改革开放历程中无数宝贵的瞬间，折射了一个伟大民族的伟大历程。

1978—2018年，这是不可复制的40年。中国不仅在严峻的考验面前再一次显示了自信，显示了智慧，显示了能力，更在累累伤痛中果毅前行，在积极探索中走向复兴。中国在短短 40 年内走过了许多发达国家两三百年所走的路，这是人类历史上前所未有的奇迹。

正是这些改革开放中无数华彩的篇章，拉开了一个伟大时代的伟大序幕。

今天，改革开放站在了四十而不惑的历史节点上。40 年，人生可见枯荣，国家破茧而生。回望来路，中国以濒临崩溃之身，怀着"摸着石头过河"的心情，成就了一场伟大的革命。从贫瘠到富裕，从禁锢到自由，从崩溃到奇迹重生，40 年，一个个瞬间书写完成的这部改革开放史，让我们有太多的理由为之击节赞叹。

正是这些改革开放中无数可歌可泣的人与事，记录了一个伟大国家的伟大前行。

40 年来，中国人民始终敞开胸襟、拥抱世界，积极作出了中国贡献，这个历史性的巨变来之不易。改革开放 40 年，中国立足国情，放眼世界，不仅从悠久的中华文明中汲取营养，而且博采东西方各国之众长，以开放包容的胸襟拥抱世界、融入世界。

沧海横流，方显英雄本色。

我们不能忘记，改革开放 40 年的经验和教训告诉我们——一个社会的前行，一个国家的发展，往往来自于深切的忧患意识和责任意识，来自于对未来的清醒判断与准确把握。

40 年风雨兼程，40 年砥砺图强。

40 年众志成城，40 年春风化雨。

40 年前，邓小平同志大声疾呼：如果现在再不实行改革，我们的现代化事业和社会主义事业就会被葬送。40 年后，习近平同志果断指出："改革开放是决定当代中国命运的关键一招，也是决定实现'两个一百年'奋斗目标、实现中华民族伟大复兴的关键一招。"事实证明，中国的面貌发生了翻天覆地的变化，中国在国际社会赢得了举足轻重的地位，赢得了全世界的尊重和掌声。

40 年里人事更迭，然而，无数的人、无数的事、无数的经验和教训都在告诉我们，改革需要思想，开放需要能量，改革开放不能止步。不断深化改革开放，需要中国一次次用 14 亿人的智慧和努力，汇集起不可战胜的磅礴力量。

弄潮儿向涛头立，改革关头勇者胜。今天，中国人民完全可以自豪地说，改革开放这场中国的第二次革命，不仅深刻改变了中国，也深刻影响了世界，是中国和世界共同发展进步的伟大历程。

三十而立，四十而不惑。今天，中国改革开放已经进入不惑之年，改革进入攻坚期和深水区，如何继续坚定不移全面深化改革，如何继续谱写改革开放浓墨重彩的新篇章，如何实现从站起来到富起来再到强起来的历史性飞跃，这是值得我们每一个人深思的。

我们更应该看到，作为世界最大的发展中国家，中国未来的道路还很漫长。今天，站在改革开放的历史交汇点上，我们尤其需要众志成城，需要未雨绸缪，需要高瞻远瞩，需要艰苦奋斗，需要实干兴邦。行百里者半九十，中华民族伟大复兴的事业需要一代又一代人的接续努力。

实践发展永无止境，解放思想永无止境，改革开放也永无止境，停顿和倒退没有出路，改革开放只有进行时、没有完成时。

让我们共同期待——

期待下一个辉煌的 40 年！

创业篇

突破篇

国际篇

思 想 篇

胡福明

以真理的精神追求真理

记《实践是检验真理的唯一标准》的主要作者胡福明教授

郑晋鸣　许应田

　　还是那张狭小的书桌，还是那一摞摞哲学书籍，在胡福明的书房里，似乎仍存在着他四十年前的沉潜之气。2018 年五四青年节这天，胡福明安静地坐在书桌前，凝神聆听习近平总书记在纪念马克思诞辰 200 周年大会上的讲话。他夹起香烟，不禁沉思起来……于动情处，他拿起笔，在泛黄的纸页上颤巍巍地写下两个字——真理。

　　真理！

　　1978 年 5 月 11 日，《光明日报》发表特约评论员文章《实践是检验真理的唯一标准》，新华社随即转发。这篇文章在广大干部群众中引起强烈反响，引发了关于真理标准问题的讨论。作为这篇文章的主要作者，胡福明当时正任教于南京大学哲学系。

　　在《实践是检验真理的唯一标准》发表 40 周年之际，我们再次见到了胡福明教授。

- 图左，1978 年 5 月 11 日，《光明日报》发表《实践是检验真理的唯一标准》
- 图右，1978 年 5 月 10 日，中央党校内部刊物《理论动态》发表《实践是检验真理的唯一标准》

学习是一件幸福的事

1935 年，胡福明出生在江苏省无锡县长安镇的一个农村家庭。因为家境贫寒，上小学和初中时，胡福明就因交不起学费失学过几次。失学在家的时候，他就帮父亲种田。只有等到空闲时，他才能抱着弟弟跑到学校，站在墙外听老师讲课，一待就是半天。面对求知若渴的孩子，父亲决定，家里就算卖粮食挨饿，也一定要供胡福明读书。

1952 年，17 岁的胡福明考上了无锡师范学校的春季班。"教室里有电灯，晚上能在灯光下读书，是多么幸福的事啊！"至今，胡福明还对无锡师范学校炽烈的灯光念念不忘。在学校里，胡福明将所有时间都用在读书上。即使后来毕业分配到江苏省总工会干部学校工作，他每天下了班，也还是扎在书堆里。

聊起胡福明的勤奋劲儿，胡福明的妻子张丽华忍不住说道："他每天晚上看书至少要到十一二点。"

机会总是垂青有准备的人。1955 年，胡福明成功考取了北京大学中文系。自小饱尝民生疾苦的他，曾梦想当一名作家，能为群众发声，于是他选择了新闻学专业。"我认为从事新闻工作可以深入了解社会,这是搞文学创作的基本要求。"但是,他很快又发现,新闻工作者需要敏锐的头脑,而胡福明觉得自己并不适合。于是,他又主动到哲学系去听选修课,自学哲学。毕业时,国家刚好要培养一批马克思主义理论工作者,为此要从应届生中选送有志学习的人继续深造。就这样,1959 年的夏天,胡福明被中国人民大学哲学研究班录取,从此再也没有离开过哲学。

虽然没当成作家,但胡福明那颗"为天地立心,为生民立命"的心还在,这驱使着胡福明更加刻苦地读书。他重视学习马列原著,认为原著才是作者的真实思想。面对这些书籍,他如饥似渴,先是逐章阅读,然后逐字逐句阅读,给每个段落归纳内容,分析论点与论据。每读完一节,他便给每一节的内容进行概括,写心得体会。如此,读完全章,再给全章作小结,写感想……每每读完一本书,他几乎可以背诵全书的论点和各章各节的基本观点。生活被哲学的灯塔照亮,他徜徉在深奥的哲学书籍里,甚至达到了忘我的境界。这个年轻的读书人,也许从未想过,在此阶段所打下的深厚功底,多年以后激起一场时代大潮。这是命运的偶然,或许也是历史的必然。

1961 年北京的仲夏,在胡福明的记忆里是甜蜜的,他完成了自己的人生大事,与从家乡无锡赶来的张丽华结婚了。1962 年 12 月,面临毕业分配,中国人民大学的校领导 6 次找胡福明谈话,动员他留校。但因为妻子在无锡当小学老师,他想回南方,就申请分配到了南京大学任教。于是,胡福明的另一段人生开始了。当年从乡下田埂上走出来的穷小子,成为中国高等学府的青年教师。常言道:"凿井者,起于三寸之坎,以就万仞之深。"彼时,读书近二十载的胡福明,还需要将人生这本大书,慢慢读透。

● 胡福明大学时代参加北京十三陵水库建设（推车者）

人民是历史的真正主人

　　"文革"期间，胡福明遭到批斗。"肉体上的痛苦是次要的，思想上的折磨是我最无法忍受的。"说到动情处，胡福明的双眼不禁蒙上了一层泪水。

　　1976年，"四人帮"被粉碎。胡福明同全国老百姓一样开心，他以饮酒吃蟹的方式来庆贺"四人帮"的倒台。南京大学师生自发聚集到大操场列队上街游行，那段时间，胡福明开心得像个孩子。他认识到"文革"已经结束，开始积极参加批判"四人帮"的斗争，陆续发表了许多文章，着重从政治理论上揭批"四人帮"。

　　但不久后，胡福明又变得忧心忡忡起来。1977年2月7日，"两报一刊"发表《学好文件抓住纲》的社论，提出了"两个凡是"。揭批"四人帮"、拨乱反正、平反冤假错案，突然降温、刹车。南大校园当时私下批"文革"

的很多，但从没有听说过要批"两个凡是"。

1977 年的三四月间，正是胡福明思想斗争最为激烈的时期。"我这辈子从来不失眠，但两段时间除外。第一段是被打成'黑帮'之后，白天被批斗、游街，我晚上睡不着，想不明白。第二次失眠，便是在那个时候了。"胡福明说。

他开始酝酿写文章了。长期与哲学打交道的胡福明敏锐地捕捉到，破解所有问题的总开关就是破除"两个凡是"，否定"句句是真理"，否定"天才论"。

"我始终相信，人民才是历史的主人，人民一旦觉醒了，是没有一种力量能使他们屈服的。"胡福明凝视着书桌上的五星红旗，感慨地说。

总有一种使命在催促人

就在胡福明把文章的主题和结构大概定下来的时候，家里出了一件大事：妻子张丽华在体检时查出肿瘤。

胡福明急了，放下手里的一切工作，带着生病的妻子四处奔走。"'文革'时她被我牵连，接连又被病痛折磨。"对于妻子，胡福明的言语中有着满满的愧疚，"如果她再出事，我真不知道该怎么办了。"好在查出是良性肿瘤，全家人都松了口气。一心想陪伴妻子的胡福明，索性在医院的走廊里过夜。

南京的夏天无比闷热，蚊虫众多，深夜难眠，胡福明发现医院走廊里的灯光尚可，便在走廊里搁一条凳子，把书一批批地带到医院。早已翻了无数遍的《马克思恩格斯选集》《列宁选集》《毛泽东选集》再一次铺排在眼前，走廊的灯光有些昏暗，但他的心却通透得像面镜子。"两个凡是"是违反马克思主义认识论的。他现在就是要以实践标准来批判"两个凡是"，批判唯心论、先验论和形而上学。

他忘我地在马列著作中挑选着语录、资料，寻找有关实践标准的论述，蹲着身子在凳子上草拟文章提纲，累了就用几条凳子拼起来，眯一会儿。面对每一部分的论证材料，写了又改，改了又写。他全然不顾走廊里来来往往的人群。这么多年来，他太需要痛痛快快地说些什么了！他仿佛再一次回到了学生时代，回到那些没日没夜啃啮哲学书籍的日子里，每一笔每一画，胡福明的手都在颤抖……

一个星期以后，妻子出院，胡福明的提纲也接近完成。为了防止再受打击，胡福明撰写文章的时候，并未和同事们提及，免得连累他们。同时也未告诉家人，怕家人担心自己。"一人做事一人当，传统上也有'文责自负'的规矩，要进地狱，我一个人去！"他的眉眼间透着一股知识分子的执拗劲儿。

1977年9月初，胡福明从南京大学邮局门口，将8000字左右题为《实践是检验真理的标准》的文章，寄给了曾向他约稿的《光明日报》哲学组组长王强华。走出邮局的那一刹那，他在心里想着："此生不得安宁了。"

文章寄出后，整整四个月没有一点消息。那几个月，只要看到邮递员，他总会上前查看有没有自己的来信。一直到1978年1月19日，胡福明才收到了王强华的来信及文章小样，希望作者将文章做进一步修改。4月，恰巧胡福明到北京开全国哲学讨论会，王强华便把他接到报社，讨论改稿事宜。于是他白天参加会议，晚上讨论修改文章。第二天一早，《光明日报》的编辑就把修改的大样拿去，傍晚又把重新排版后的大样送来。

胡福明南京大学的同事李华钰，当时也在参加哲学讨论会，回忆起当时的情形，至今历历在目："《光明日报》的同志就修改文章的问题，不止一次和他进行了讨论。他晚上回来和我们谈起讨论的内容，我们都表示支持他的观点。"后来，光明日报社总编辑杨西光看了清样，表示"这是一篇重要文

● 1978 年前后，胡福明在南京参加研讨会

章，放在哲学版可惜了"，于是胡福明、杨西光、马沛文、王强华，还有中央党校的孙长江、吴江等人共同参与讨论修改，以增加文章的针对性和战斗力。所以，胡福明一直强调这篇文章是集体智慧的结晶。

1978 年 5 月 10 日，中央党校内部刊物《理论动态》发表经胡耀邦同志审定的《实践是检验真理的唯一标准》一文。5 月 11 日，《光明日报》以特约评论员名义，公开发表了这篇文章。新华社于当天转发了文章全文。

这篇文章及其引发的关于真理标准问题的讨论，受到邓小平同志等老一辈无产阶级革命家关注。邓小平同志在各种场合反复强调，要坚持实事求是、一切从实际出发、理论与实践相结合这样一个马克思主义的根本观点、根本方法。他在 1978 年 6 月全军政治工作会议上的讲话，在以后视察东北三省，都对党的思想路线问题，对怎样正确看待马克思列宁主义、毛泽东思

● 1978 年前后，胡福明在火车上

想，作了深刻而精辟的阐述，尖锐地批评了那种违背实事求是，搞"照抄照搬"的唯心主义和形而上学观点。邓小平同志以巨大的理论勇气和政治魄力，有力地推动了真理标准问题讨论的深入开展。

真理标准问题讨论冲破了"两个凡是"的严重束缚，推动了全国性的马克思主义思想解放运动，从此，解放思想成为中国人民思想乐章的主旋律；从此，改革开放大潮在中国大地不断涌起。

时代呼唤有担当的人

胡福明有抽烟的习惯，他抽起烟来，一根接着一根，他笑着说烟能让他不断地思考下去。的确是这样，经历了那一场轰轰烈烈的真理标准问题讨论后，胡福明依然在思索的路上：我国建设社会主义要坚持把马克思主义普遍原理与中国实际相结合，走自己的路。1980 年，他写出了另一篇自己很满意的文章《关于我国社会主义发展的特点》，在《社会科学》杂志上发表。虽然反响不如第一篇大，但对于胡福明来说，保持一个学者的严肃思考至关重要。

在妻子张丽华的眼里，胡福明除了"勤"，便是"真"。工作状态下的胡福明，为了深入了解社会，常常深入基层调研，有时候数月才回家一趟。张丽华曾抱怨"家就是你的旅馆、饭馆"，但后来慢慢懂得了，"他对人对事，都是抱着一颗真心。他是真心实意地希望国家好，每个人都好……"

因为真，他发奋读书，想为国家社会做力所能及之事；因为真，他敢于说出别人不敢说的真话，从而掀起一场时代风波；因为真，他砥砺前行，始终未曾停止自己思索的步伐。

"我以为，只要是全心全意为人民着想，为人民谋利益，一心一意搞现代化建设，坚持改革开放，使得人民生活水平不断提高，国家富起来强起来，军队更强大，那么中国就一定会有更好的前途……"这位时代老人诉说了一个朴素而真挚的愿景。

厉以宁

成功的改革不可逆转

田亮　许陈静

　　毫无疑问，他是中国最著名、最能影响决策的经济学家之一。虽然已是88 岁高龄，嗓音也有些沙哑，但他每次亮相、每次发声，都会引起人潮涌动、各界关注。他的观点严谨、独到、鲜明。从"厉股份"到"厉民营"，在中国经济发展的不同阶段，从他学术观点中提炼出的名号，总代表着当时讨论的焦点——他就是厉以宁。

　　每次出席公开活动，他都是在全场潮水般的掌声中，缓步走上讲台，从手腕上摘下手表，放到桌上，然后直奔主题。讲到现实问题时，他表情严肃，提高声音。在 2013 年的一次演讲中，他就公开对国务院国有资产监督管理委员会提出建议和意见。从 1978 年的解放思想开始，他见证、参与了改革开放 40 年中的每一次前进与彷徨。

下决心探寻一条社会主义经济的新道路

1978 年，中央停止"上山下乡"，上千万返城知识青年的就业一下子成了大问题。1980 年 4 月，中共中央书记处研究室和国家劳动总局联合召开劳动就业座谈会，时任北京大学经济系副教授的厉以宁受邀出席。

从反右到"文革"，20 年的动荡中，作为北京大学的教职人员，厉以宁虽然坐了 20 年冷板凳，但记了大量读书笔记，写了颇有见地的文章，一小本一小本藏到床铺下。改革开放后，正是凭借"文革"期间积蓄的这些"家底"，他担起中国经济学界领路人的重任。曾有人笑言，厉以宁出名太容易了，把过去那些压在床底下的稿子拿出来发表就够了。一句玩笑，几多辛酸。

这 20 年的坎坷也让厉以宁的经济观点发生了剧烈变化。"多次下放，使我看到农村的贫困和城乡人民生活水平的低下，我发现自己在大学阶段所学的那套东西同现实的距离是那么大。中国要富强，人民要过上好日子，看来不能再依靠计划经济的模式了。"厉以宁下决心探寻一条社会主义经济的新道路。

正是在这次劳动就业座谈会上，厉以宁第一次提出股份制，认为"可以号召大家集资，兴办一些企业，企业也可以通过发行股票扩大经营解决就业问题"。三个月后，他在中央的一次工作会议上再提股份制，一些学者赞同这个大胆的想法，时任国务院副总理万里也表示支持，但反对者仍占多数，甚至有人说厉以宁"明修国企改革的栈道，暗度私有化的陈仓"。1986 年 9 月，厉以宁在《人民日报》上发表了《我国所有制改革的设想》一文，此后又多次为国有企业股份制改造大声疾呼，从此得了个"厉股份"的称号。质疑声一直伴随左右，但他不卑不亢："排除那些扣帽子式的所谓'争论'，正常的学术争论是学术繁荣的必由之路。"

● 厉以宁在商务印书馆名家大讲堂

　　1987 年 5 月，承包制作为股份制的替代方案被提出来。"首钢的周冠五是承包制的代表人物，在他的带领下，改革后的头三年，首钢净利润年均增长 45%。"但厉以宁认为，承包制仍然不完善，它在把部分剩余控制权和剩余索取权交给承包者后，企业产权的界定反而更模糊了，发包者与承包者之间的利益冲突加剧，双方更容易发生侵权的行为。1995 年，首钢因过度扩张陷入困境，周冠五被免职。随后，首钢走上股份制道路。

　　1997 年 1 月，第三次全国工业普查结果出炉，39 个大行业中，有 18 个是全行业亏损，股份制改革势在必行。9 月，股份制正式写入十五大报告。厉以宁说，这是中央在正式文件中第一次对传统所有制理论作出重大修正。从此，石油、电力、电信、民航、银行等领域的国有企业纷纷转变成股份制企业。

2009 年 11 月 22 日，厉以宁 80 岁生日那天，第二届中国经济理论创新奖（2009）揭晓，国有企业股份制改革理论以 84 票赞成获奖。厉以宁接过奖杯，会场掌声雷动。股份制理论从提出到获奖用了近 30 年，这 30 年的经济腾飞是对厉以宁最好的致敬。

主持起草《证券法》

1992 年 6 月，厉以宁担任《证券交易法》起草组组长，从股份制的倡导者转变成了相关法律草案的起草者。

1993 年 1 月，《证券交易法（草案）》第三稿讨论会召开，将《证券交易法》改名为《证券法》。1994 年 3 月，《证券法（草案）》进入第四稿讨论，因为小组成员分歧严重，讨论被迫搁浅长达三年。其间，证券市场发展混乱，坐庄、内幕消息、造假等现象频生。1997 年，亚洲金融危机爆发，出台《证券法》的呼声再次高涨。

1998 年 10 月，全国人大常委会再次审议《证券法（草案）》时，各方在法条的适用范围上又发生了分歧。全国人大法律委员会主张"股票、公司债的发行依照《公司法》的规定，《公司法》未规定的，适用于本法。政府债券、金融债券、投资基金券的发行，由法律法规另行规定"。起草组成员、北京大学教授曹凤岐看到此稿，顿时气上心头："（都适用别的法律）那《证券法》还调整什么？"作为全国人大财政经济委员会副主任委员、起草组组长，厉以宁表态说："第二条如不修改，绝不通过这个稿子。"最终，会议接受了财经委的意见，将第二条改为"（都）适用本法"，"本法没有规定的，适用于其他法律"。1998 年 12 月 29 日，在第九届全国人大常委会第六次会议上，《证券法》以 135 票赞成、1 票弃权、2 人未按表决器的结果高票获得通过。

一年后，中央成立《证券投资基金法》起草小组，仍由厉以宁任组长。2003 年 10 月，该法案在第十届全国人大常委会第五次会议上以高票获得通过。

"民营经济之春"

此后，厉以宁在民营经济研究上投入了更多精力。2003 年下半年开始，刚担任全国政协常委、经济委员会副主任的厉以宁牵头成立了一个 20 多人的调研组，在辽宁、广东、浙江、深圳等省市频频召开座谈会，拜访当地企业家。一个多月后，调研组汇集了一份长达 17 页的调研报告，提出放宽非公有制经济市场准入、拓宽融资渠道、加大对非公有制经济的财税金融支持等建议。2004 年 2 月 13 日，这份报告连同厉以宁的一封信递交到国务院。时任总理温家宝当天批示："促进非公经济发展，应有一个通盘考虑，着手研究一些重大的政策性问题，形成一个政策性指导文件。"

2005 年 2 月 25 日，新华社发布《国务院关于鼓励支持和引导个体私营等非公有制经济发展的若干意见》，允许非公有资本进入电力、电信、铁路、民航、石油、金融等行业和领域。这是新中国成立以来首部以促进非公有制经济发展为主题的中央政府文件，因文件内容共 36 条，被简称为"非公经济 36 条"，2005 年也被称为"中国民营经济之春"。

但在实施过程中，厉以宁发现，政策应有细则，但"非公经济 36 条"还是比较笼统。以至于有人讲，"36 条"准入的门是个"玻璃门"，能看见里面，但进不去。或者说，是个进去了又不得不在非市场因素干扰下被迫退出的"弹簧门"。2010 年全国两会期间，厉以宁在温家宝出席的政协经济、农业联组会议上第一个发言，详细阐述了民营经济发展中的困难。温家宝随即回应："要放宽民营经济的准入，解决所谓'玻璃门'和'弹簧门'的问题，真正自愿投资。投资能够够到我们期待的结构转型方向的，我们都应该支持。"

2010年5月13日，国务院发布《国务院关于鼓励和引导民间投资健康发展的若干意见》。其中，"允许"变成了"鼓励"，在市场准入的条件、范围、扶持政策等方面做了更明确、宽松的规定，中国民营经济又一次迎来春天。

对学生论文中的标点错误都细心改正

"我从来不想从政，只想做一个学者。"30余年教书生涯里，厉以宁培养了大量优秀学生，其中不乏政界要人和许多商界精英。

厉以宁说，80多岁了，他仍坚持给本科生上大课，听课的学生挤满教室。据一位大三学生回忆："厉老师讲课大多数时间不用讲稿，只在卡片上列出提纲。讲课时，他或站，或坐，或走动，脸上挂着轻松的笑容，一双眼睛闪闪发光。他会忽然注视着某个同学，请他发表自己的看法，或者讲完一段后问大家，'你们看有没有道理？'"

厉以宁批改学生的论文非常认真。他的一位学生回忆说："我当厉老师学生的时候只是一个名不见经传的干部，而厉老师已经是很有影响、受人尊重的著名教授。他审阅我的硕士论文时，从题目、结构、观点到打印格式，都给予细心指导，花费了大量心血，甚至用错的标点符号，他都发现并向我指出来。厉老师这种扶持后生、诲人不倦的精神，每每想起，我都十分感动。"

滕飞是北京大学光华管理学院党委副书记，2000年至2010年间师从厉以宁。滕飞回忆道："有一次跟厉老师到贵州毕节去调研，厉老师婉拒了当地政府安排的参观活动，主动提出'我们自己走走看看吧'。他走到哪儿，就直接跟那儿的农民聊天，获得第一手资料。"

● 厉以宁在讲座中

　　滕飞说，厉以宁像普通人那样生活，也像学者那样观察生活。"厉老师没请保姆，自己做饭，还常去菜市场买菜，老百姓感受到的东西就是厉老师感受到的东西，所以他能真实了解目前经济运行得到底怎么样，非常有质感。"

　　2004年，著名经济学家董辅礽重病在床，无法继续辅导博士生，便恳请厉以宁将他的几位博士生收入门下。厉以宁欣然答应："我和董老师是多年好友，董老师的学生就是我的学生。"曾任中国铝业国际贸易公司副总经理的程志强就是这几位博士生之一。他说，自己又在厉老师的指导下读了博士后，在企业工作期间，只要有时间，他就和厉老师一起做研究。

"携手同行五十秋，双双白了少年头"

学术之外，厉以宁对家庭充满了柔情。他与夫人何玉春的缘分始于湖南沅陵。当时，厉家租住在沅陵何家的房子里，厉以宁与何玉春的哥哥何重义是雅礼中学的同学，但当时7岁的何玉春对厉以宁并没多少印象。1957年，何玉春已从华中工学院电力系毕业，分配到辽宁鞍山钢铁公司发电厂工作，她去探望随哥哥定居北京的母亲，和厉以宁重逢。两人一见钟情，开始了"异地恋"。

一天，何玉春接到厉以宁的信，信中只有16个字："春：满院梨花正恼人。寻谁去？听雨到清晨。"这首《十六字令》被同学们称为"世间最短的情书"。当时，厉以宁是"有问题的人"，工资比何玉春还低2元，但何玉春毅然选择了他。1958年春节，两人在北京结婚。婚后第五天，厉以宁要去京郊劳动，何玉春得回鞍山工作，厉以宁满怀离愁，又写下一首诗："昨夜频频双举杯，今朝默默两分飞。新婚初解愁滋味，咽泪炉前备早炊。"

从此是13年的两地分居，每年只有两周探亲时间。1958年底，他们的女儿厉放出生；1963年，儿子厉伟出生。1969年，厉以宁下放江西，将一双小儿女留在北京，交给自己的母亲照料。

1970年12月，何玉春放弃一切调到江西。夫妻俩住在放农具的茅草房里，房间一角还有黄鼠狼做的窝。能在一起，已经让厉以宁无比满足："往事难留一笑中，离愁十载去无踪。银锄共筑田边路，茅屋同遮雨后风。朝露冷，晚霞红，门前夜夜稻香浓。纵然汗渍斑斑在，胜似关山隔万重。"

改革开放后，国内外学术机构竞相邀请厉以宁讲学、考察，何玉春常伴其左右。厉以宁身兼多项社会职务，何玉春就当"秘书"：在收发室，学生们经常看到何师母替厉老师取信件，有时多得拿不动；在家里，她是厉以宁著作的第一读者，厉以宁说："她是电气专业的高级工程师，经济学不是她

● 厉以宁伉俪

的本行，她在阅读书稿时，感到这儿或那儿还不够简明，不易被人们看懂，我就进行修改，直到她满意了为止。"

2008 年，在金婚时，厉以宁写道："携手同行五十秋，双双白了少年头。凄风苦雨从容过，无悔今生不自愁。"北大的女教师无不感慨：何老师是世界上最幸福的女人，不在于厉以宁有多大名气，而在于厉以宁为她写诗，从青春年少写到了满头白发，从新婚宴尔写到了儿孙满堂。

直到现在，只要两个人一起出去就写写诗。"她会摄影，她的照片我认为好的，出了集子的，每一幅我都配上诗，已经出版了两卷，第一卷名叫《心宽无处不桃源》，第二卷名叫《沉沙无意却成洲》，都是我诗里的句子。"厉以宁说。

七绝

澳门新风

二〇一六年

不怕赌场热气消，

澳门新景在新桥，

几多游客穿梭过，

两侧楼房试比高。

● 厉以宁手稿

　　当被问道："夫人收到这些情诗很高兴吧？"厉以宁赶紧分辩："这不是情诗，都这么大年纪了还写什么情诗。"一屋子人被他逗得哈哈大笑，他也乐呵呵的，快乐如顽童。

　　厉以宁的学生程志强说："厉老师不仅在治学上是个大家，在治家上也是一个大家。"夫妻两地分居 13 年，厉以宁既当爹又当妈，着意培养孩子的进取心。他曾说："如果孩子有能力，我不必留钱给他们，因为他们有能力自己挣；如果孩子没有能力，留钱给他又有什么用呢？"女儿厉放出国留学时与一名澳大利亚小伙子结婚，现在就职于香港一家金融机构。儿子厉伟获得北大经济学硕士学位后前往深圳创业，现任一家创业投资有限公司的董事长。厉以宁共有四个孙子、孙女和外孙，最大的一个已经上大学了，学的是海洋环保。

采访的最后，记者问厉以宁，在经历了战争、动乱，也经历了功成名就之后，有什么人生体会能留给年轻人。他说："我的一生分三个阶段：抗日战争时期，经历了逃难、轰炸；新中国成立后，经历了各种运动，特别是在'文革'时劳动改造了很多年；1979 年以后仍然有些波动，但没有太大影响了。一个人受些磨难是有意义的，能锻炼人。回首过去，无论什么境遇下，我都坚持自己的观点。可以不说话，但不要说假话。"

吴南生

办特区的"孙悟空"

田亮

在距离改革开放 40 周年纪念日还有八个月的时候，吴南生去世了。

今天，深圳博物馆三层的改革开放史展厅入口处，醒目地写着邓小平那句话："中央没有钱，可以给些政策，你们自己去搞，杀出一条血路来！"一位参观者说："那时深圳还是不毛之地，邓小平这句话对广东的领导干部们来说，既是一句振聋发聩的豪言壮语，又是给他们出的一道难题。"

这个难题交到了吴南生等人的手上。

1980 年成立的深圳、珠海、汕头、厦门四个经济特区，有三个在广东。吴南生出任广东省经济特区管理委员会主任、深圳市委第一书记（当时第一书记主持工作）。在深圳百姓眼里，他是任劳任怨的"拓荒牛"；在时任广东省委第一书记习仲勋眼里，他是敢大闹天宫的"孙悟空"。他那句"要杀头，就杀我"至今回响在很多人耳边。在广东，几乎无人不知吴南生，当地人都尊称他"吴老"。

"如果要杀头，就杀我好啦"

1978 年四五月间，中共中央、国务院决定选派 3 个代表团（组），出访考察经济，一路赴西欧的法国、联邦德国、瑞士、丹麦、比利时，一路赴东欧的罗马尼亚、南斯拉夫，另一路赴港澳。

去港澳的考察组回京后，写了《港澳经济考察报告》：可借鉴港澳的经验，把靠近港澳的广东宝安、珠海划为出口基地，力争经过三五年努力，在内地建设成具有相当水平的对外生产基地、加工基地和吸引港澳同胞的游览区。中共中央、国务院"总的同意"，并要求"说干就干，把它办起来"。创办经济特区的思想开始萌芽。

当年 12 月召开的十一届三中全会，作出了把党的工作重点转移到经济建设上来的重要决定。1979 年初，时任广东省委书记的吴南生率领一个工作组奔赴汕头市，传达十一届三中全会精神。汕头是吴南生的家乡，没想到这次回到阔别 27 年的故乡，看见的竟是满目疮痍。

"那些我所熟悉的楼房，残旧不堪，摇摇欲坠；街道两旁，到处都是用竹子搭起来的横七竖八的竹棚，里面住满了成千上万的男男女女……城市公共设施残破，道路不平，电灯不明，电话不灵，经常停电，夜里漆黑一片。市容环境卫生脏乱不堪，由于自来水管年久失修，下水道损坏严重，马路污水横流，有些人甚至把粪便往街上倒，臭气熏天。眼前的汕头，比我们小孩子的时候还穷啊！"吴南生生前曾回忆说。

新中国成立初期，汕头和香港的差距并不大。30 年过去了，香港成为"亚洲四小龙"之一，而汕头变得如此凄凉，吴南生当时的心境可想而知。叶剑英是广东梅县人，曾对吴南生说："南生啊，我们家乡实在是太穷了，你们有什么办法没有？快想想办法，把经济搞上去啊！"

1977 年冬，叶剑英、邓小平在广州接见广东省干部。回乡探访的海外华侨也很关心家乡发展，吴南生同他们进行了交谈，问道："有什么最快的办法？"新加坡侨商罗新权说："你敢不敢搞自由港？这样是最快的。你看我们的香港、台湾和新加坡能够那么快地发展起来，就是靠这个。台湾叫'出口加工区'，香港叫'自由港'。"

1979 年 2 月 21 日深夜，吴南生一边发高烧，一边向广东省委发了一份1300 字的电报，提议在汕头划出一块地方，彻底开放，利用外资发展经济，打破计划经济的旧框框，把市场经济引进来，扭转汕头经济落后、群众生活困难的局面。

七天后，吴南生回到广州。3 月 3 日，吴南生在广东省委常委会上说："三中全会决定改革开放，我提议广东先走一步。我是喜欢下象棋的人，懂得先走一步，叫作'先手'，就先掌握主动权。我提议在汕头划出一块地方搞试验，用各种优惠的政策来吸引外资，把国外先进的东西吸引到这块地方来……汕头地处粤东，偏于一隅，万一办不成，失败了，也不会影响太大。如果省委同意，我愿意到汕头搞试验。如果要杀头，就杀我好啦！"

与会的省委常委都赞成吴南生的设想。当时名字定不下来。叫"出口加工区"，台湾已这么叫了；学香港叫"自由港"，又怕被认为搞资本主义。最后定了一个"贸易合作区"的名号上报中央。福建省委得知此事，认为福建华侨不少，也向中央提出实行特殊政策的要求。

提出"经济特区"名称

1979 年 7 月 15 日，中共中央、国务院决定在深圳、珠海、汕头、厦门试办"出口特区"，并指出可先在深圳、珠海两市试办，待取得经验后，再考虑在汕头、厦门设置的问题。这就是为人们所称赞的"50 号文件"。

此时文件里出现的名称还是"出口特区"，"经济特区"这四个字是吴南生后来提的，其理由是，"我们办特区的目的，绝不是像世界上一些国家和地区的出口加工区那样，单纯为了解决就业和外汇收入问题，我们的特区不仅办工业，还要办农业、科研、商贸、旅游、住宅、文化等事业"。

9月，时任国务院副总理谷牧陪同丹麦女王由广西桂林抵达广东。谷牧说："中央是要广东先行一步，要广东大搞，小脚女人小步走就起不了这个作用。办特区，就看你们广东的了，你们要有点像孙悟空那样大闹天宫的精神，受条条框框束缚不行。"于是吴南生开始负责广东三个特区的规划和筹建工作，朋友们称呼他"孙悟空"。

从此，吴南生开始了他愚公移山建设特区的事业。

深圳经济特区成立之初，罗湖一带下了一场大暴雨，无数个水塘、洼地被灌满。吴南生生前回忆道："香港来的小姐一下火车，都要把高跟鞋脱下来拎着。我们集中了全国108个工程师，住在欣园招待所，都是平房，地势很低，一下大雨，水就上来了，图纸被冲得乱七八糟。"

工程师对他说："你敢不敢搬掉罗湖山？这样可以填平洼地，罗湖这一块就是宝地。"吴南生觉得这个建议很好，同意动工，他还从这次"愚公移山"中总结了经验："罗湖旁边都是农村，那些农民怎么办？弄不好他暴动啊。我们从日本、我国香港进口一大批吊车、铲车、载重汽车，让罗湖农民开，把农民都变成工人了。深圳搞多少年没有发生什么闹事的，一开头就把他们安排好了。"

1981年，横亘在罗湖桥边的罗湖山被铲平，罗湖区腾出0.8平方公里的宝贵用地，深圳大规模的经济建设由此开始。

"只做不说，多做少说，做了再说"

来深圳特区投资的第一家外资企业是泰国和美国合办的正大康地公司。

时任正大集团董事长谢国民是华裔，其父谢易初和吴南生都是汕头人。正大康地公司行政部经理陈健礼说："1980年初达成协议，正大康地投资3000万美元建立饲料加工厂、种鸡场、孵化场、种猪场等，是当时深圳最大的企业。有人受'左'的思想束缚，觉得让资本家进来不就是搞资本主义吗？是吴老拍板同意的。"

然而，有些老干部到深圳参观后说：除了天空飘扬的国旗外，深圳已经见不到红色。"有的报纸刊登文章，讲旧中国租界的由来，影射特区出租土地就是新的租界；还有的说经济特区成了走私通道；有人悄悄给中央写信说深圳80％的干部烂掉了。非议非常多。当时的一个说法是'冷空气南下'。"

深圳市委宣传部原副部长吴松营说："这个时候，吴老给了一个'约法三章'的名言：只做不说，多做少说，做了再说。总之就是趁那些反对特区的人糊里糊涂弄不清楚看不明白的时候把经济搞上去再说。"

1982年1月，中共中央发出紧急通知，指出鉴于广东省及各地和中央一些部门的干部，有走私贩私，贪污受贿，把大量国家财产窃为己有等违法犯罪行为，全党一定要抓住不放。2月，中央书记处在北京召开广东、福建两省座谈会，讨论如何贯彻执行中央紧急通知。

时任广东省委第一书记任仲夷回忆此次会议时说："对广东对外开放出现的一些问题，中纪委一位领导同志说，广东是见怪不怪，习以为常。我不同意这一看法，不能笼统这样讲，见怪不怪不对，少见多怪也不对，更多的还是有人自己少见多怪，对一些新人新事看不惯，接受不了，横加指责，干预过多。国务院有关领导同志说，广东'放羊'了，对下面管理不严，放任自流。我和田夫（刘田夫，时任广东省长）对此表示不同看法，认为不存在'放羊'问题。我和田夫在会上还提出，应当划清因经验不足而造成工作失误和违法犯罪的界限。胡耀邦等中央领导明确表示，中央给广东的政策不会变，但是要总结经验，继续前进。"

两省座谈会结束后，吴南生回到广东，感到压力很大。他知道这些非议主要针对的是特区。

吴南生生前回忆说："省委开生活会，我不知道要干什么，坐下来了，省长说，'南生啊，今天开生活会，有人说资本家送给你一部汽车，有没有？'我说，'哪有这样的事？'一位老同志说，'没有？停在迎宾馆的那部车是谁的？'这一说我就知道了。我说，现在只有从香港到广州的大飞机，广州到汕头没有大飞机，有一种苏联出的小飞机，碰到有风就停飞了。那车是侨商罗新权为了帮助开发汕头特区，特别放在咱们这里的，我一次都没坐过。"

1984年春，邓小平来到特区，给珠海题词："珠海经济特区好。"给深圳题词："深圳的发展和经验证明，我们建立经济特区的政策是正确的。"吴南生说："这一题词让那些有关兴办经济特区是是非非的议论基本画上句号，也给我们这些特区建设者吃了'定心丸'！"

1992年春，邓小平再次来到特区视察，并发表南方谈话，坚定了特区和全国的改革开放发展方向。

"我们提着脑袋闹革命、办特区，为的就是理想"

筹建经济特区，成了吴南生和那一辈改革者最闪耀的时刻，他们无疑被载入中国的改革史。

在另一段历史上，也少不了吴南生的名字，那就是抗战史——1937年，抗战烽烟燃起，这个15岁的潮汕少年加入了中国共产党。他对父亲说："您的儿子参加革命了，准备死了！"

1945年日本投降后，毛泽东动员大家去东北建设工业基地，以夺取革命的最后胜利。去东北前，老同志们给吴南生和许英（吴南生妻子）办了婚礼——用砂锅煮了一小锅糯米饭，一铲子铲到锅底，寓意"一甜到底"。2015 年，在抗战胜利 70 周年前夕，吴南生忆及此事仍是喜滋滋："一转眼 70 年了，真的是甜到底啊！"

新中国成立后，吴南生调回广东工作，从此鲜少离开。晚年，他这样回答年轻人的提问，"我们这一辈人提着脑袋闹革命、办特区，为的就是理想，哪里想过当什么官？'昔如埋剑常思出，今作浮云不计程。'我是 90 多岁的老人了，能尽的力量已十分有限。希望青年人不忘历史、坚守信仰。"

这就是吴南生，可爱的吴南生。他的故事就像他 1979 年出版的那本书书名一样：松柏长青。

温元凯

如闪电，亦如蜡烛

朱悦华

1977，注定是不平凡的一年。

这一年，中国人生活中最引人注目的两件事：邓小平复出和恢复高考。

8月4日，北京人民大会堂，一场非同寻常的座谈会正在悄然举行。这是邓小平复出后召开的第一个会议。这次会上，邓小平果断拍板，恢复中断11年的高考。

一个月后，安徽合肥市以一场更大规模的座谈会，热烈回应着。中国科技大学青年教师温元凯，带着刚从北京回来的激动，第一次面对四千多双中学生纯真的眼睛，有些腼腆，有些忐忑。

200公里之外的凤阳小岗村农民，正酝酿着一个时代巨变。一年后，18双粗糙手掌将一个个鲜红手印，摁在了历史深处。

9月底，一份《人民日报》内参《全教会"纪要"是怎样产生的》送到邓小平手上（指1971年全国第一次教育工作会议形成的《会议纪要》）。邓小平看过内参后很恼火，再次拍板："两个估计"是不符合实际的。教育部不要受此影响，要争取主动！

最后一块障碍清除了！恢复高考的消息如春雷彻响，激荡大江南北、千家万户。570万考生从山村、牧场、矿山、营房……奔向考场。中国青年的命运、中国未来的命运重新改写！

这一年冬天是火热的！

1978，1983，1984，1988，一个个带着历史体温的日子，带着绵长怀思和新鲜感受，记录着中国的改革、改革的中国。

抖掉枷锁，思想激荡，奋发昂扬！

20世纪80年代初，被史学家称为是"五四运动"后第二次思想解放运动。一批批哲学、社会学、政治学、法学、心理学、伦理学、文学理论等西方社会思潮丛书问世，如春水破冰，冲击着禁锢封闭的中国，人们开始睁眼看世界。

温元凯的身影出现在大学校园，他呼吁改革与观念现代化。许多年过去，一场宏观经济形势报告会后，温元凯被一位老板拉到旁边："我十年前是个警察，听过你一盘录音带后，改行做生意了。"略显丰腴的脸上，颇有几分神秘和得意。

1984年，一本薄薄小册子《中国的大趋势——温元凯谈改革》，由上海人民出版社出版。定价五角七分，看上去毫不起眼，第一次印了30万册。这本小册子以全球化视野，对未来社会做了大胆预言。像一股旋风，轰然洞开了人们思想闸门。今天，我们吃惊发现，温元凯30多年前的预言，如信息化社会、社会多元化、经济全球化、三大产业升级与转化等都成了现实。

他确信中国只能进行渐进式改革，"化强震为弱震，积小胜为大胜"。他预言"以后一个小软盘就可以把所有的文件收集在一块，随时可用，非常方便"。这不是我们今天随身携带的 U 盘吗?

他被《上海青年报》评为中国改革十大风云人物之一;中国人才研究会将他与袁隆平、陈庭元、周冠五、陆东明、侯学煜、黄勋章、吴仲华、刘静和等编入《站在改革前列的人》;作为全国人大会议主席团成员,他的名字登上《人民日报》头版头条……

紧张、兴奋、忙碌……这是他人生最光彩的日子。像一道闪电,光芒耀眼。

40 年弹指一挥间。改革先驱温元凯,如今安在?

"生动活泼,主动学习"

温元凯,无锡出生,上海长大,聪慧纤弱。少时似弱柳扶风,青年如亭亭白杨。

对化学痴迷,始于初中。一天,他突发奇想,想制造点硝酸钾,做火药。先用燃烧的向日葵制造碳酸钾,再硝化。结果碳酸钾没制造出来,地板烧了个大洞。

他不死心,为了庆祝一个什么节日,又想制造点焰火。想了个法子,把火药纸的药物放进装过青霉素的空瓶,仔细研磨,想把里面的硫和氯酸钾分开。课上,他把铱金笔插进瓶里,悄悄磨着……

"嘭!"一声巨响,火苗和浓烟飞起两尺多高,钢笔里的红墨水飞溅到天花板上,老师同学都吓呆了,他也吓得够呛,手指炸出了血。镇定下来,老师愤怒地问:"你为什么要搞爆炸?"这学期他的操行由"优"变成"中"。不过,这都没影响他的化学兴趣。中学毕业,他如愿以偿考上南京大学化学系。

1964年春节，毛泽东发表著名的《关于教育革命的谈话》，提出"把分数看透了，大胆主动地去学"。温元凯钻研离子极化现象，自学德语、俄语，写了两篇颇有创见的学术论文。匡亚明校长热情举荐，他成了高教部树立的"生动活泼、主动学习"典型。

可惜，"文革"很快爆发，"教育革命"走向完全不要学习的极端。他这个好学生成了"黑典型""保皇党"。批判他的大字报贴满校园，甚至床头。

校园里，红卫兵组织旌旗林立。被拒之门外，他决心一个人"革命"。贴了几张大字报，自觉乏味。大家浩浩荡荡去外地串联了，空空的南大，像一座荒凉孤岛。他决定也去外地"闹革命"。步行到井冈山，又从井冈山步行到韶山。虽艰辛备尝，却心情舒畅。他自嘲像阿Q："锵锵锵，我手执钢鞭将你打……"

不久得了肺病，回家休养。做店员的爸爸主张他把书都卖了，妈妈却不同意，说："总会有用的。"妈妈的支持，让他很高兴，很快写了七万字论文《离子极化》。不知从哪儿搞了蜡纸，拼命刻写，凑了些大字报用纸，晚上到妈妈工厂偷偷印出来，寄给化学家唐敖庆、徐光宪和几个志趣相投朋友。不久，收到两位专家热情鼓励的信。唐敖庆在信里说：

> "在你的论文《离子极化》中，有很多好见解。例如用'有效核电荷'代替'核电荷'，新建议一种计算离子键百分率的公式，推导一个半定量计算'离子极化能'的公式等。"

温元凯兴奋极了，酝酿撰写新论文。谁知，私自写论文的事被揭发了。工宣队很恼火，勒令他返校。一场大批判后，预备党员资格被取消了。

倒霉的事还没完。毕业他被分到江苏省最北边赣榆县一个最偏僻的生产大队。宣布名单时，他说有肺病。军宣队大个子很不耐烦，让他到医院开证明："退回，退回！"他被重新分到安徽省当涂县丹阳湖农场，这里聚集了几百名大学生，大家自嘲"土八路"，比"臭老九"略高一级。除了繁重水田劳动，只能读毛选马列，不许看科技书。温元凯想不通，上书反映又挨批。一年半后，他被分到绍兴长征塑料厂。

走进破庙般灰色庭院，没有一个人影，看到车间模样的房子，温元凯大声问："这是长征塑料厂吗？"他吃惊地看到，里面全是上了年纪的老头老太太。一位花白头发用绍兴话说："牌子在外头挂着呢。"

一个中年人从走廊跑过来，一把抓过他行李，急切地说："你一定是温元凯！我给工业局打了几次电话，你总算来了！"边说边拉着他的手，往办公室走。

来人是这里的厂长。这是一座破庙改成的塑料厂，生产任务是把废品收购站的废旧塑料回炉，制成一些粗劣用品。

晚上一人住在破庙，温元凯只觉阴森可怖、处境凄惨。哪里还谈得上理想抱负？

绍兴浓密安详的绿，像厚厚海绵，稀释着世间嘈杂。日子久了，他慢慢习惯了。工友们对他嘘寒问暖，厂长更拿他当宝贝，逢人便讲：温元凯聪明能干，不愧名牌大学高才生！

他受了鼓舞，带着几位转业军人，完成了长征塑料厂有史以来第一项技术创新，从蓖麻油开发成工程塑料 - 尼龙 11。可惜申请不到经费，无法投产。他又给厂里建了实验室。晚上在里面啃他的化学键。

巧遇王莺莺，更像冥冥中的安排。王莺莺，中国科技大学毕业，温元凯丹阳湖军垦农场战友，一同分到绍兴，在工业局工作。

1973 年春的一天，温元凯在工业局遇到王莺莺。王莺莺笑着招呼："温元凯，不认识我了？"温元凯有些尴尬："呵呵，王莺莺。"寒暄几句，王莺莺压低嗓音说："想去科大吗？"

温元凯听说一些高校正在招"回炉生"，不禁睁大眼睛："你有门路？""什么门路不门路，推荐就是了。"王莺莺有些不悦。

温元凯的履历表和推荐信，经王莺莺之手，辗转到中国科技大学党委书记刘达手里。

科大从北京迁到合肥，元气大伤，仪器设备损失殆尽，大批国内顶尖科学家，留在了北京。62 岁的刘达老骥伏枥，重建科大：重建数理化基础教研室，从全国各地调入 200 名教师，从 1967—1970 届大学毕业生中选调 300 多名开办"回炉班"。

很快，温元凯幸运"回炉"了。300 多名"回炉生"重新锻造后，成为科大骨干力量。刘达的远见卓识，为科大奠定了坚实学术根基。至今科大仍是受人尊敬的中国最好大学之一。1977 年，刘达临危受命，担任清华大学校长和党委书记，对遭受严重破坏、教学科研几乎停顿的清华大学大刀阔斧、恢复整顿。温元凯视刘达、王莺莺为生命中的贵人。

就要离开绍兴了，他有些眷恋。长征塑料厂给他恢复了党籍，党支部一致认为，南大工宣队的处理，是不公平的。他去跟王莺莺道别。她安静笑着，宛如一朵纯净无尘的白莲："高兴了吧？以后你可以展翅高飞了。"

坐上火车，像白雪公主坐上金马车去皇宫。温元凯终于回到神圣的科学殿堂。那是 1973 年初夏。

"我至少采纳你四分之三的意见"

1976 年 10 月，科学的春风缓缓吹过复苏的大地。温元凯像张开翅膀的鸟儿，向更高枝头攀登。一天，他突然狂喜地发现，在物理、化学、生物三门学科共同接触点，有一片开阔的边缘地带，即将变成绿洲的荒漠——量子生物学！量子生物学有可能全面揭示奇妙的生命过程中遗传、繁殖、衰老、疾病等本质。

一座新的高峰矗立在眼前。他选择化学致癌作为突破口。不久，与张维贤合作的《化学致癌作用——肿瘤的化学病因学研究》发表于1977年第6期的《安徽医科大学学报》。

一天傍晚，传达室大爷神秘地对他说：有中央办公厅电话。温元凯十分诧异，中央办公厅怎么会找我？电话通知他到北京参加一个重要会议。

温元凯满腹狐疑来到北京，接机的教育部高教司司长刘道玉告诉他一个更加振奋的消息：这次座谈会是邓小平副主席邀请的，明天8月4日在人民大会堂台湾厅开会。

见到名单，温元凯大吃一惊。来的都是中国最著名的科学家和权威教授。有北京大学周培源、清华大学何东昌、复旦大学苏步青、南开大学杨石先。杨石先是化学家，已经80岁了。此时，他们的身份还不是大学校长，枷锁还没有完全去除。

这个名单，体现了邓小平所期待的科学家队伍的老中青，特别是中青年的构成。他们中的大多数人，后来成为各学科的泰斗级人物。

8月4日，明亮的阳光透过高大的玻璃窗，照进人民大会堂台湾厅，两排红丝绒沙发上，坐着33位著名科学家、教育家和教授。

邓小平幽默地说："外行管内行，我这个外行管你们这些内行。"气氛活跃起来。邓小平说，这件事是方毅和他一起抓的，他请方毅主持会议。大家推年纪最大的人发言。"我记得第一个发言的是杨石先，他一开口就检讨自己资产阶级世界观没有改造好，一定要好好改造，下工厂、下农村接受贫下中农再教育。"

邓小平不停皱眉。苏步青总算发了点牢骚，说自己手下原来有"十八条罗汉"（助手和博士），被下放得一个不剩。邓小平马上对教育部部长刘西尧说，苏老助手全部调回来，科学家怎么能没有助手呢？

座谈会开到第三天下午，有人对现行"自愿报名、群众推荐、领导批准、学校复审"的招生方针提出异议，建议恢复高考。

邓小平沉思片刻，转身问刘西尧，恢复高考是否来得及？刘西尧说教育部已开过招生工作会，还是按过去方针办。

邓小平说恐怕还是应该改。刘西尧说，如果要改的话，招生工作就要推迟。众人七嘴八舌，说即便推迟也必须改。"既然大家要求，那就改过来，今年就恢复高考！"邓小平一锤定音。

座谈会上"小字辈"、31岁的温元凯，兴奋举手示意，表示有话要说。他对招生十六字方案提出补充："自愿报考、领导批准、严格考试、择优录取。"

邓小平听完后说："温元凯，我至少采纳你四分之三的意见。"邓小平接着说，第二句"领导批准"可以拿掉，考大学是每个人的权利，不需要领导批准。

邓小平说，今年就恢复高考，否则又耽误一代人。人民大会堂所有参会代表都情不自禁站起来鼓掌……

"我愿意是火种，去点燃更多心灵"

温元凯是幸运的，他先人一步回到实验室。执着的科研精神，让他总能遇上支持他的人。全国第一届量子化学会议上，著名量子化学家唐敖庆郑重介绍，说温元凯是"全国四十岁以下从事量子化学研究的仅有几个人之一，一定要好好对待他"。

中科院院长方毅，接到化学家陈念贻转来的温元凯的信，欣赏他的科研精神，推荐他参加邓小平召开的科学教育工作者座谈会。

难能可贵、难以忘记的，艰难岁月里，青梅竹马的爱人一直默默支持他的科学研究。新婚那天，在邻居家小阁楼里，温元凯和七八个志同道合的朋友开了一天化学讨论会。新娘没有感到冷落，反而觉得有意义……

沿着浓荫覆盖的清幽小径，走进居里夫人生前办公室。朴素宁静里，徘徊着一颗伟大高尚的灵魂。座椅十分简陋。在这把椅子上，居里夫人成为两种新元素的母亲。温元凯细细打量每件物品，虔诚翻看签到簿，颤抖的手写下自己名字，内心涌动着神圣庄严："首先要具备的，是她那样的热忱……"爱因斯坦说："在所有的世界名人当中，玛丽·居里是唯一没有被盛名宠坏的人。"

皮埃尔·玛丽·居里13号，巴黎大学物理化学生物学研究所，波尔曼教授热情拥抱来自古老东方的年轻人："相信你在这里会有卓越的成绩，新的创造。"

在著名量子化学家波尔曼夫妇指导下，温元凯完成了蛋白质木瓜蛋白酶的分子静电势计算，引起各国学界关注。他应邀到意大利、英、美、比利时、荷兰、瑞士等国讲学，在国际蛋白质理论化学会议上宣读了论文。科学圣殿之门打开一条缝儿，他窥见了里面的无限风光。

徜徉在千年梦幻之都巴黎，古老文化与现代文明交织的强盛与辉煌，强烈撞击着他。他深刻感受到中国和先进工业国的巨大差距，中国必须改革，而改革是大有希望的！

访美间隙，与同学陈平彻夜畅谈，两人在圣安东尼奥机场分别时郑重相握："不要忘记我们这一代人的使命——振兴中华！"

"我愿意是火种，去点燃更多心灵。"巴黎之行，最终让温元凯做了人生第一次重大转折。

回国三个月后，他上书国务院副总理万里，提出《关于科技教育体制改革的建议》，包括人才流动、向社会提供咨询服务、聘用人员等八条建议。1983 年 1 月 28 日《人民日报》一版报眼刊登了他的改革建议。黑底反白大标题《勇于改革是革命者的品格》，十分醒目，像一面旗帜，插上改革阵地。

党委会上，党委委员们传阅着、议论着。个子高高的杨海波兴奋地说："我建议党委支持温元凯在化学教研室搞试点。任命他为教研室主任。"少顷，会议室响起热烈掌声。

三个月后，化学教研室焕然一新。迎着记者惊讶，温元凯以碳元素分子结构为喻，讲述改革秘密："同一种碳元素，结构不同形成两种完全不同材料，一个是坚硬无比的金刚石，一个是指甲能划出痕迹的石墨。社会组织结构也是如此，改革就是提高社会性能，形成一个个坚硬不可摧的闪闪发光的金刚石！"柔和眼睛闪着坚定光芒。

靠北一间实验室里，干净明亮天平仪前，几十个化验员在聚精会神测定数据，这是安徽省电力试验研究所的化验员在接受培训。笨拙手指不太习惯纤细试管，头上冒着微微汗珠。温元凯宽容善意地笑了。

这些身穿白大褂，与试管、瓶瓶罐罐打交道的科研人员，不出大门就把科技转化成生产力。湖南会同县一家日用化工厂来信说，他们原来生产胱氨酸，由于市场饱和，想转产栲胶，苦于没有技术资料，听说科大在搞改革，愿意为生产部门服务，希望得到解决。

温元凯拿着信，找到一位家庭比较困难的老师，请他帮忙查询资料，收取服务费 100 元，个人、教研室五五分成。这位老师很乐意接受了这个差事，查了资料，复印得好好的，给人家寄去了。几天后，工厂来了感谢信："你们的改革，帮我们小厂解决了大问题。"

山西榆次市北田镇小赵村农民李海生，想办工厂，却不知搞什么好，写信请温元凯出主意。根据温元凯建议，他们建起了山西省第一家人造大理石厂。3月筹建，5月投产，8月实现利润8000元。李海生逢人便说，老温出了个好主意。

温元凯大胆聘用有争议但有真才实学的人才。十一届三中全会后不久，上海橡胶制品研究所助理工程师韩琨，应聘社办企业技术顾问，利用星期日搞革新，救活了这家濒临倒闭的企业。工厂感激他，奖励3000多元。这3000多元，竟构成韩琨"受贿罪"。1982年12月23日，《光明日报》发表《救活工厂有功，接受报酬无罪》，掀起科技人员业余兼职该不该拿酬金的全国性大讨论。温元凯慕名前往，见到的韩琨，受着压力，灰头土脸，在单位抬不起头。温元凯当即决定，请示科大领导，坚决聘请了韩琨。不久，他又聘请"科技流浪汉"刘忠笃，委以重任。刘忠笃是云南省昆明市橡胶二厂业余发明家，有"科技铁汉"之称。

1983年，温元凯以732票（全票769票）当选第六届全国人大代表。不久当选全国人大会议主席团成员、安徽省教委副主任。

自古以来，改革者没有不受非议的。1988年，江苏纪实文学杂志《东方纪事》开辟《当代人自白》栏目，倡导包容开放，构筑民族心理新大厦。第2期发表温元凯自白："在这场滚滚而来的改革大潮中，我们也许会成为第一批蹚雷的人，成为第一批中箭落马的开拓者，但我坚信，改革的潮流不可逆转！"

转折

静谧的南大校园，梧桐摇落满地霜。儒雅沉静的百年大礼堂被年轻的心烘托着，一张张生动的面容刻录着未来和希望。纸条在手与手中热烈传递，从社会体制到哲学信仰，从当前改革到中国未来……

80 年代初的大学生，亲身感受恢复高考带来的人生巨变，对饱经忧患的国家充满担当。刚从国外回来的温元凯，成了他们热切了解世界的窗口。

"你的报告，燃起了我们的心火！"

"团结起来，振兴中华！"来自千千万万学子内心的呼喊，成了那个年代最具震撼力的口号。

改革是勇敢者游戏，勇立潮头必先尝到大海的味道。从改革风云人物转身回到实验室，温元凯又经历了人生一次巨大转折。1992 年，他应邀到美国加州理工学院分子生物技术中心做访问学者，从事蚂蚁体内一种小多肽防卫素蛋白质结构和序列的计算机分析研究。

加州理工学院是钱学森长期工作的地方，也是他最欣赏的大学："创新的学风弥漫在整个校园。"物理学家爱因斯坦、天文学家哈雷、遗传学鼻祖摩尔根、火箭专家冯·卡门都曾执教于此。

转眼，温元凯在加州理工学院愉快工作了一年半。他的心渐渐沉浸到恢宏计算中。一堆堆杂乱无章的数据，在他眼前变得奇光异彩、英姿勃发；一个个纷繁公式，弹奏出小提琴般美妙旋律；一页页奇思遐想，如冰山雪莲，清香萦绕，深山旷野，万马奔腾……

忽有一天，一个北京来电扰了他的平静。

来电的不是别人，正是牟其中。牟其中刚做了一笔大生意。他用国内大量轻工产品，从苏联换回四架图－154 民航机。一时闻名遐迩。牟其中在电话里说，南德集团近年来发展迅速，准备进军美国。他诚恳希望温元凯暂别科技战线，帮助他在华尔街组建基地，实现宏图大略。

牟其中的豪言壮举，对去国怀乡的温元凯，颇有几分煽动力。适逢第一批中国股票在华尔街上市，温元凯买了 200 股上海石化，四天后赚了 800 美元。初尝资本市场甜头，让他头脑发热。两人一拍即合，做起美国淘金梦：帮助中国企业到华尔街上市，把华尔街搬到中国！

"如果你爱他，就把他送到纽约，因为那里是天堂。如果你恨他，就把他送到纽约，因为那里是地狱。"1993 年《北京人在纽约》热播，掀起国人海外淘金潮。金钱，又一次施展驾驭人性的魔力和深刻。

温元凯眼前金光灿灿。华尔街的树叶是金灿灿的，华尔街的雨会落地成金，华尔街的风带着甜丝丝的金子芬芳……

他感慨："这些年来，我深感中国人实在太需要进军华尔街了。这里每天都进行几万亿美元交易……这之中的数目中国只要随便弄一点就可以了。"然而，华尔街的钱并不那么容易搬到中国。华尔街金融大鳄一张张血腥的脸，藏在金字招牌后。

温元凯辞别加州理工学院，信心满满来到了冒险家乐园华尔街，准备大干一场。但牟其中出事了。1996 年 3 月 18 日，牟其中在拟赴美商谈卫星抵押融资业务时，在北京机场被限制出境。有关部门开始对南德集团长期审查。

对与错，一念之间的背后，是一个人的底色。底色足不足，时间和金钱都是试金石。

温元凯陷入两难。最终，他作出人生第三次重大转折，成了华尔街搬运工——不过，搬运的不是金子，是华尔街理念。多年后，不断有中国企业到华尔街上市，多少让他感到一丝欣慰。已出狱的牟其中似乎还欠温元凯一声"对不起"。一次轻信造成的人生逆转，足够一生来反思。

选择

在北京朝阳区东三环，租了一间不大办公室，注册了咨询公司，温元凯开始创业。所有功名一夜之间统统清零。他已52岁，必须从头开始，自己挣钱养活自己。最困难时，不知道下顿饭在哪儿吃。"好在节俭惯了，吃饭穿衣从来都马马虎虎。"20年后说起过往，已风轻云淡。

嗅觉敏锐的媒体发现了他。社会活动家荣光似重现。不过内容变成了极力倡导金融、网络与企业结合，宣讲风险投资和营销革命。

金地中心A座办公室，明亮宽敞。他给了我一本简历和一组数字："1998年以来，在全国两百多个城市，在清华、北大等五十多所大学、上百家大型企业做过一千七百多场宏观经济趋势、金融投资、管理提升的讲演和讲课。"讲课时间地点、所到之处留影，详细得令人吃惊。

恍惚中，拿在手里的不是简历，而是一本本厚厚的我看不懂的化学专著：1978年，温元凯与同学邵俊合著《离子极化导论》，是关于离子极化现象的系统定量模型论述，至今被人引用；1982年，他翻译了美国科学家L.鲍林与美术家R.海沃德合著的优秀科普读物《分子的建筑术》……

梦想很丰满，现实很骨感。

他马不停蹄，日夜突奔。组织中国孩子到世界一流大学、到诺贝尔奖获得者实验室参观学习。他发现诺贝尔奖30%是师徒相传，最长的传承五代人。他预言"中国股市一万点"，让中国股民兴奋了一阵子，也因此受人诟病。

午饭时分，他请我吃饭，笑着说挣得比我多，实现了财务自由。那一刻，我竟有些心酸。

回国20年了。72岁的他还不算太老。他现在应该带领一帮博士生攻克世界级难题，而不是带着一群小孩子出国游学。这个话，我没敢说出来，怕他难过。当然，这些出国游学孩子中，很可能走出世界级大师。这也是温元凯的希望。

互联网是一场深刻的思想启蒙，大大掘进了思想解放的深度和广度。温元凯的思想和他的办公桌一样，多少显得有些凌乱了。改革是一出不会落幕的大戏，温元凯曾是冲锋陷阵的勇士。今天，他以民间学者身份，定位自己的历史方位。烈士暮年，壮心不已！

流星划过深邃的苍穹，哪一颗是曾经自己？加州理工学院与大师比肩的日子，也许是温元凯最值得记忆的时刻。他曾站在了巨人肩上。可惜时光过于短暂。一个很有希望的科学家消失于苍茫的化学之宙……

李　灏

改革，是深圳的根和魂

吕绍刚　夏凡

立夏已过，深圳一日胜似一日地热了起来。火红的英雄花逐渐谢去，金灿灿的阳光洒遍蓝天白云下耸立的一座座高楼大厦。荔枝湖边，在绿树掩映的一幢居民楼里，我们见到了已经 92 岁高龄的"老书记"李灏。

年过九旬的李灏白发满头，精神矍铄。尽管精力和记忆力都大不如前，但谈起深圳的改革、开放、创新，他的脸上格外神采奕奕。1985 年，时任国务院副秘书长、党组副书记一职的李灏调任深圳，成为深圳特区历史上任期最长的市委书记。

"改革，是深圳的根和魂。"正是这位"改革家""探索者"，在破除体制机制障碍、探索社会主义市场经济的道路上，接二连三地进行大刀阔斧的改革，为深圳的发展和腾飞奠定坚实的基础，也为中国改革开放试出了经验，探出了路子。

"我要上'前线'了"

2018 年，距离李灏南下深圳，已经过去了 33 个年头。33 年，足够一个孩子长成风华正茂的青年；33 年，也让一座城市从边陲渔村成长为经济体量达到 2.24 万亿元的现代化国际化创新型城市。

时钟的指针拨回至 1985 年，当时的深圳经济特区，方兴未艾，正面临多方面的质疑和巨大的舆论压力。

一方面，在计划经济时代，各地建设都要靠政府列入计划才得以启动。全国各地都要发展，财政就会有困难。而深圳建设中，存在规模过大、投入太多、借债数额大等问题，为财政带来了巨大的压力。有人甚至提出了"深圳办经济特区，内地就变灾区"的不满。

另一方面，1985 年初，香港《信报》曾连续发表 12 篇评论文章，认为深圳建立在"假大空"基础上，已经到了"内寒外热，百病缠身"的境地，几乎将特区建设的成就说得一无是处。

在这个关头，中央决定派李灏来深圳工作。此时到深圳，摆在面前的，是显而易见的各种巨大困难。李灏深知这项工作的重要性，同时也对自己能否胜任信心不足。"离京赴深前我曾说，我要上'前线'了，当时真是这个心情，感觉特区的舆论压力很大。"他回忆。

除了这份毅然决然的信念，离京前，李灏还打定主意，要为深圳的改革争取一点"权力"。

1984 年，时任深圳市委书记梁湘曾经推出工资改革方案，改革了劳动分配制度，把深圳的工资提高了一点。省里觉得标准太高，要求停止执行。这让李灏十分担忧。

"我做的改革决定，是不是省里也会收回？那特区不是一点权力都没有了吗？改革是个系统工程，不能这可以改，那不可以改。"离京前，在与国务院领导谈话中，李灏抓住机会进一步对特区建设的一些重大问题进行了阐述，特别是深圳的功能任务和改革权问题。

这次谈话，明确了深圳仍是改革开放的试验场。深圳在改革开放中有一定权力，允许突破一些不合时宜的、束缚生产力发展的规章制度，并且明确了对于一些重大的紧急问题和政策措施，深圳特区在报广东省委、省政府的同时，可以直接向中央、国务院及总理请示报告。

在这次谈话中，李灏还提出，希望将上述这几点"向国家体改委和省里传达，特别是到那时为止，国家体改委还没有将深圳的改革列入议程"。这一要求也得到了肯定的答复。

"有了这个权，我觉得来深圳就有点意思啦。"李灏明白，到深圳，他最重要的任务，就是在调整改革中谋取更大的发展，把深圳的各项工作调整好，进入正常的轨道。

"他这是合理不合法，太冤"

都说"新官上任三把火"，李灏来到深圳后，经过 20 多天的调研，就提出了四项改革措施：成立外汇调剂中心、成立深圳市投资管理公司、建立深圳市规划委员会、设立监察局。每一项措施都具有创造性意义，并影响深远。

其中，建立外汇调剂机构，是当时最迫切的改革。当时，全国所有的外汇统一由中央管理，基层外汇机构没有权力管理外汇。出口企业收入的外汇，不管是否收支平衡，必须全部上交兑换成人民币，亏了由中央补助，赚了的统统收上去。

这样的制度，一方面使得出口企业缺乏创汇积极性，不利于深圳走外向型经济的发展之路。另一方面，虚高的挂牌汇率，让黑市"倒卖"外汇的行

● 李灏（左二）与邓小平

为屡禁不止。

　　刚刚上任，李灏就碰上了"特发倒卖外汇案"。面对北京来的调查组，李灏据理力争。他表示，企业拿三四块人民币的成本出口换汇成一个美元，官方结算只给两块八人民币，企业必然亏损。因此在"黑市"上，一美元可以兑换到四五块人民币，应该是符合经济规律的，个人并没有从中牟利。"他这是合理不合法。你们抓人抓得太冤枉了。"

　　那么，如何让外汇交易合理又合法？李灏想到，建立外汇调剂市场。1985年11月，深圳市成立了我国第一家外汇调剂中心，委托深圳市人民银行具体操作。外汇买卖双方可以到外汇调剂中心参加调剂，市场作价。

　　同时，为了对政府机关开办的企业进行有效管理，李灏提出成立深圳市投资管理公司，管理一百多家市属国有企业。1987年7月，中国第一家国有资产管理机构——深圳市投资管理公司正式挂牌成立。

1989 年，深圳完成了全市国有企业清产核资，开启了国有资产监督管理体制改革的序幕，探索了政资分开、政企分开，以产权为纽带，加强国有资产管理的新路子。

而建立城市规划委员会则是城市发展的需要。李灏回忆，特区建设初期，一切规划都靠北京。"我说，规划既要听中央、省里的意见，但整体上规划权还是要掌握在地方手上。"从李灏开始，谁当市长谁就当特区规划委员会的主任。这项制度传统一直延续至今。

此外，建立监察局是一项带有开创性的重大行政体制改革。监察局成立的目的，是针对腐败问题。与检察院、反贪局不同，监察局的主要职责是"监察同级"，重点是监察市政府领导班子，并首倡"立法、教育、办案"的六字监察方针。

"这几项改革，有的很顺利，有的从决定到成立，经历了两年时间。其中的艰难可想而知。在改革推进过程中，化解了矛盾风险，站稳了脚步，管好了队伍，管好了资产，就为下一步经济发展铺平了道路。"李灏说。

"不调整就没有出路"

除了继续推进改革，当时的深圳还有一些难题亟待解决。经过最初几年的高速发展，深圳经济急剧升温，逐渐超过了自身的承受能力。

李灏回忆说，由于深圳基建规模过大，资金全面紧张，也给市财政不断增加压力。不得已，市财政只有向银行贷款用于基建，几年下来透支近八亿元。而在基建规模过大和投资结构不合理的大背景下，外汇和财政收支不平衡等一些问题也逐渐浮出水面。

1986 年初，中央及时召开全国经济特区工作会议，对深圳的发展指明了方向。会议指出，深圳是全国改革开放的试验田，主要作用是先走一步，创造出新鲜经验来，深圳把工作重点转向建立以工业为主的外向型经济上来，由过去的铺摊子、打基础，转到抓生产、上水平、求效益上来。

"这次大调整，是深圳建立特区以来面临的第一次严峻考验，有人用壮士断臂来形容，血淋淋的。但是，不调整就没有出路。"李灏用了两年时间，对基建规模、债务等进行了全方位的调整。

调整中，最难的任务是压基建规模。这项工作涉及面广，一些干部职工对此也不够理解。"我在深圳工作的八年中，压力最大的就是这个时期。"在李灏眼里，基建规模调整是一场艰难的"攻坚战"，为此他承受了巨大的压力。

最终，深圳啃下了这块"硬骨头"。1986年，深圳对全市1500多项基建项目进行了全面清理，基建规模被压缩一半以上，施工队伍裁减近十万人，20层以上的高楼停建了60多栋。

李灏指出，调整必须与改革结合起来，走出"一放就乱，一收就死"的怪圈，为特区长远发展、为建立新体制新机制打下一个基础。这大调整的两年，也是深圳改革措施最多的两年，如规定政府不为企业担保贷款、国有企业股份制改造、土地使用权拍卖、公开招聘局级干部等。

经过调整，深圳的经济开始进入正常轨道，再未出现过大的起伏。"1988年全国开始治理整顿经济秩序的时候，我们已经走出了调整的阵痛，开始了又一轮改革发展的急行军。"李灏说。

"要按国际惯例打篮球"

5月的深圳，已颇为炎热，就在我们到访的当天上午，李灏还顶着烈日，到深圳龙岗区考察了证券山公园建设进展，并参观了在该公园举办的"先行先试中国资本市场探索之路"展览。这座公园将建设各项证券主题文化设施，展现新中国证券事业的发展历程。

● 1989 年，李灏调研西丽农场

　　证券事业的发展，要从股份制改革说起。"尽管我们率先成立了投资管理公司，解决政企不分的问题、有限与无限的问题，但还不能解决国有企业自身的问题，还必须进行股份制改革，营造一个'按国际惯例打篮球的地方'。"李灏说。

　　1986 年 10 月，《深圳经济特区国营企业股份化试点暂行规定》出台，将赛格集团公司、建设集团公司、物资总公司等六家市属大型国营企业作为试点单位，开始了我国最早的国营企业股份制改革。

　　对国有企业进行股份制改造，建立新型的股份制企业，必然出现股权的流动，证券市场也应运而生。人们所说的"深市老五股"：深发展、深万科、深金田、深安达、深原野先后完成股票发行和进入柜台交易。1987年9月27日，深圳成立了经济特区证券公司，标志着深圳股票市场正式诞生了。

"1988年，我去英国、法国、意大利三国考察。在座谈会上，英国一家基金公司经理说，我们不能直接投资你们的工厂企业，只能买你们的股票。"李灏说，这个问题对他来说很新鲜，同时也给他提了个醒：面对日益增长的股票交易量，仅靠柜台交易是不行的。

回国后，李灏马上开始筹备建设证券市场，聘请香港新鸿基证券公司当顾问，帮助起草证券市场整体方案，起草各种法规制度，培训干部等。当年11月，深圳市政府成立了资本市场领导小组，并着手进行证券交易所各项筹建工作。

1990年11月，深圳证券交易所筹备工作基本就绪，计算机操作交易系统也完善了。参观时，李灏问，既然准备完成，为什么不开？工作人员表示，没批下来。李灏当即表示："批不批政府会负责，你们一定要开，先实验嘛。"

在1990年12月1日，深圳证券交易所正式成立并开始试营业，直到1991年批下来，才补办了开业仪式。"这是先生孩子后登记。"李灏说。

深圳证交所的成立，不但掀起了炒股热，更带动了证券、基金、银行等金融机构和金融业的发展，引领了深圳高端要素市场和高端服务业的迅速发展，同时奠定了深圳在全国资本市场体系中的重要位置。

如今，28年过去，深交所上市公司数量，已从最初的"老五家"增长至2017年的2089家，总市值高达235761亿元，形成了主板、中小板、创业板的多层次资本市场体系，呈现出证券业、基金业和期货业共同蓬勃发展的良好局面。

"搞改革，没有胆量办不成事"

2015 年，光启马丁飞行包在中国首发，当时已 89 岁高龄的李灏兴致勃勃地体验了这项新发明。他头戴 3D 眼镜，握紧方向杆，感受了一把"飞翔"的感觉。他对新兴事物的好奇，对创新的热情，并没有随着年龄的增长而退去。

"有人说我胆大，敢大胆改革往前冲，有我在他们就不怕。其实，别看我个头大，其实胆子很小。"谈起胆量，李灏总是这么说。

主政深圳期间，李灏正是以"敢为天下先"的精神，大胆冲破计划经济体制，率先探索和初步建立起深圳社会主义市场经济体制的基本框架，树立起"特区"这块金字招牌，为全国起到了率先垂范的作用。

33 年过去了，如今深圳的发展日新月异。李灏主政时建设的深南大道，已经成了城市最重要的主干道。道路两旁，一座座地标建筑拔地而起，花团锦簇、绿树成荫。随着道路向东西伸展，深圳，这个改革开放的窗口，也就完整地展现在眼前了。

李灏回忆说，刚南下时，他经广州中转，几经周折才到达深圳。因此，他十分重视交通基础设施建设，尤其是盐田港和深圳机场的建设，为深圳发展外向型经济，建设国际化大都市提供了有力支撑。只用了短短二十来年，深圳的港口和机场数量就已经双双跃居全国前列。

离休后，李灏依然对深圳的发展怀着一份关心和热忱。

2001 年，深圳读书月组委会聘请李灏为读书月总顾问，每年读书月的开幕式上，都能见到他的身影。如今，深圳读书月已经走进千家万户，融入市民生活，成为深圳市民的文化庆典、城市的文化名片和实现市民文化权利的重要载体。

2005 年 12 月，在李灏的倡导下，深圳经济特区研究会成立，他担任首

● 李灏题字：长征永远在路上

任会长。李灏对研究会的同事说，"你们的一个重要任务就是守住特区，别把特区搞丢了。"

同时，他热情鼓励支持以促进改革创新为宗旨的深圳创新发展研究院，担任创新发展研究院的顾问，连续多年参加创新发展研究院举办的"大梅沙论坛"。

"这几年深圳的变化很大。"李灏认为，近年来深圳市推出不少改革和创新举措，又有许多令人欣喜的发展。"从开放程度和国际影响看，经济特区建设在不断增加创新优势、迈上新台阶。"

　　"小心谨慎还是要的，但开拓创新精神更重要。国家要发展，民族要兴旺，搞改革，搞开放，没有胆量办不成事。"李灏说，很多的事情，如果等到十拿九稳才去做，就贻误了发展的良机。只要正面效果好，符合"四个有利于"就可以尝试去做。"我相信，深圳的下一个 30 年，一定会更加美好！"

赵启正

善讲中国故事的改革者

谢湘　凌云

　　回望改革开放40年，难以数清赵启正转换过多少个角色。1991年，他出任上海市副市长，1993年兼任浦东新区首任党工委书记、管委会主任，一干就是五年，以杰出的沟通能力和执着的投入，把浦东的故事变成了讲述伟大中国梦的最好例子。1998年至2005年，他出任国务院新闻办公室主任，提出"向世界说明中国"的理念。2008年，他出任第十一届全国政协外事委员会主任，任职期间他积极倡导和践行公共外交理念，还以新闻发言人的身份与各国记者交流，生动地传播着中国形象。

　　"讲好中国故事"，这是赵启正40年来一个个角色的叠加和升华。而随着中国的发展和进步，这个故事也变得越来越精彩，越来越生动。

"在地球仪旁思考"的"浦东赵"

　　浦东新区管委会最初设在浦东大道 141 号，原是黄浦区文化馆和上海船厂的旧楼，周边到处是棚屋简房，不出几公里就能看见农田。但是在这里流行一句豪气十足的口号："在地球仪旁思考浦东开发"。这句口号被贴在机关食堂的进门处，管委会人人皆知。

　　当年出任浦东新区党工委书记、管委会主任的赵启正，不惧怕挑战，而且善于思考。他来自一个知识分子家庭，父母都是大学物理系教授，家中兄弟三人有两个学物理。他从中国科技大学核物理专业毕业后，曾在中国核工业部第二设计院、航天部上海广播器材厂工作 21 年。当年科研条件有限，他刚工作时不仅缺少国外科研资料，连实验仪器都难得一见。就在那种条件下，他和同事艰苦攻关，他多次被评为上海市和航天部劳动模范、先进工作者。

　　在赵启正看来，"在地球仪旁思考"，就是要在浦东开发中谋求经济全球化格局中上海的重要位置，通过浦东开发来振兴上海，使之先成为亚洲的区域经济中心之一，再成为世界的经济中心之一。深入的思考，让他谈起浦东总是特别有说服力。

　　其实，当年向外国人介绍浦东是很困难的，他们根本不知道浦东这个地名，更不知道它在哪里。有一次，一家美国航空公司总裁和赵启正在和平饭店会谈，他望着黄浦江问："从这里到浦东远吗？是上高速公路还是坐飞机？"当时，身为浦东新区一把手的赵启正的一大任务就是要让不出名的浦东尽快出名。他想，能不能通过和迪士尼合作来扬名浦东呢？于是，他在 1993 年访问了迪士尼，向当时的总裁威尔斯介绍了浦东的四点优势：第一，经济发达；第二，海陆空交通方便；第三，位于长三角城市群中；第四，四季气候宜人，全年皆可开放。威尔斯完全被说服了，赵启正还没回国，迪士尼就派团到上海考察了，结论是浦东适合开迪士尼乐园。可惜的是威尔斯两个月后因直升机撞山离世，致使这件事多年以后才变为现实。

浦东开发成功起步后，又出现另一种担忧。比如英国有几位议员当面就问赵启正，浦东开发是不是为了与香港竞争。1997 年香港回归前，BBC 派采访组到上海采访赵启正。他引用英谚说，两盏灯总比一盏灯亮，香港、上海就是亚洲经济走廊上的两盏明灯，"它们相映生辉"。英国副首相赫塞尔廷访问上海时，和赵启正谈起香港和上海这两个金融中心的关系，赵启正用一个比喻就说明白了：香港是"批发型金融中心"，只有中血管、大血管与内地的大城市有联系；上海是"零售型金融中心"，和各城市有千丝万缕的微血管相连。赫塞尔廷立刻明白了：这就像英国的两个金融中心伦敦和爱丁堡的关系一样。

浦东新区的建设成就——那些能用数字描述的和看得见摸得着的，是被称为"浦东赵"的赵启正讲述中国故事的最好"硬成果"。杨浦大桥建成后，赵启正喜欢送给外宾一种"沉甸甸"的礼品——杨浦大桥上中国自行制造的斜拉索钢缆横切块，有碗口大小，大约两厘米厚，装在精致的礼盒内，不仅生动展现了浦东的建设成果，还是"中国建造"的最直观体现。

"廉政也是重要的投资环境"，这也是赵启正的思考所得。1993 年的一天，几个英国记者向他提出一个尖锐的问题："当浦东开发成功的那一天，你们的贪腐会不会也走向顶峰？"赵启正说："当你看到浦东开发的辉煌之日，同时会看到一个廉洁的浦东。"当年的浦东新区，提出"一流的党建带动一流的开发"，设立了"三条高压线"：领导干部不准直接谈地价，不准干预项目招投标，不准因动迁等私事为人打招呼，甚至在招商宣传手册上，也印上了"在浦东办事，无须请客送礼"等。浦东开发的成绩里，有廉政建设的功劳。

浦东开发之初各方面条件简陋，需要讲好故事来争取投资者，但讲信用是最有说服力的"讲故事"方式。比如，浦东开发提出基础设施先行、金融贸易先行、高新技术产业化先行的策略，赵启正说"问题在于我们能不能切实做到"。日本森大厦集团总裁森稔大胆地在浦东兴建森茂大厦。他说："你们在这里规划了绿地，我就在这投资，因为与绿地为邻的房子价值高，你们说到做到了。"由此他下决心又投资建设了三倍于前者的摩天大厦环球金融中心。

基辛格博士是最早看好浦东开发的西方重量级人物。他告诉赵启正："我看浦东开发是行动，不是口号"，并且强调，浦东新区最宝贵的成绩不是那些高楼大厦和高科技工厂，而是"可信任的国际公共关系"。

研究跨文化的沟通艺术

理科出身的赵启正，谦虚地说自己"很缺乏关于美学、宗教学、历史等人文类知识，所以需要学习"。他偏爱哲学，因为"年纪大的人，都喜欢读哲学，作为对自己以往生活和经历的一种反思和重新认识"。

亨廷顿的《文明的冲突》一书，把世界上的矛盾归结为源自不同文明间的冲突，赵启正说，"这样的说法并不全面"。他说，各民族文化间确实存在差异，但对待差异的不同态度，会带来不同结果：如果对待差异是尊重的，那么文化可以互补；如果是漫不经心的，就会引起误会；如果彼此歧视，就会引起冲突；在特殊的情况下，被别有用心的政治家利用，就会发生战争。在他看来，能够接受其他文化，承认不同文化的优点，这是和谐文化与和谐社会的要素。

赵启正曾出版《向世界说明中国》一书，收录了他担任国务院新闻办主任期间的数十篇公开演讲和媒体访谈。他引用戴高乐将军的话说：人和人之间的距离比地球和月亮的距离还大。但他仍希望，世界上其他国家和民族，能够克服地理上和文化上的距离，了解一个真实的、充满活力的当代中国。

作为官员，赵启正的立场毫无疑问是政府的，但他的思维方式和语言却是新闻记者的：敏锐，直率，灵活。他说，与外国媒体和外国人打交道的基础，必须是对外国文化的理解。"千万不要轻易把外国人估计成了解中国的人，而应该把他们想象成关于中国的知识只有外国高中毕业生的平均水平，将中国的事儿要努力用外国人熟悉的方式表达。"1999年，在国务院新闻办策划组织的"法国中国文化周"活动中，横穿浦东的世纪大道模型在预展上没有引起法国人的注意。时任国务院新闻办主任赵启正在"世纪大道"的名称前加上一个注释——中国的香榭丽舍大街，立即引起了观众的兴趣。

2006年，有些外国人宣扬中国不会成为超级大国，"因为今天中国出口的是电视机而不是思想观念"。对此，赵启正说，与对外贸易的巨大业绩相比，中国在对外文化交流方面存在严重的"赤字"。他大声疾呼：要把对外传播和输出文化作为国家文化发展战略的重要组成部分。而加强对外文化传播的最大难点，就在于传播的方式。"外国人的思维方式和我们不一样，想让他们明白我们的想法、做法和价值观，就要力求达到一种文化的翻译效果。"他提出要"中国故事，国际表达"。

在和外国领导人的交往中，赵启正同样展现了"赵氏风格"的沟通艺术。比如，幽默就是一种拉近距离的方式。有一次，时任俄罗斯总统叶利钦来访，当时还在上海工作的赵启正接待了他。赵启正读过叶利钦的传记，记得其中有这样一件趣事：叶利钦学生时代曾和一位老师吵架，老师要求学校开除他，结果在叶利钦的抗争下，学校反而把那位老师开除了。见面时，叶利钦问赵启正对他有多少了解，赵启正特意提起此事，并开玩笑地问："在俄罗斯，像您这样的学生多吗？"叶利钦笑着说："不多，就我一个，所以我当了总统，他们都没有当上。"

直率是另外一种沟通方法。尤其是和西方领导人打交道，坦率地表达立场往往更能赢得尊重。一位曾在赵启正领导下工作多年的干部讲过这样一个故事。乔治·布什卸任美国总统后访问上海，要到浦东新区看看。赵启正向他介绍浦东开发开放的情况，并在讲解陆家嘴规划的模型时用了激光指示器。老布什眼睛一亮，说鲍威尔指挥"沙漠风暴"战役时也用了这种指示器。赵启正说："可是，他指哪儿，那儿的楼就倒下去了，我指到哪儿，那儿高楼就长起来。"老布什笑着点头，表示同意。

真实故事则往往是对外国人最有说服力的。赵启正多次举过一个例子。他在上海工作时，曾陪印度领导人到一个农妇家庭参观。外宾问农妇："为什么你的儿子和儿媳的房间比你们的大？"农妇说，因为儿媳是家里的第一客人，要好好待她。外宾在笑声中，立刻理解了中国妇女的社会地位。这位重要外宾说，这位农妇说得比此前乡长念稿子的那些数字成绩更令他印象深刻。

汪道涵荐书，促成《江边对话》

不再担任政府公职后，赵启正很高兴自己终于有了更多的读书时间。他说以前"欠的很多债"，现在可以慢慢还了。在他曾经阅读的大量书籍中，有一本《宗教与科学》，是汪道涵先生向他推荐的。汪老说："这书虽薄，但值得一读。"汪老还高度评价了赵启正与宗教领袖路易·帕罗的对话记录《江边对话》一书的出版。

这场发生在黄浦江畔的对话，不仅凝结成书，而且引起了中西方学术界、宗教界乃至政界人物的密切关注，被学者季羡林评价为"开创之举"。一个中国人，一个美国人；一个政府官员，一个神学家；一个无神论者，一个宗教领袖。身份如此悬殊的两个人，打破了意识形态的隔阂，对话直面东西方文化的差异、宗教徒与非宗教人士的分歧，甚至触及宗教的核心问题，例如"上帝到底是否存在"。

翻阅《江边对话》,"终极关切""三星堆文化""宇宙大爆炸"这样看似高深艰涩的字眼不时冒出,但是依然紧紧抓住了读者的眼睛。因为对话双方坦诚地探讨了彼此的信仰,对上帝、今世来生的看法,他们毫不回避彼此的分歧,而这些问题在每个人的心中都若隐若现地存在着。

可以想象,在这样的对话中,双方都有回答不了的问题。"我让帕罗用实验证明上帝确实存在,他让我做个实验证明上帝并不存在。结果我们俩谁都做不到。"赵启正坦白地说。

但分歧并不妨碍双方彼此之间的尊敬。帕罗就表示通过对话,自己感到很惊奇:原来无神论者也很有思想,很有学问。他在序言中写道:"让我们在深刻的分歧之上,仍能彼此尊重,彼此相爱,建立诚挚的友谊。"赵启正也在序言中表示:"我不指望读者能赞同本书的多少观点,但我希望读者能赞同我们两人对话的态度。"

《江边对话》的中英文版本在国内外同步出版后,国内中文版很快就重印;在国外,媒体反应非常积极。《南华早报》的文章惊讶道:"看在上帝的分儿上,怎么一个无神论者会跟布道者拥抱?"也许在一些西方媒体看来,中国共产党的一个高官能够直率地和美国著名的宗教领袖对话,本身就是一次突破,而对话中有多少差异和分歧倒在其次。据说,很多美国政要都读过此书,希望以此了解中国在宗教方面的情况。

赵启正说,自己进行并公开这次对话的目的,一来是向西方社会介绍中国的宗教政策和宗教现状;二来是使中国读者了解不同的宗教观;更重要的是用行动告诉世界,不同意识形态、不同信仰的民族之间,也可以进行友好对话。

对于赵启正来说,这次对话使他第一次深切了解到宗教人士对一些问题的思考方法与我们有差异,而且差异较大。"但问题并不在于差异,而在于对待差异的态度。"

一个精彩的"原生态苹果"

有朋友称赵启正是"理性的理想主义者"。2006年起，他出任中国人民大学新闻学院院长、博士生导师，很乐意与年轻人交流沟通，并把自己的经验智慧同年轻一代分享。他也处处做有心人，为年轻老师和研究生找机会找平台。在担任全国政协新闻发言人期间，他每次都会带一批研究生和年轻老师走进实战现场，参加发布会的准备全过程。

和年轻人一起，赵启正的态度犹如家中长辈一般亲切。他在中央电视台《开讲啦》节目担任嘉宾时，有大学生问他，如果自己是他的孙辈，向他撒个娇他会怎么对待。赵启正说："那我太高兴了，对我是个莫大的安慰。在家里，我完全是个非常平常的人，别的老爷爷有的优点，我想我都有。"

当然，他也把自己对理想的看法坦率地和年轻人交流。他在演讲时对大学生们说，中国梦就是由我们千万个中国人的梦想组成的。"中国梦最主要是你们的梦。我们的梦都是希望你们成为很有光芒的人，能够给社会做贡献。"

赵启正说："知识可以从学校得来，但是智慧却要有足够的阅历甚至挫折才能形成。假设一个30岁的人拥有40岁人的智慧，他这一生很可能成功。所以，年轻人和年纪大的人要多交往。年纪大的人可以把他的经验和阅历提炼出来，告诉年轻人；也可以从年轻人身上吸取他们的激情，重新认识生活。"

曾有学者归纳，赵启正总是用一个关键词、一个核心观念、一个动人故事来组成典型的"赵式答问"。这当中蕴藏了他成功讲述中国故事的经验。在传道授业之余，赵启正的著述硕果累累，先后出版了《向世界说明中国·赵启正演讲谈话录》《向世界说明中国（续编）·赵启正的沟通艺术》《江边对话：一位无神论者和一位基督徒的友好交流》《浦东逻辑：浦东开发与经济全球化》《交流，使人生更美好——赵启正、吴建民对话录》《公共外交与跨文化交流》等畅销著作，有的被重印九次，有的被译为英、西班牙、德、俄、日、韩、乌克兰等文字，备受读者欢迎。

赵启正曾经以"原生态苹果"来比喻舆论宣传和信息生产：要把自然生长的原生态苹果献给受众，不必非要为人家提炼出维生素C。这个生动的比喻，至今令人印象深刻。300多年前，英国伍尔斯索普庄园一棵苹果树落下的苹果，让牛顿悟到了万有引力，开创了经典力学理论的新时代。今天，在中国变得越来越有吸引力的时代，赵启正拿出的"原生态苹果"，或许也会让我们的社会生活变得更加精彩。

周瑞金

初心不改"皇甫平"

张帆

27 年后，已近 80 岁的周瑞金回忆起"皇甫平"系列，思路依旧清晰：皇甫平是一个团队而非他个人；撰写评论并非领导授意，而是报人责任感驱使……还有，他曾经想把这组以宣传邓小平改革开放思想为中心的文章，作为离开《解放日报》到香港《大公报》履新的"临别献礼"。

"1991 年是非常难忘的一年。"周瑞金不无感慨地说。 那一年年初，时任上海《解放日报》党委书记的他组织撰写和发表了署名皇甫平的四篇系列评论，由此在全国引发了一场激烈的思想交锋，也改写了他的人生。

一腔热情"献礼之作"

复旦大学新闻系科班出身的周瑞金，毕业后被分配至上海市委机关报《解放日报》，就一直坚守于新闻评论领域，历任评论员、评论部副主任、主

● 周瑞金接受采访

任、副总编辑、党委书记。

周瑞金说，在 1990 年底，他已经知道将奉调去香港《大公报》接任社长，所以之后那段时间主要在忙工作移交。1991 年 2 月 11 日，他看到了邓小平视察上海的谈话材料，人受触动。

今天的年轻一代对于改革开放已经深为认同，但很多人并不知道，在 20 世纪 90 年代初，中国推行改革开放的十多年后曾遭遇困境：1989 年至 1991 年，经济连续三年下滑跌至改革开放以来最低点。东欧发生巨变，国内"反和平演变""问一问经济领域改革开放是姓资姓社"的声浪不绝……

继续推进改革开放还是走回头路？邓小平作了关键性的表态。

1991 年 1 月 28 日至 2 月 18 日，邓小平第四次来到上海过年。那时距离他找第三代领导集体谈话，强调要"更大胆改革开放"刚刚过去一个月。

在上海期间，他频频外出视察、参观，还听取了浦东开发开放的汇报。他发表的多次谈话，都由时任上海市委书记朱镕基亲自动手记录整理。

周瑞金看到的，正是这份谈话的第一手资料，至今他还能背出一些要义，一是"他在谈话一开始就特别强调，改革开放还要讲几十年，光我一个人说话还不够，我们党要说话"。还有就是"不要以为一说市场经济就是资本主义，市场也可以为社会主义服务"。

当时市委领导没有直接布置写文章，但周瑞金已经产生强烈的冲动，要动起来"宣传邓小平的改革开放新思想，作为我离开《解放日报》到香港《大公报》履新的临别献礼"。

皇甫平"一定有来头"

1991年2月13日，周瑞金清晰记得是农历庚午马年小年夜，他找来了《解放日报》评论部的凌河和市委研究室的施芝鸿，提议三人合作写几篇署名评论。其时，第一篇他已经构思好，之后由凌河根据他口授执笔，再由他改定以《做改革开放的"带头羊"》为题，在农历辛未羊年的大年初一发表。"当天头版上半版刊登邓小平与上海市委、市政府领导迎新春的报道和大幅照片，下半版就加框刊登'皇甫平'的署名评论。"

为什么用"皇甫平"这个署名呢？周瑞金说："许多论者把皇甫平解释为黄浦江评论的谐音，这并不错，但又不仅仅是这个意思。从更深层的意思来说，这个皇字，按照我家乡闽南话的念法，与奉字谐音。这个甫，不念浦，而念辅。我选这个甫，就是取有辅佐之意。奉人民之命，辅佐邓小平，这就是皇甫平笔名的深层含义。而皇甫又是中国的一个复姓，人们看起来比较自然。"

之后，他们又以每隔20天左右的节奏，在《解放日报》头版重要位置连发了《改革开放要有新思路》《扩大开放的意识要更强些》《改革开放需要大批德才兼备的干部》三篇评论。根据周瑞金的设想，四篇评论的主题一以贯之，内容相互呼应，形成了一个有力推进改革开放的完整的舆论先导。"最初我们还酝酿了第五篇，专门讨论怎么看待'姓资姓社'，但后来港澳工委来电催我尽快到香港，我忙于办理赴港手续就搁下了。"不过这些观点后来在1992年发表的评论《改革开放姓"社"不姓"资"》中进一步得到阐发。

四篇文章发表后，反响强烈，有读者赞誉"吹来一股清新的改革开放春风"。特别是其中要发展市场经济，"计划和市场只是资源配置的两种手段和形式，而不是划分社会主义和资本主义的标志"这样的提法赞成者很多。当然，对于文章发表的背景，海内外也作了诸多猜测和解读。有很大一部分认为很有可能是邓公之意。"塔斯社驻沪记者一定要采访我，直接就问皇甫平是谁授意，是不是邓小平。""吴敬琏后来遇见我都说'一看皇甫平就知道有来头，一定是改革开放总设计师发话了'。"

思想交锋始料未及

让周瑞金始料未及的是，原来期望1991年成为"改革年"，最终却成为改革开放的争论、争锋之年。他说，引起最大争议的是皇甫平第三篇文章《扩大开放的意识要更强些》。这篇文章是凌河根据一位理论工作者沈俊坡的来稿改写的，强调开发浦东、设立保税区、造就"社会主义香港"的尝试，一定要迈开步子，敢于冒风险，做前人没有做过的事情。其中"不要囿于'姓资还是姓社'的诘难"这句话，被上升为"改革开放不要问姓资姓社"进行批判。

批判先从一些小刊物开始，之后部分党报党刊也刊发了相关文章，说皇甫平罪莫大焉，鼓吹"庸俗生产力论""经济实用主义""断送社会主义事业"。与之相对的,对于皇甫平的公开支持却屈指可数,只有《改革》杂志是以转载皇甫平系列的第二、第三篇的方式表示支持。难能可贵的还有新华社《半月谈》杂志公开发文"不能对改革开放任意进行'姓资姓社'的诘难"。

争议对周瑞金最直接的影响,就是赴港履新的任命被突然取消。"当时我已经交接完工作,《解放日报》欢送会都开了,我的行装也准备就绪,飞机票也买好了。"他还透露,此前也与《大公报》的香港同事有过接触和交流,相谈甚欢,让他对到香港干好工作满怀信心。更重要的是,他深知此去就是为了迎接香港回归,能够参与和见证这么重要的大事"很激动"。所以,现在回想起来,这也是唯一的遗憾。

邓公终结困境

在争议交锋最激烈的时候,据说北京流行着一句话:"京都老翁,坐看风起云涌。"周瑞金认为,这表明邓小平对于这样的思想交锋是知道的,且在观察着、思考着。

次年初,邓小平南方系列讲话一举回应了所有否定改革的言论。邓小平提出:"社会主义和资本主义的区别不在于是实行市场经济还是计划经济,资本主义有计划,社会主义也有市场。"这些讲话不仅为当年召开的党的十四大作了充分的思想理论准备,也让很多人意识到,"皇甫平"与邓小平的观点是一致的。

周瑞金说,其实皇甫平系列文章和一些有代表性的批判文章,当时中共上海市委宣传部分管理论和意识形态工作的副部长刘吉都搜集起来,希望通过特殊渠道转给邓小平。"皇甫平系列第一篇发表时,邓小平还在上海过春节,也许会看到这篇文章。加上后来刘吉转送的材料,估计邓小平对皇甫平知道得还是比较早的。"

邓小平南方讲话也终结了周瑞金面临的困境。皇甫平系列文章，此后还在上海和全国的好新闻评选中高票获得一等奖。对此，周瑞金认为，这还是说明坚持改革开放是人心所向，他只是尽了一个报人的职责，说了该说的。他始终认为，思想解放的舆论先导，是改革开放的火车头。

此后，周瑞金还是坚守在评论领域。1992 年，他又组织"皇甫平"成员，相继以"闻顾""吉方文"的署名发表了一系列文章。1993 年，他奉调进京担任人民日报社副总编辑，分管评论理论宣传。由此，中国传媒界又出了一个名人"任仲平"。

与改革者惺惺相惜

能够平稳度过这段舆论风波，周瑞金说，他还非常感念很多人在背后的默默支持，包括当时上海市委、市政府的主要领导。没有责难，没有处罚，有不少人还在多个场合为他鸣不平。"我还是留在《解放日报》并继续主持工作。"

周瑞金还特别提到了朱镕基。皇甫平系列第四篇，背景就是时任中共上海市委书记兼市长的朱镕基被任命为国务院副总理。他们借此契机阐述了邓小平大胆、科学使用人才的思想。但北京却有人说"要警惕赫鲁晓夫式的人物窃取党的领导层高位"。

之后，周瑞金调到人民日报社任副总编辑，几次遇到朱镕基，他没有提起这件事情。直到 1994 年春，国务院出台财税、外贸、金融、投资、国企等改革措施，他以"任仲平"署名同借调北京的施芝鸿合作撰写了一篇《上下一心　打好今年改革攻坚战》，受到了朱镕基的赞誉，还获得当年的中国新闻奖一等奖。

● 周瑞金在工作中

社会革命将发挥"推进器"作用

习近平总书记在今年中央深改组第二次会议上指出，今年是改革开放 40 周年，强调推动"思想再解放""改革再深入""工作再抓实"，为下一步改革发展指明了方向，发出了深化改革新的动员令。周瑞金说，历史昭示，没有思想解放就没有改革开放。思想解放是改革的先声，从"不改革开放，只能是死路一条"的大声疾呼，到习近平总书记"思想再解放"的要求，正是击中要害，没有思想上的勇于破冰，就难言从利益藩篱里突围。

周瑞金引述邓小平的话强调，"生产力方面的革命是很重要的革命，从历史的发展来讲是最根本的革命"。1992 年邓小平南方谈话明确提出改革是第二次革命，要解放生产力、发展生产力，过去只讲发展生产力，其实还有解放生产力问题。我们党带领中国人民进行改革开放，就是一场新的生产力方面的伟大革命。最近，习近平总书记强调"必须以党的自我革命来推动党领导人民进行的伟大社会革命"，全面深化改革开放，社会革命将发挥"推进器"的作用。

周瑞金说，应当从这个角度来理解改革是第二次革命，明了改革开放 40 年后下一步改革的方向与路标，也就是说，对不适合生产力发展的经济体制、政治体制、社会体制、文化体制、生态文明体制的改革，就是第二次革命。正是基于此，改革开放是须臾离不开的法宝，也是求得振兴的唯一出路，他引用当年的"皇甫平"评论强调：何以解忧，唯有改革。

周瑞金还说，党的十八大以来，以习近平同志为核心的党中央决心以改革精神、改革思维和改革勇气，啃硬骨头，涉深水区，全面深化改革。十八届三中全会在各种思想争论纷纭中形成了新的理论创新，提出了"使市场在资源配置中起决定性作用和更好发挥政府的作用"的重大理论观点，以进一步解放思想、解放和发展社会生产力、解放和增强社会活力，在全党形成新的改革共识。十八届三中全会部署的全面深化改革，是以经济体制改革为重点，以协同推进经济体制、政治体制、文化体制、社会体制、生态文明体制、国防军队体制和党的建设制度改革为主要内容的全面性、系统性、整体性改革，改革涉及的领域之多、范围之广前所未有。这是自党的十一届三中全会以来党就改革作出的最全面最系统的一次部署。

高尚全

敢讲真话的改革家

周飞亚

高尚全今年八十有九了。

即将鲐背之年，老先生依然"朝九晚五"——每天早上九点前到他那位于皂君庙的办公室，经常一忙就是一整天，晚上五六点才回家。

拜访他时，我去了那栋小楼。隐藏在老街的一处小院背后，灰扑扑的颜色，有些旧。小楼只有两层，门楣处一块小小的牌子上写着"中国经济体制改革研究会"，毫不起眼。走到近前，才能看清上面的字。

我心中微讶，想不到他办公的地方如此低调。

中国改革开放汇聚了各方面的智慧，高尚全就是其中一位参与者与推动者。

早在20世纪50年代，他就敏锐地意识到了计划经济的缺陷，公开呼吁要给企业一定的自治权。从1982年起，他在国家经济体制改革委员会从事经济体制改革的研究、设计和有关领导工作，六次参加中央重大文件的起草。香港回归，是他主持了特区筹委会经济小组工作。步入新世纪，他又是最早提出政府治理改革的学者之一。

改革，改革……

这是他一生的魂牵梦绕、情思所寄，是他重复频次最高的词语。

与改革结下"前缘"

高尚全出生在上海嘉定的乡村。以他的家境，念完小学本该去当学徒，学一份谋生的手艺了。命运在这时拐了一个弯。族中一位开工厂的舅父见他聪慧，书也念得不错，便说愿意资助他继续上学。初中在县城，离家遥远，高尚全就搬进舅父的厂子里，与工人们吃住在一起。他心中感激舅父，又不想"吃闲饭"，于是平时总帮着厂里干活儿。几年下来，工人会做的，他都会了。让他记忆最深的，就是发电。那时候电力很紧张，常常要靠人工发电——通过蹬踩，带动机械运转，像蹬自行车一样。高尚全蹬过好多次。

初中毕业，高尚全考上了圣约翰大学附属高中，到了上海。高中念完，被圣约翰大学经济系和复旦大学海洋系同时录取，他选择了前者。

圣约翰大学是中国第一所现代高等教会学府，素有"东方哈佛"之称，从这里走出了顾维钧、宋子文、孔祥熙、林语堂、邹韬奋、贝聿铭、周有光、荣毅仁、经叔平、鲁平、钱李仁、朱良、董乐山等一批风云人物，投身政坛、商界、科学、文化、艺术等各领域的都有，可以说深深影响了中国历史的进程。

很幸运地，高尚全成为圣约翰大学的最后一届毕业生。学校采用当时最先进的教学方法，活跃的思想氛围，创新的教育理念，培养了他爱思考的习惯和开放的心态。

大学毕业，高尚全不愿继续待在上海，想去外面"见识一下"。于是，他来到东北，被分配在东北人民政府工业部机械工业局工作；七个月后，各大经济区撤销，又调到了位于上海的第一机械工业部。

多年以后，高尚全常常给人们讲"我与改革开放的十个故事"。故事的开端，就在这里。

1956 年 12 月 6 日，《人民日报》第二版发表了一篇文章，叫《企业要有一定的自治权》，旁边还配发了一幅漫画，讽刺各种手续的繁杂。这便是高尚全的得意之作。

当时，他已经在一机部干了三年，耳濡目染，发现了不少让人哭笑不得的怪现象。

比如说吧，沈阳有两个相邻的厂，一个冶炼厂，一个变压器厂，冶炼厂生产铜，恰好，变压器厂也需要很多铜。原本，只需要跨过一道墙，这生意就成了。但当时的计划经济体制是通过部门来实行的，冶炼厂的铜被冶金部调往全国各地，变压器厂需要的铜却是由一机部从全国各地调过来。一进一出，不仅耽误的时间长，还白白浪费了那么多人力物力。

又比如说，一机部的招待所里，常年住着 1000 多号人。这些人是哪儿来的呢？他们都是各企业派来的代表。企业无法自己做决定，没有生产任务了，没有原材料了，没有电了……什么都得找部里，可谓那个年代的"跑部钱进"。科里没几个人，却要管全国的事，根本管不过来，官僚主义也滋生起来。

1956 年夏天，上海的天气特别热。那时还没有空调，为了不影响生产，有家企业想买个鼓风机，就打报告申请。芝麻大的事儿，竟要经过七个部门的层层审批。等申请批下来，夏天早已经过去了。

所见所闻，令高尚全如鲠在喉，不吐不快。年轻人"不知天高地厚"，就向《人民日报》投了稿。没想到，文章很快刊登出来，中央人民广播电台还作了转播。当时，高尚全正陪着时任一机部副部长的汪道涵在沈阳出差。他至今还记得，汪道涵扭头对他说了一句："小高，你听，广播里面有你的文章。"语气里分明是赞赏。

高尚全大受鼓舞。经此一事，他算是与改革结下了"前缘"。改革开放以后，这篇文章还引起了国际机构重视，联合国开发计划署署长威廉·德雷普热情地告诉他，这篇文章已被联合国译成英文，还加了序，并由衷地称他"中国前驱的改革家"。

然而，当时的思想氛围，仍是保守势力占了上风。很多人顽固地认为，社会主义只能是计划经济，计划经济政府就得统统管起来。很快，"反右"运动到来，因为这篇文章，高尚全差点被打成右派。好在一机部是个大部，人多，"大目标"也比较多，5%的"右派指标"很快便摊派完了。当时才20多岁的高尚全只是个"小角色"，侥幸从这场风暴中安然脱身。到了"文革"期间，还有人给他贴大字报。

此番遭遇，并没有让高尚全变得"谨慎"。他一辈子敢于直言。他跟我说，搞改革的人，需要一点"逆向思维"和创新精神。但在我看来，更重要的，还有他那种"虽千万人吾往矣"的勇气。

"认为对的，我就要说"

1993年11月，中共十四届三中全会通过的《中共中央关于建立社会主义市场经济体制若干问题的决定》中，第一次提出了"资本市场"和"劳动力市场"，可谓重大突破。而"劳动力市场"的出炉，就是高尚全力争的结果。

在起草《决定》时，组里多次讨论，领导都没通过，只同意写"劳动就业市场"。高尚全一直"耿耿于怀"。修改稿到中央政治局常委会讨论时，高尚全也列席了，这样的会议，本轮不到他发言，但他抓住机会，鼓足勇气举手示意，一口气数出五条理由，坚持应该使用"劳动力市场"一词。

时任中共中央总书记的江泽民同志认真听完他的发言，问："这么提，社会上能接受吗？"高尚全笃定地说："只要是中央提出的，肯定能！"

也许是他强烈的信心感染了大家。最后，经过进一步的研究，在起草小组组长温家宝的努力和政治局常委的支持下，"劳动力市场"终于被写进了文件。

还有一次，高尚全应邀到山东做报告。当时，山东诸城出了一个"陈卖光"，闹得沸沸扬扬。诸城有一批"大跃进"时期建立的国有小企业，亏损严重，这位叫陈光的县委书记为了解决实际困难，提出将它们改制出售，所以得了这么个绰号。很多人反对，说他出卖国有资产，走资本主义道路。

报告现场，有人问高尚全对这件事怎么看。他毫不客气地讲了一大段：

"诸城的改革姓'资'还是姓'社'，判断的标准，只能按小平同志说的是否符合'三个有利于'。我看到一个对300个诸城青年职工的问卷调查，问卷的题目是'假如有人偷国家工厂的东西，你怎么办？'答案有三个选项，一是与小偷做斗争；二是装作看不见；三是你偷我也偷。问卷回收的结果，选择与小偷做斗争的只有14人；选择装作看不见的220人；选择你偷我也偷的66人。这说明，这种企业财产的组织形式，职工并不关心。所以有人说，国外有一个加拿大，中国有个'大家拿'……"

他又说，有人总认为，国有化才是社会主义，其实恩格斯早就说过，无条件地把任何一种国有化，甚至俾斯麦的国有化，都说成是社会主义的，这是一种"冒牌的社会主义"。日本有人妄想把钓鱼岛"国有化"，这难道也是社会主义吗？

这番批评，可谓辛辣至极，也十分大胆。

后来，高尚全跟我说："其实他们心里也明白，就是想借我的口来讲。

● 1992 年，高尚全（左三）与尼克松（右一）

他们自己不敢说，怕担上责任。我不怕。认为对的，我就要说。"

　　被高尚全的仗义执言所"拯救"的，不只"陈卖光"，还有如今大名鼎鼎的世界 500 强企业——华为。

　　1997 年，高尚全在参加党的十五大报告起草时，有人给中央写信"举报"华为科技公司，说它姓"资"不姓"社"。理由是：华为国家没有投资，是非公有制企业，又搞了职工持股，背离了社会主义方向。高尚全敏锐地感觉到，这关系到改革中必须弄清的重大原则和方向。他主动提出去深圳实地调研。

　　调研的结果令他很兴奋。华为的创始人任正非以 2.1 万元起步，国家没有投入一分钱，企业却给国家创造了巨大的税收和财富，解决了十几万人的就业，职工也分享到了发展的成果。这样的企业，应该是改革的典型啊！怎么不姓"社"呢？高尚全认为，它恰恰"回答了什么是社会主义、怎样建设社会主义的问题"。

后来，党的十五大报告中明确提出的"劳动者的劳动联合和劳动者的资本联合为主的新型集体经济，尤其要提倡和鼓励"，其中就有华为的启示。

而这些情况，作为"当事人"的华为一直被"蒙在鼓里"。

很多年以后，任正非才从浙江大学管理学院院长吴晓波口中听说了这个故事，十分感激，也很感动。他专门来找高尚全，当面道谢："您怎么做了好事也不告诉我？"高尚全说："用不着（告诉），我做这些事不是为了你们一个企业，也不是图别人的感谢。"

任正非一再邀请他去华为看看，他总也未能成行。直到有一次他到深圳开会，才再次走进华为的大门。

"所以，到现在我没花过华为一分钱。"老爷子笑着说。

改革是无止境的任务

高尚全特别会讲故事、打比方。深奥的理论，经过他鲜活的语言，就变成了简单明白、人人能懂的道理。

他讲社会主义和市场经济的关系，用吃饭打比方。"市场经济是一般，社会主义条件是特殊。特殊是一般基础上的特殊，不是完全颠覆式的特殊。人饿了要吃饭，这是一般规律；只是外国人吃西餐，中国人吃中餐，武汉人爱吃热干面，北京人爱吃炸酱面，这就是不同国家不同地区的特殊。但你不能用特殊否定一般，不能因为我们不吃西餐，就否定饿了要吃饭。"

他讲建立劳动力市场的必要性。"新加坡总理李光耀对中国的改革是肯定的，但他说我们的汽车司机态度欠佳。为什么呢？因为司机认为我是工人阶级，是主人，你坐车的是仆人，主人怎么会给仆人服务呢？这是混淆了作为整体的工人阶级和单个工人的概念……我在一机部工作时，有个局长要乘车出去开会。刚坐上车，司机就说车子坏了，你下来帮我推一下吧。局长于是下来推，出了一身汗，司机才说可以上车了。后来听说，那辆车一点毛病都没有，司机那天心情不好，故意刁难。你看，这就是用行政手段配置劳动力的弊端。"

有这项"绝技"压身，高尚全做报告不用稿子，只用脑子。前些年演讲前，他还要准备一个提纲，到了 70 多岁以后，连提纲也不用了。主办方见他空手上台，都很惊讶。但他就是可以一口气讲上两小时也不会忘词，观众还听得津津有味。

"不念稿子，现场气氛会更好嘛。"他开玩笑说，"还可以防止老年痴呆。"

有人夸高尚全讲话总是很有新意。他归因于自己对新事物的关注。

他愿意尝试新工具。记得有一次，我给他发点资料，为了使他方便，特意用短信发过去，他却奇怪地问：你怎么不用微信？言下之意，似乎是在疑惑：你以为我连微信都没有？问得我不禁一乐。我见过许多老人，其中不乏比他年轻十几岁的，连电脑上网都没弄明白的也是常有的，他却早已紧紧跟上了"移动互联"的潮流。

他也非常关心时事。中兴被制裁的案子掀起了轩然大波，他说，网上的讨论有好处，能让我们对国情有更清醒的认识。"成天说中国要引领世界了、有六个方面超过美国了……对于这种声音要警惕，要当心'捧杀'。在很多方面，我们还有很大的差距。"

他尤其推崇新思想。他爱读《乔布斯传》和《硅谷钢铁侠》，对乔布斯的经历和埃隆·马斯克几次面临破产都如数家珍，也对他们的创新精神佩服不已。"把人送到火星上去生活，敢想啊！这不就是最大的创新？"今年 4 月底，他在"2018 中国改革论坛"上发言，讲建设创新型国家要"五力（动力、活力、创新力、执行力、竞争力）并举"，其中强调最多的就是"创新力"。

● 2000 年，高尚全在人民大会堂政协九届三次会议上作 "加快改革的步伐，迎接入世的挑战" 发言

在中国改革的每一次重要关口，高尚全从未缺席。

从 1984 年到 2003 年，中央作出的综合改革基本上都是每十年一次——1984 年是《中共中央关于经济体制改革的决定》，1993 年是《中共中央关于建立社会主义市场经济体制若干问题的决定》，2003 年是《中共中央关于完善社会主义市场经济体制若干问题的决定》。这三次改革的《决定》，高尚全都参与建言献策。

到了 2013 年，眼看又是十年过去了，他觉得中央又到了应当作出决定的时候，于是给中央提了两次建议。第一次是关于十八届三中全会的主题，他建议将文件命名为《中共中央关于全面深化改革的决定》，建议将建立官员财产公示制度作为突破口，尤其是要率先公示不动产，把在反腐败中罚没的财产作为扶贫基金，还建议成立一个强有力的中央全面深化改革领导小

● 高尚全的部分著作

组；第二次是建议发挥智库的作用，调动广大群众的积极参与。这些建议，均受到中央的重视。

每当这样的时刻，高尚全内心的满足都无与伦比。

"这是作为一个改革者梦寐以求的事情。"

直到现在，只要出现在公众场合，他仍是三句话不离"改革"。媒体说他一辈子只做了一件事，就是改革，所以称他为"高改革"。

而在"改革者"的标签之外，他似乎没有别的生活。很少有人知道他的家庭。他的发妻早在30多年前就因小脑萎缩离他而去，伤痛之余，他更加一心扑在事业上。唯一的儿子考大学、找工作，都是靠自己，"小高"都快退休了，单位也没人知道他是高尚全的儿子；而唯一的孙女至今仍待业在家。高尚全从来没利用职务之便为他们铺过路、架过桥。如今，高尚全已经有了第二任妻子，日子过得和和美美，但他能够陪着家人的时间，仍旧少得可怜……

"有很多人问我图个啥。我放心不下呀！觉得这是我的责任。"改革是无止境的任务，需要他无止境的思考，"尤其是当改革碰到困惑的时候，更应当发出自己的声音。"

改革，必然会触动某些既得利益者的奶酪。

搞了一辈子改革，有没有遇到过别人的威胁或是收买？我问他。

"收买没有过，威胁嘛，不能说没有。"这些年来，有人千方百计地给他这样的人扣上"资本主义"的帽子。但他浑不在意。

在他看来，如今的改革还面临不少挑战和问题，需要大家直切忧患、合力解决。深化改革要听取各方意见，包括那些批评和质疑的。"国家多听听不同的意见，有好处的。"他的眉眼还是一派慈和，语调也轻轻淡淡的，吐出的话语却是一如既往的犀利。

是的，高尚全一向敢讲真话，永远不乏勇气。

杜润生

中国农村改革之父

凌云　张之豪

2015年10月9日，102岁的"中国农村改革之父"杜润生走了。"兼收并蓄，有办法使歧见趋一致；德高望重，无山头却门生遍九州"，这是他的学生翁永曦送别恩师的挽联。

20世纪80年代初曾任中央农村政策研究室（简称"农研室"）副主任的翁永曦，离开农研室已30多年，但当他谈起农研室原主任杜润生，眼眸立刻变得明亮。"杜老永远活在我们心中。"这句话说出了他的心声。

谈到杜润生在农村体制改革上的贡献，翁永曦说："他干了大得人心的事。"说到激动处，他熄灭了没抽完的烟，不自觉地轻拍桌子："杜老教导我们要守住底线、敢讲真话。""很多政治人物生前死后毁誉参半，唯杜老，连反对他观点的人都很尊敬他，这太不容易了！"

启动农村改革的"参谋长"

"他受过那么多的委屈，干成那么大的事情。"翁永曦用一位老领导对杜润生的两句评价，作为接受采访的开场白。

杜润生一生，与"农"有缘，因"农"坎坷。他曾就读于北平师范大学文史系，新中国成立之初，他领导中南新解放区的土改运动，曾获毛泽东肯定。他后来撰文提出"土改解除了农民与封建地主的依附、被依附关系"，但是，"土改完成后，向农民给出什么样的制度环境成为新的重大问题"。在农业合作化运动中，身为中央农村工作部秘书长的杜润生提出要坚持自愿原则，不要一哄而起，这自然受到毛泽东的严厉批评，被指责为"小足女人走路"，"站在富农、富裕中农立场上替他们说话"。杜润生因此离开了中央农村工作部，在历次政治运动中屡遭批判，一晃就是20多年。

1979年，66岁的杜润生迎来了人生中又一个春天。他被任命为国家农业委员会副主任，分管农村政策研究。"他是站在改革风口浪尖上的人，是启动农村经济体制改革乃至中国经济体制改革的参谋长。"说起那段激情燃烧的岁月，翁永曦仍难掩激动："杜老获此口碑，首先是因为他干了一件大得人心的事。中国的农民问题，我们党倾注了极大的精力，但很长时间没有解决好。我记得万里同志曾经说过，我们党对农民是有承诺的。要让农民吃饱肚子，过上好日子。"杜润生将此当作自己的使命。

翁永曦说："杜老不是决策者，是个高级幕僚。上世纪70年代末，他要研究和解答三个问题，一是包产到户有没有显著效果；二是这种形式有没有合理性和普遍性；三是这种形式是否与社会主义兼容。"

翁永曦多次用"用事实说话"来形容杜润生的风格。"很多官员是看领导眼色说话，杜老不是。他组织了一批干部和学者，包括一些体制外有过插队经历的年轻人下去调研。他用'土地绣花'来形容农民包产到户后的积

● 杜润生（中）与厉以宁（右）

极性。安徽凤阳县包干到户一两年后，农民从缺粮吃到出现'卖粮难'。包产到户的效果是值得肯定的。而且，农业是有生命物质的生产，没有中间产品，从播种插秧到田间管理再到秋收有连续性，更适合家庭承包，具有合理性和普遍性。"

"兼容问题很难办。杜老想出了'家庭联产承包责任制'这个中性的词，代替'包产到户'的说法，这个提法谁都很难反对——因为无论工业、教育、科技、商业，干什么都要讲责任嘛。"

1982年，杜润生主持起草了中央"一号文件"，首次正式承认包产到户的"合法性"，用农民兴高采烈的说法，就是给包产到户上了社会主义的户口。此后他任中央农村政策研究室主任兼国务院农村发展研究中心主任，连续主持起草了五个"一号文件"。翁永曦说："责任制如星火燎原、不推自广。八亿农民不再依附于人民公社，获得了经济自由。这不仅改变了中国农村的面貌，改善了农民的生活，对中国政治文明的进步也起到了重要作用。杜老参与的改革，恢复了农民对党的拥护，夯实了党的执政基础，得民心，得党心。"

"9号院"的灵魂人物

杜润生也是改变翁永曦命运的人。几十年后，翁永曦依然记得第一次见杜润生时的情景。

1979年10月，翁永曦刚被分配到中国农民报社当记者。有一天，他奉命将社论清样送到国家农委，请时任农委副主任的杜润生审稿。翁永曦骑车来到农委，走进杜润生的办公室。正在看文件的杜润生抬起头来，"小伙子，我没见过你啊。"

"我刚来报社工作。"

"哦？原来干吗的？"

"农村插队，八年整、十年头。"

杜润生来了兴趣，撂下笔，直起身子："时间不短啊，说说，有啥体会？"

翁永曦没思想准备，实话实说："农村太穷，农民太苦，我觉得国家农业政策应该建立在务农有利可图的基础上。"

"这算一条，有第二条没有？"

"有，我从小受到的教育就是'万花筒里看世界'，相信'大河有水小河满'。到了农村才发现，无论是自然界还是经济界都只能是'小河有水大河满'。"

杜润生没再说啥。一个星期后，调令来了——翁永曦被调到国家农委政策研究室工作。后来国家农委撤销，成立农研室，杜润生任主任，办公地点在西黄城根南街9号。从此，"9号院"就成了农研室的代称，而"9号院的灵魂是杜润生"。

翁永曦回忆，杜润生曾让他到大学应届毕业生中"招兵买马"。杜润生说："年轻人没有条条框框，我们部门需要年轻人。"他没规定招什么样人，而翁永曦招来的年轻人让他挺满意：独立思考，敢讲真话，注重实际。后来，"9号院"成为"三农"理论与政策研究的最高殿堂，也成为中央各部委里思想最活跃、探讨改革最积极的地方之一。王岐山、段应碧、陈锡文、杜鹰、林毅夫、张木生、周其仁、戴小京等都曾经在"9号院"工作，成为杜的门生。习近平、刘源当年在地方工作时，受聘为农研室的特约研究员，每年"一号文件"起草前，也常被请到"9号院"参加讨论。

宽厚、民主、真放手

"杜老那是真放手、真信任我们这帮年轻人啊。"翁永曦说，"我刚到农委那会儿，就是个普通干部，有一天，杜老把我叫去说，'中央准备未来十年向农业投入1500亿，你考虑考虑，拿个方案吧。'我当时就懵了。那时，我一个月工资才46元，那年代1500亿能抵现在几万亿吧。我还只是个科员，上面有处长、局长，杜老就把这么重的担子压过来了。"

"在杜老手下工作，最沉重的是被杜老信任，我们就是玩命也要对得起这份信任。"翁永曦说，农村联产承包制实行后，新华社有份内参，反映内蒙古出现集体资产流失问题。"杜老说，小翁你去，听听周惠同志（时任自治区党委第一书记）的看法。居然让我一个白丁去见自治区一把手！我去了，周惠说了三点：情况属实；农民要承包，不能逆着民意；大变革有得必有失。我向杜老汇报时，概括为凡事皆有利弊，'两害相权取其轻'。杜老点头说，再看一看吧。"这件事被"轻放"，没造成大的影响。

杜润生唯实。翁永曦记得他常说，中国的事不在于想要干什么，而在于只能干什么。向杜润生汇报工作，翁永曦总结出"三段式"：问题、症结、办法。"哪怕不同意你的解决方案，杜老也会帮助分析，并提出改进的建议。他最不满意的是那种只知道说出问题，等着领导发话的人。"

翁永曦告诉记者，他"这一辈子只被杜老表扬过一次"。但是，"杜老宽厚，跟着他能学到很多东西"。他特别钦佩杜润生的工作作风。"他很注意听取反对意见。那时候农口有几位同志激烈地反对一些改革措施，他在开会讨论时就特意吩咐要把他们请来。听到不同意见，他不会轻易打断对方的发言，总是耐心听完才逐条分析其中的利弊。"

翁永曦后来被任命为农研室副主任，成为当时全国最年轻的副部级干部，后带职到安徽凤阳兼任县委书记。翁永曦告诉记者，在凤阳时，杜润生依旧关心着他。定期派人送去文件，经常召他回农研室开会。"杜老说，包产到户也有它的问题，要继续坚持深入调查研究，找到受农民欢迎的解决办法。"翁永曦后来离开官场、下海经商，杜润生仍和他保持着师生之谊。

"老爷子就是心宽"

杜润生在工作上一丝不苟，生活中却很"马虎"。翁永曦说："那时候，我上他家谈事，到中午了老头儿说'就在我这儿吃吧'，说完他进厨房了。我想，我得帮忙吧，就跟了进去，一看，老爷子正拎着一口小锅，在里面和面。然后，一手端着锅，一手拿根筷子，把面一截一截拨到灶上另一口开水锅里。煮熟了捞出来，蘸点酱油和醋，我们就这么吃。老爷子说，这叫拨鱼儿，山西的农家饭。过去在太行山打仗，后来'文革'挨斗，他自己弄饭吃，就吃这个，简单。"

翁永曦跟杜润生去太原出差，晚上逛小吃街。当时条件简陋，挂盏汽灯、摆个桌子就是个摊位。"老头儿闻着家乡小吃的香味就走不动了，说'咱们吃一碗'。我劝他，'您看，他们刷碗都只用这一桶水，不干净。'老头儿乐了：'不怕，天黑，看不见。'"

离休后，杜润生很长一段时间依旧每天看文件，关注着各种前卫的理论。他爱游泳，爱打网球，也喜欢到各地走访、调研。20世纪90年代初，杜润生去广州，看望下海创业的翁永曦。两人晚上散步到一个迪斯科舞厅门口。"他说进去看看。里面一个大舞池，听着舞曲他也跳了起来。"翁永曦说着，模仿杜润生的舞姿，先提一只脚，另一只脚蹦，然后换一只脚再蹦。"杜老说，别人跳狐步，他跳的是猴步。"杜润生还唱了首《潇洒走一回》，字正腔圆。听到老人唱"岁月不知多少人间的忧伤，何不潇洒走一回"，翁永曦感叹："老爷子就是心宽。"

每年的7月18日，都有上百人来给杜润生庆祝生日。95岁后，杜润生的听力和记忆力都衰退了，常年住在医院，但内心依然关注着农民的利益。

杜润生去世后，翁永曦赶去家中吊唁。"我们都以杜老的学生为荣。人生能有这样的良师益友，太幸运了。"他提到，杜润生九十大寿时，弟子们曾在起草"一号文件"的京西宾馆相聚。那一次，杜润生提到了自己一直惦念的两件事："用市场机制激励人，用民主政治团结人。"这两件事，也是杜润生对后辈们的期待。

林毅夫

"我是中国经济的客观派"

尹洁

五年前，我第一次见到林毅夫是在北京八大处附近的"两会"代表驻地，作为全国政协委员的他略显疲惫。在十天时间里，除了参加会议，他还要在北京大学讲授公开课。

林毅夫的课在北大是场场爆满，即使是能容纳400人的大教室，也往往被各个专业的学生挤满，来得晚的靠墙站，或者在讲台前席地而坐，外人猛一进去，找不到林毅夫在哪儿。中国顶尖大学教授、国际知名经济学家、全国政协委员，带着三重身份的林毅夫总是成为舆论关注的焦点，而他自己除了发表学术观点外一直很低调。

一晃五年过去，在今年四月举办的博鳌亚洲论坛上，林毅夫依然是媒体追逐的人物。他坚定地认为，中国在未来十年中能保持年均6%的GDP增长率，到2030年可能成为全球第一大经济体。

在外界看来，对于中国和中国经济，林毅夫一直是坚定的乐观派，而他自己却说："我不是悲观派，也不是乐观派，而是客观派。"在他眼中，中国在 21 世纪的崛起、中华民族的复兴不是被感情所左右的文字表述，而是一种客观存在的历史必然，这正是他 40 年前游过海峡的动力。

曾是"狂热的国家主义者"

林毅夫的特殊，不仅因为他在经济学界的名望和地位，还因为他特殊的身份：从被蒋经国接见的台军"未来之星"，到大陆的官方智囊，他人生经历的跌宕起伏，足以拍一部传记电影。对于自己人生经历的"敏感"之处，林毅夫处之泰然："我从来没把自己当外人，别人就不会把我当外人。"

1952 年 10 月 15 日，家住台湾宜兰的农民林火树生了第三个儿子，取名林正义，希望儿子长大后为人正直，富有正义感，这就是后来的林毅夫。

林家并不富裕，林正义从小就要帮家里干活，同时刻苦地完成了中学学业。1971 年，他考入台湾大学农学院农业工程系水利专业，这似乎是这位寒门子弟的最好出路。

从 20 世纪 60 年代起，美国渐渐疏远台湾，国民党当局对社会的控制随国际形势的变化而日趋严厉，台湾民间因此陷入迷茫和不安，大学生普遍感觉"经济上没有前途，政治上没有出路，思想上没有方向"。林正义考上台大的 1971 年，台湾岛内外风波不断：当年七月，时任美国总统尼克松宣布访华；同年底，台湾被驱逐出联合国。一时间，岛内民众信心受挫。这个年轻人在种种刺激下，开始思考个人与社会的命运。

刚入学时，林正义是"一个狂热的国家主义者"，曾为台湾失去联合国席位而怒不可遏，热衷于学生运动。大一时，他在参加军训期间，决定放弃在台大读书的机会，投笔从戎，转到陆军军官学校。在台大，学生弃学投军这种事是几十年来的头一遭。林正义的决定引起了巨大轰动，被报纸大篇幅报道，还被评为台湾"十大杰出青年"，甚至惊动了蒋经国，获得了他的接见和当面表扬。

从军后，林正义改名林正谊，成为军中重点培养对象。1975 年，他以优异的成绩从军校毕业，以军职身份进入政治大学企管研究所深造。1978 年，拿到硕士学位的林正谊重返部队，被派到两岸对峙的最前线金门马山连担任连长，那里是离大陆最近的据点，据说退潮时离对岸直线距离只有 2300 米，用望远镜可以清楚地看到对岸军民的活动。

也是在那一年，大陆开始发生接二连三的变化：1978 年 12 月，中共中央召开十一届三中全会；1979 年元旦，全国人大常委会发表《告台湾同胞书》，时任国防部部长徐向前宣布停止对金门的炮击。时局的变化，让林正谊的想法有了翻天覆地的改变，一个惊人的计划也开始在他心中酝酿。

游了三个小时来到大陆

1979 年 5 月 16 日深夜，林正谊在金门海边下了水，游了三个小时渡过海峡，投奔大陆。

林正谊离台时，夫人陈云英、孩子和父母都留在了台湾。此后，他没有再踏上台湾的土地。几经辗转，林正谊来到北京，成为北大经济系的一名硕士研究生，并改名林毅夫。几年后，他在美国攻读博士学位期间与妻子取得了联系。1983 年，陈云英带着两个孩子赴美，一家人终于团聚。

曾有说法称，林毅夫是抱着两个篮球游过海峡的。对此，林毅夫夫妇在 2008 年的一次新闻发布会上予以了否认。陈云英说，丈夫是个游泳健将，但没有人能抱着篮球游过台湾海峡，"不信你抱抱看！"林毅夫这时插进来说："尤其是两个篮球。"

1980 年，林毅夫给表兄李建兴写过一封长信，解释了他之所以冒险来大陆的原因，至今读来仍令人心潮澎湃：

"台湾的未来，现在正处于十字路口，长期维持那种妾身未明的身份，对台湾一千七百万同胞来说，并非终久之计。因此何去何从，我辈应当发挥应尽的影响力。正如你来信所说，台湾不该独立，更不应该再次沦为次殖民地。那么台湾到底应该往何处去，这个问题长久以来，一直是我心中思索的主题。基于对文化、历史、政治、经济和军事的认识，我觉得回归祖国是历史的必然，也是最佳的选择方案。"

回到大陆后，林毅夫参观了许多地方。他发现虽然当时的大陆在经济建设方面还相当落后，但基本上每个人都可以吃得饱、穿得暖，他不禁感叹："这在中国五千年的历史上，不能不说是一项突出的成就。"

更重要的是，改革开放让整个大陆在以一种飞快的速度发展，人民充满朝气和信心。因为爱好历史，林毅夫特地参观了许多名胜古迹，最令他感到震撼的是战国时代秦国李冰父子在成都所筑的都江堰。

"由于都江堰，四川成为天府之国，而始建迄今已近三千年，但是它还在惠及众生。当我站在江边，听那滔滔的水声，真让我有大丈夫若不像李冰父子为后世子孙千万年之幸福，贡献一己之力量，实有愧此生之叹！"

1980年，刚刚获得诺贝尔经济学奖的芝加哥大学荣誉教授舒尔茨访问北大。林毅夫是当时为数不多的英语流利的学生，因此被派去做翻译。舒尔茨对他十分赏识。1982年，在舒尔茨的力荐下，从北大硕士毕业的林毅夫前往芝加哥大学攻读博士学位，成为舒尔茨的嫡传弟子。

林毅夫一直对中国农村经济有着超乎寻常的关注。他认为，农民问题是中国现代化要解决的根本问题。因此，他的博士论文也以中国农村经济改革为题，被导师舒尔茨誉为"新制度经济学的经典之作"。

完成博士论文后，舒尔茨挽留林毅夫留在美国，他婉言谢绝。在他看来，1987年的美国社会高度发达，几乎没有新的空间，而中国正在从计划经济转向市场经济，大有可为。此外还有更重要的一点，就是植根于他内心深处的家国情怀。

"我深深地相信，中华民族是有希望、有前途的。而作为一个中国人，是值得骄傲，是可以抬头挺胸昂立于世界之上的。"于是，林毅夫成为新中国第一位取得外国博士学位后回国工作的社会科学家。

从"西天取经"到立足国情

林毅夫常说自己是自鸦片战争以来的中国第六代知识分子。鸦片战争以后，"天朝上国"变成"人为刀俎，我为鱼肉"的饱受列强欺凌的国家，一代又一代知识分子追求的是国家富强、民族复兴，让人民过上幸福生活。

林毅夫曾经跟很多知识分子一样，认为西方的强大一定有其道理，只要把那些道理学会就可以让中国富强起来。所以，他出国留学时抱着"西天取经"的想法。芝加哥大学当时被认为是现代经济学的最高殿堂，林毅夫还特地带去一幅唐玄奘西天取经的拓片，悬挂在寝室里以自勉。

留学的收获很大，西方经济学理论逻辑严谨，可以解释中国出现的很多问题。比如国有企业里的工人没有积极性，按照西方理论是因为当时中国推行的是八级工资制，干好和干坏差别不大；还有改革初期出现的"倒爷"现象，西方认为当政府对价格进行扭曲时，政府就必须用行政计划的方式配置资源，但是在改革过程中开放了部分市场，导致市场价格比计划价格高，因此很多人想方设法把低价物资倒卖到高价市场去套利。

1987年回国时，林毅夫信心满满，认为已经学到世界最先进的理论，足以改造中国经济。到1988年，中国出现了18.5%的通货膨胀率，按芝加哥大学的理论，林毅夫认为应该提高银行利率，增加投资成本，让人们更愿意储蓄而不是投资和消费，社会总需求减少，通货膨胀率就会降下来。但中国政府当时采取的是行政手段，用砍投资、砍项目的方式减少需求，看起来是一种"不理性、愚笨"的方式，却引发了林毅夫的深刻思考："从 1978 年到 1987 年，中国平均经济增长速度是 9.9%。能维持这样高的增长速度，决策者一定是很理性的，那为什么要用行政干预的方式，而不靠市场手段来治理通货膨胀？"

经过仔细了解，林毅夫才知道是因为大型国有企业都在资本密集的行业里，如果把利率提高，大型国企就会有严重的亏损，政府只能给予财政补贴，导致财政赤字增加，于是就要增发货币，结果还是通货膨胀。

林毅夫这才意识到，西方用提高利率来治理通胀的目的，就是让那些经营不善的企业在市场竞争中被淘汰掉，以此提高经济效益、恢复市场均衡。但中国的情况不一样，采取的措施当然也不一样。

1988 年对林毅夫来讲是一个分水岭，他从一个笃信"西天取经"的知识分子变成了一个根据国情来研究中国问题的人。他告诫自己必须把现有理论抛开，研究中国经济现象背后的限制条件是什么，决策者的目标是什么，然后考虑采取怎样的措施。

1995 年，林毅夫在北京大学创立了中国经济研究中心，这是全国第一个专业的现代经济学研究机构。在之后的十余年中，这里成为中国经济学研究的最前沿，不仅为海内外培养了大量的经济学人才，也成为中国政府决策部门重要的智库之一，林毅夫本人也逐渐成为中国最具影响力的经济学家之一。

世界银行第一位中国副行长

在 2013 年的"两会"上，林毅夫的提案是让中国的劳动生产力"走向非洲"，鼓励国内企业把产品附加值较低的制造环节向非洲转移，实现劳动密集型产业的转型升级。这个提案来自他在世界银行任职时的所见所闻。

2008 年 5 月，林毅夫出任世行首席经济学家兼主管发展经济学的副行长。他是第一位在世行担任这么高职务的中国人，更是世行历史上首位来自欧美国家之外的首席经济学家。

当时，世界上仍有大约 14 亿人饿着肚子入睡，还有超过 1/6 的人口在贫困线上挣扎。如何缩小发展中国家与发达国家间的差距，成为林毅夫在世行思考最多的问题。

"我从中国的经验中寻找答案。作为首席经济学家，我认为自己是一位世界公民，对所有国家都负有责任。"履新伊始，林毅夫就格外关注第三世界国家的经济发展。上任后的第七天，他去了全世界最贫穷的地区——撒哈拉以南的非洲国家。后来，他的足迹遍布埃塞俄比亚、卢旺达、坦桑尼亚、莫桑比克、加纳等国。那里的经济发展状况，特别是生产制造业的水平令他感到震惊。

"1979 年，我刚到大陆的时候，这里的人均收入连当时撒哈拉以南非洲国家的 1/3 都不到，但在之后的几十年里，中国保持了平均 9.9% 的经济增长率，非洲国家却始终裹足不前。"林毅夫认为，非洲国家经济发展滞后的原因是过度模仿西方："自二战后，他们一直沿着西方的主流经济发展模式走，经过了整整两代人，还是没能摆脱贫困。"

在林毅夫看来，撒哈拉以南的非洲国家的经济现状，与内地 20 世纪 80 年代初期非常接近：社会相对稳定，劳动力丰富、成本低，政府也相对有效率，发展经济的积极性很高。这些国家要摆脱贫困，可以借鉴中国发展的经验。

与此同时，中国经济经过几十年的发展，制造业遇到了一个瓶颈：工人的工资水平迅速提高，无论沿海还是内地都在闹"用工荒"；通货膨胀等因素带来生产成本的提高，让很多企业难以承受。过去以廉价劳动力称霸世界的中国劳动密集型产业，已经到了必须升级的时刻。

"内地的状况，在 20 世纪 60 年代的日本和 80 年代的亚洲四小龙身上都发生过。从他们的经验看，生产环节向外转移是一个必然的趋势。"林毅夫说。把劳动力密集型产业的生产环节转移到工资相对低的地方，有利于企业向高附加值产业转型和升级。拥有十亿人口的非洲国家工资水平非常低，劳动力却极其丰富，非常适合发展各种劳动力密集型加工制造行业。

之后几年，林毅夫对这个想法进行了反复论证。比如埃塞俄比亚，人均年收入只有300多美元，几乎所有产品都从中国进口。这里拥有丰富的皮革资源，也有充足的劳动力，但全国从事制鞋出口的工人只有8000多人。2011年3月，林毅夫向时任埃塞俄比亚总理梅莱斯提议，到中国招募制鞋企业来投资。同年8月，梅莱斯亲自来华举办招商活动。

两个月后，广东一家企业在埃塞俄比亚设立代表处，并招收了86名当地员工到东莞接受培训。很快，两条生产线建立起来，机器、设备、主要原材料从中国进口，而600名工人都是当地的。2012年10月，工厂开始赢利，年底已经成为埃塞俄比亚最大出口企业。

"通过这样的做法所取得的效益，既可以帮中国避免陷入'中等收入陷阱'，也可以争取到非洲国家对我们的支持。"在林毅夫看来，这是中非互利共赢的长久之策。

"贫穷不是发展中国家的命运"

在很多人看来，林毅夫是中国学者中与诺贝尔经济学奖距离最近的人之一。他最广为人知的经济理论是"比较优势"，即充分利用中国劳动力多且相对便宜的优势，发展劳动力相对密集的产业，以此带来经济的长期快速增长。有业内人士认为，林毅夫的理论是对过去以发展重工业为代表的赶超战略的转型，也是他对中国经济发展战略的最主要贡献。

在中国的经济改革方面，林毅夫一直致力于走渐进式的道路，认为这样更适合中国的国情。尤其是在总结了东欧等国的经验之后，他反对"休克疗法"。虽是芝加哥经济学派的嫡传弟子，他却没有选择该学派的自由市场理论，尤其是对国企的改革方面。

按西方的理论，国有企业改革的核心在于打破国有制度，因此一些经济学者推崇私有化改革方案。林毅夫则认为，产权是否私有与企业自身能力并无必然关系，私有化不能解决根本问题，问题的关键在于市场是否透明有效。因此，他一直强调在市场的基础上发挥政府作用，在他看来，对于发展中国家而言，政府干预的重要性不言而喻。

林毅夫的理论在经济学界有广泛争议，但他依然创下了中国经济学家的很多个第一。2007年，他在剑桥大学的"马歇尔讲座"发表演讲。"马歇尔讲座"是世界顶级经济学讲坛，每年从全世界著名的经济学者中挑选出一位担任主讲人，林毅夫是走上这个讲坛的第一位中国学者。在演讲的结尾，他说："我认为贫穷并不是发展中国家的命运。"

2012年从世行卸任后，林毅夫回到了熟悉的北大校园。对于中国经济的未来，他始终抱有极大期望。当外界质疑他是否过于乐观时，林毅夫表示："我从来不认为自己是乐观派，我是客观派。但是大家都悲观，客观就变成乐观了。"

2018年3月，在北京大学国家发展研究院举办的纪念中国改革开放40周年系列讲座上，作为名誉院长的林毅夫是第一讲的嘉宾。他表示，40年来中国发生了翻天覆地的变化：人均国内生产总值从155美元增加到8836美元；经济总量在2009年超过日本，成为世界第二大经济体；2014年，按照购买力平价计算，中国的经济规模超过美国，成为世界第一大经济体；在改革开放的过程中，超过七亿中国人摆脱了贫困。

在林毅夫看来，改革开放40年最大的财富，不仅是让14亿中国人的生活得到改善，而且是可以改变全世界更多人生活的可能。到目前为止，全世界有85%的人生活在发展中国家，共同的愿望就是过上好日子，中国从自身成功实践中总结出的理论能帮助他们实现美好愿景。作为这个过程的见证者和推动者，林毅夫表示："我非常幸运地经历了中国创造奇迹的时代。"

现在，这个奇迹还在继续。

创业篇

蒋子龙

不是我选择了改革，是改革选择了我

张健

沧州地处河北省东南部，北依京津，南接山东，东临渤海，京杭大运河贯穿其间。因与大海为邻，得名沧州，意为"沧海之州"。沧州是蒋子龙的故乡，14 岁之前，蒋子龙的生活在沧州农村里度过，那里高高的土房，比两边的土地矮一大截的车道，村子外面的大水坑，以及在水坑里摸鱼洗澡的日子，都深深地烙在了他的记忆里。好多年以后写散文，提到家乡，蒋子龙仍然说："沧州，像梦一样永远跟着我。"

蒋子龙走过的地方很多，其中很多地方都比沧州富饶、美丽。但是，这个普普通通的沧州却给了他巨大的触动与濡养，他把沧州当作了一生中最重要的精神根据地。虽然蒋子龙是以工业题材小说在文坛上闯出一片天地的，但是他骨子里却是一个农民，他在很多场合，都一再强调这一点。他的农民本色，是沧州给他染上的，他磊落豪直的性情，庶几与这片土地脱离不了关系。

当改革开始激荡生活，作家的创作之火随之点燃。

不管愿不愿意，理不理解，文学都成了蒋子龙的宿命，带给他荣光，也带给他艰难。很多人都问蒋子龙，当初为什么要选择创作工业题材小说？蒋子龙感叹地回答："人的一生总会碰上那么几次鬼使神差、歪打正着的事情。'人'字是由两根棍子斜搭在一起构成的，也就是说，一个人的命运要由别人横插上一杠子才能完成。"

某种意义上说，蒋子龙的创作就被这样一种莫名的力量推动着往前走。1975 年秋天，全国"工业学大庆"，掀起了一股"抓生产"的潮流。那时候，国家第一机械工业部系统学大庆会议在天津宾馆召开，蒋子龙所在的天津重型机器厂是一机部所属的大厂，蒋子龙作为厂子的代理工段长，参加了会议。就是在这个会场上，《人民文学》的老编辑部主任许以找到了蒋子龙，告诉他，毛主席亲自下令，停刊多年的《人民文学》要在 1976 年复刊。许以希望蒋子龙能够为复刊的《人民文学》写一篇小说。

《人民文学》是"国刊"，是业余作者梦寐以求发表文章的文学圣地，《人民文学》的约稿该是多大一桩喜事！但是蒋子龙并没有受宠若惊，也不敢过于兴奋，那个时候他的作品发表得并不多，心里没有底，只是谨慎地答应试一试。碰巧的是，那个时候的蒋子龙正被大会上一些先进人物的生产事迹所感染，觉得有很多话想说。于是，就在开会的宾馆里，他没日没夜地写了起来，由此有了短篇小说《机电局长的一天》的诞生。

《机电局长的一天》后来发表在复刊第一期的《人民文学》上。这篇小说的主人公霍大道，其原型就是蒋子龙所在的天津重型机器厂厂长冯文彬，以及蒋子龙在会议期间了解到的南京汽车厂的一位副厂长。蒋子龙运用文学的手法，把两个原型人物的人格与事迹揉搓成了雷厉风行"抓生产"的霍大道。回头来看，霍大道的"抓生产"反映了当时的人们对无休无止的政治运动的抵触情绪，同时也与 20 世纪 70 年代末期"以经济建设为中心"的历史轨道实现了对接，因而成为过渡年代里的一篇颇具先声的过渡小说。

三年之后，1979 年，蒋子龙又在《人民文学》上发表了短篇小说《乔厂长上任记》，这篇小说的影响更大，在当时产生了"轰动效应"，也使"蒋子龙"这三个字从此烙在了当代文学的史册上。《乔厂长上任记》讲述了十年动乱之后，某重型电机厂生产停顿，人心混乱，老干部乔光朴主动出来收拾烂摊子，大刀阔斧地进行改革，从而扭转工厂被动局面的故事。小说塑造了改革家乔光朴的光辉形象，被认为是"改革文学"的开山之作。

但是谈起这篇小说，蒋子龙却说："《乔厂长上任记》的创作过程非常简单，简单到不是我找到了乔厂长，而是乔厂长找到了我。"当时，蒋子龙只花了三天时间，就写出了这篇垂名之作。只有一种解释，就是"乔厂长"这个人物，在蒋子龙那里早已烂熟于胸，他此前虽然未曾写出来，但在心里，他已经对这个人物描摹了上百遍。

蒋子龙的回忆印证了我的猜想。大概在 1977 年后，他在重机厂的锻压车间任主任，那个车间有将近三万平方米的厂房，一千多名员工，差不多相当于一个中型工厂，却没有一个工厂的独立性。那时候的蒋子龙，攒足了力气想好好干事，可真等他塌下心来想干事了，却发现哪儿都不对劲：有图纸没材料，好不容易把材料找齐，可是机器设备年久失修，到处是毛病，等把机器修好了，人又不听使唤……蒋子龙感觉自己天天就像在"救火"，常常是昼夜连轴转，熬的最长的一次是七天七夜，只觉得身心俱疲。这就是他创作《乔厂长上任记》时候的心境。这篇小说，实际上就是写他自己一段时间以来的苦恼与理想，写如果让他来当厂长，他会怎么干。蒋子龙结合自己在基层一段时间以来摸爬滚打的经验，设计了一种"乔厂长管理模式"，他没有料到的是，"乔厂长"很快火了起来。那时候，很多读者都根据自己的体会来理解乔厂长，更多的人还参与创造并完善着"乔厂长"，"乔厂长"一时成了风云人物。

● 蒋子龙的作品《乔厂长上任记》

　　后来，在不同的场合，蒋子龙都会被人这样提问：作为"改革文学"的缔造者，作为工业题材的代表作家，您如何如何。每当这时，直爽的蒋子龙就会实话实说，"其实我至今也搞不清楚'改革文学'的概念。对于什么是'改革'，不同的人有不同的理解，作家是不可能按照'改革'的定义去创作文学作品的。而只有当'改革'实际上成为人民群众精神生活与物质生活的主题时，正在剧烈地摇荡与改变人们的生活方式时，才能让作家把激情和材料融合成创作之火，把虚构的人物和故事融于真实的生活旋律之中。"

在创作高峰时转向，十年铸剑书写农村改革

　　1982 年底，写完短篇小说《拜年》，蒋子龙在自己工业题材小说的创作高峰期，放下了工业题材小说创作。这一停就是六年时间。人们无法理解蒋子龙此举原因何在，其实，他只是做出了符合创作规律的一次选择。他在

《"重返工业题材"杂议——答陈国凯》一文中写道："登上了文坛，一定还要懂得什么时候离开文坛。当时我感到自己成了自己无法逾越的疆界，我的工业题材走投无路。它不应该是这个样子，它束缚了我。我受到我所表现的生活、我所创造的人物的压迫……我需要暂时与工业题材拉开点'历史的距离'，对工业生活及自身进行一番感悟、自省和玩味。"

这是蒋子龙作为一位清醒的作家的可贵自省，作为一位优秀作家对自己创作节奏的理性把控。他正因为异常熟悉工业生活，反倒对这十分熟悉的一切产生了警醒；他终于形成了自己的创作风格，却自觉地要努力跳脱出这个风格；他拥有了自己颇具优势的写作领域，但他时刻都想着要打破领域与题材对创作的限制——蒋子龙绝不甘心把自己的创作仅仅划定在工业题材这样局促的范围之内，他的写作雄心无限广大。

大约从 1984 年开始，连续五六年的时间里，蒋子龙努力尝试着摆脱自己的创作模式，打开自己的文学视野。他明确提出，文学不应该以题材来划分，作家不应该被题材所局限。这段时间里，他写下了以医生邵南孙为主人公的长篇小说《蛇神》和以《收审记》为代表的"饥饿综合征"系列小说。这一阶段对蒋子龙来说，是至关重要的，他突破了最初使自己成名的风格与题材的局限，打开了一片更为广阔的文学天地。

经历了这样一次涅槃式的文学重生，蒋子龙的心境进入到一个崭新的境界，他不再像以前那样，跟别人较劲，跟文学较劲，执意要写出什么样的作品。他不再想驾驭文学，而是"心甘情愿、舒展自如地被文学所驾驭"。他超脱批判，悟透悲苦，笑对责难和褒奖，只写自己最想写的东西。蒋子龙隐隐约约感觉到，自己正在步入文学上的成熟期，正在进入创作的最佳阶段，从心理上到阅历上，他的准备都在趋于充分。这个状态的蒋子龙，即将迎来他一生中最为艰苦也最为重要的文学书写。

如果你问蒋子龙，对自己的哪部作品最为看重，你会得到这样的回答：

不是一纸风行的《乔厂长上任记》，也不是更早发表的《机电局长的一天》，更不是后来创作的《一个工厂秘书的日记》，以及《人气》《空洞》等作品，而是他于 2000 年之后创作的、历时 11 年写就的《农民帝国》。《农民帝国》这本书，传递了蒋子龙对于农村生活变革与农民文化性格的深刻思考，也折射了他深入骨髓的农民本色与一生都挥之不去的浓烈乡愁。

为了写《农民帝国》，蒋子龙去农村待了很长时间，他有意让自己重新变回一个农村人，在一种农村的天然氛围里写作。广东的农村、河南的农村、山东的农村、天津周边的农村，一一留下了蒋子龙的足迹。他去农村，都是秘而不宣，悄悄地来，悄悄地走，谁也不告诉，就自己走单帮，有时候一走几个月。村里人只以为是来了个老头，或者是某户人家来了个亲戚，要在这儿待上一段时间。蒋子龙本来就是从农村出来的人，一回到农村，用不了几天时间，他说话的腔调，与农民打交道的方式，很快就入乡随俗。他无障碍地重新观察农村，无缝隙地完全融进农村，为自己的《农民帝国》默默积累素材。

《农民帝国》的主人公郭存先，本来是一位善良勤劳、精干有为的农民青年，带领村民脱贫致富，取得了事业上的辉煌成功。但就是这样一位有本领、有志向的农民，却在取得成功之后，个人私欲无限膨胀，由农村的带头人迅速蜕变成农村的统治者，最后自取灭亡。郭存先这个人物，在现实生活中是有原型的，蒋子龙说，写小说虽是虚构，反映的却是现实世界，表达的更是对现实生活的思考。

"在生活中，像郭存先这样的人，农村有，城市里也有，尽管穿着各式各样的衣服，有着各种各样的身份。郭存先们的故事和人生轨迹，引起了我对这种文化现象的思考与认识。郭存先身上反映的，某种程度上说，是一种必然的悲剧、文化的悲剧，值得我们认真地审视与思考。"蒋子龙说。

《农民帝国》的前半部在写"因"，后半部在写"果"。等写到原以为

● 1982 年，蒋子龙在美国斯坦福大学

该结束的时候，蒋子龙突然发现，作品还远远没有完成，关于农民帝国的故事，似乎才刚刚铺开。他希望把脑子里关于这个题材的构思都写出来，这将是《农民帝国》第二部或者说姊妹篇的主要内容。但是，今年已经 77 岁高龄的蒋子龙，究竟写不写《农民帝国》续篇，他还有些犹疑不决。长篇小说的诞生不仅是一种缘分，更是对作家精力、毅力的严峻考验，一场可能又是十几年的写作，其启程无疑是沉重的。我们只能善意地祝愿，这部新的作品能早日在他的笔下开花结果，从而使这部他最为看重的作品，在精神品格上日趋圆满。

文学是生活结出的花朵，真实是文学最美的颜色

回顾蒋子龙的文学生涯，有一个特别有意思的现象：几乎他的每一篇作品问世，都会给他带来冰火悬殊的待遇，或者说，都会引起社会上的一次甚至数次争论。从《机电局长的一天》发表，直到《农民帝国》的出版，蒋子龙经历了太多的风风雨雨，而他的文学创作就在这样的一次次锤打与磨砺中走向成熟。回忆起这如梦似幻的人生遭际，蒋子龙感慨道："磨砺总是最具有积极意义，走过那样一段漫长而坎坷的文学道路，回过头去看如同一次远游，一个远游的人归来，总会有故事可说，于是就又写下来了。仍然还有是非，还有风波，但是，写得好坏越来越无所谓，写作成了保持做人尊严的手段。"

在写小说之外，蒋子龙还致力于杂文与散文的写作。杂文是针砭丑恶、张扬美善的文体，讲究的是观点鲜明，短小精悍，刺刀见血，这种干脆利落、是非分明的文体，与蒋子龙的性格简直是天然的契合。他以杂文为阵地，对各种社会问题表达着自己的看法，嬉笑怒骂，皆是文章。散文则是一种较为舒缓的文体，却极有利于作家情怀的抒发与志趣的伸张，在长篇小说创作的同时，蒋子龙写下了大量的散文随笔，读这样的篇章，我们可以看到一个更感性、更立体、更丰满的蒋子龙。

后来的人们常常尊蒋子龙为文坛大师，对他取得的文学成就表达衷心的仰慕，但是蒋子龙依然是那个质朴豪直的性格，不愿意戴这顶送上门来的"桂冠"，他总是谦虚地说："我的小说不过是碰巧将历史性潮流和历史性人物结合在一起，从而造成了一定的社会轰动，并非是我对生活和艺术有多么了不得的发现。"

而在另一方面，他对自己的创作又拥有充分的自信，这种自信是久经人生磨砺、悟透文学之道后油然生出的从容气质。他说："人是什么？无非是

一种格。有格，就有内在的定力。神定则气闲，文章得失便无足轻重，进而有可行之道，退而有内守之固。写作虽然不是好职业，却是一种生命线，是精神的动力。既然成了写作的人，不写作生命就会变得苍白无力。"

不管你写什么，工业题材也好，农村题材也好，城市题材也好，也不管你怎么写，浪漫地写也好，现实地写也好，魔幻地写也好，唯一能告慰读者的，只有真实，即便是虚构的故事，里面却须有真实的世界。蒋子龙把他的文学观念，牢牢地定位在了真实两个字上：真实的世界，真实的困难，真实的人物，真实的感情……尽管真实并不总是讨人喜欢，但人们却无法逃避它，只能正视它，聆听它的指引。蒋子龙说："我相信，任何读者的心，都能够向真实洞开。"

文坛上熟悉蒋子龙的人，喜欢说他的性格"又臭又硬"，这其实只是朋友间的戏称，是一种明贬实褒的说法，"又臭又硬"是表象，"又诚又真"才是本来。这位通身流淌着农民的血液，毕生在文学的道路上锐意突破，以全部的文字求真求实的大作家，以自己的人生经历与文学作品，描绘了当代文学史上一道别具亮色的风景。

柳传志

立意高远的偏执狂

葛丰

"40年前让咱们做梦，就不管你怎么努力做好梦，也绝对梦想不到40年后的中国会是今天这个样子"，生于中国抗日战争末期的柳传志，在一次企业家年会上发言，对改革开放带来翻天覆地的巨大变化充满感慨。

作为改革开放事业的见证者和传奇式人物，他像一滴水奔涌在时代大潮里，他的感受也更为真切。正如他自己所说，"挨过饿的人吃红烧肉，跟没挨过饿的人的感觉是不一样的。"

时光回到十多年前的2004年。那年12月8日，联想集团有限公司董事局主席柳传志宣布，出价12.5亿美元，收购美国IBM公司全球个人电脑（PC）业务。

此次收购完成后，联想集团将成为年收入超过百亿美元的世界第三大PC厂商。

那时整个世界都在谈论联想、谈论柳传志，而他的回应是："我不会用言语去回应质疑，我只用具体的业绩赢取信任。""中国企业是有机会走出去的。联想的并购是中国企业国际化的一种探索，是中国资本在使用外国资本、人才为我服务的尝试。"

标志性的企业家在今天的地位就如同克劳塞维茨时代的君主或统帅，他们理所当然地继承起了无数风流人物的衣钵，包括荣耀、景仰、地位，当然还有义务。在中国，柳传志就是这样的人。

人们相信，重要的不是联想集团的生死存亡，而是联想之类企业、柳传志这样的企业家，与中国现代化进程、中国改革开放事业间高度的关联。

半路出家投身商海

在中科院计算所干了 13 年研究工作后，他在不惑之年义无反顾地下海了

生于 1944 年的柳传志与其多数同龄人一样，大好青春在十年"文革"中白白地被消耗了，及至回首已到中年。"我们这个年龄的人，大学毕业正赶上'文化大革命'，有精力不知道干什么好，想做什么都做不了，心里非常愤懑。"在柳传志的这句话里，"愤懑"一词，或因传递出强烈不安于现状的含意，而隐隐暗示其已经具有某种企业家的精神。

这种颇为无聊的生活从他半路出家前"打一枪换个地方"中可见一斑。1961 至 1967 年，柳传志在西安军事电讯工程学院学习；1967 至 1968 年，就业于国防科委成都十院十所；1968 至 1970 年，在广东珠海白藤农场劳动锻炼；1970 至 1983 年，调中科院计算所工作；1983 至 1984 年，在中科院

干部局工作。

碰巧的是，从西安到成都，再到珠海，最后到北京，他的足迹踏遍了中国版图上东南西北的四方重镇。按照"读万卷书，行万里路"的标准，青年时代之于柳传志或许确实有些无所事事的缺憾，但也很难说，其日后为人称道的老于江湖是否就是在那时走南闯北中练就的。

一部中国民营经济的发展史必定烙有其源头的深刻印记。及至 20 世纪 80 年代，近乎全民性的躁动、迷惘、不知所措，驱动着一艘艘小舢板不明就里地下水了，这其中，竟然不乏后来的成功者。

条件匮乏，近乎原始、荒唐的起始造就一代财富故事的大同小异。柳传志"传奇"的起点因离谱反而显得平常无奇：中关村街上哗啦一下办起了一片公司，中科院计算所也有人出去办公司，或者给人打工、验收机器，一天收入三四十元。当时计算所一个月的奖金也就 30 多元，这对该所正常的科研冲击很大。对此局面，计算所所长曾茂朝想：能不能计算所自己办个公司，积累点钱，上缴给所里，解决所里的实际困难。柳传志以往表现出来的组织能力使曾茂朝觉得他是最佳人选。

而柳传志在这边，做了 13 年磁记录电路的研究。"虽然也连续得过好几个奖，但做完以后，却什么用都没有，一点价值都没有。只是到最后，1980 年我们做了一个双密度磁带记录器，送到陕西省一个飞机试飞研究所用了起来。我们心里特别高兴，但就在这时候，我们开始接触国外的东西，发现自己所做的东西，和国外差得太远。这使得我坚决地想跳出来。"

"突然来了个机会，特别想做事。科学院有些公司的总经理回首过去，总喜欢讲他们从前在科研上都多有成就，是领导硬让他们改行。我可不是，我是自己非改行不可。"

机缘凑巧，40 岁的柳传志"憋得不行"下海了。

志存高远聚沙成塔

　　11个人、20万元资金，尽管起点低，他还是先知先觉地意识到了，立意高才可能制定出利于企业发展的长远战略

　　1984年的中关村，11个人、20万元资金，柳传志起步阶段可谓窘迫。回过头来看，他这一代企业家往往既受制于时代又受益于时代。短短十数年后，小作坊成了大企业。

　　没有资金，联想只能替人家卖机器，但柳传志多了个心眼，琢磨用户的需求是什么，怎样的价格和服务才能更吸引用户。他相信，学会做贸易是实现高科技产业化的第一步。"不把贸易做通了，再好的产品你也不知道怎样卖；不把制造业搞精良了，再好的科研会被制造业的粗糙掩盖了。搞科研的人最怕做贸易，主要是这段苦他没吃过，一定要干下去，一定要对市场有个理解。会做贸易以后，看问题才会有穿透力。"

　　到了1987、1988年，柳传志的"贸易"做得颇有声色。联想代理的ASTPC，一个月能卖好几百台。打通了销售渠道以后，柳传志要自己生产。"因为我们是计算所的人，总觉得自己有这个能力做。但当时是计划经济，联想很小，国家不可能给我们生产批文，我们怎么说都没用，因为潜在的能力没有人相信。于是决定到海外试试，海外没有计划管着你。就这样，我们把外向型和产业化并作一步跨了。"

　　1988年，柳传志带着30万港币闯荡香江。初来乍到，只能和在内地一样，先从做贸易开始，通过贸易积累资金，了解海外市场。接着，联想选择了板卡业务，然后打回内地，为联想PC的成功奠定了基础。"我当时一心要形成产业，做贸易只是权宜之计。今天我这样说，不是我学了《毛选》事后才说这番话。你们可以翻翻1988年的报纸，我当时就是这样说的。"很自

然，世事沧桑，1988年他的豪言壮语到十多年后才为人所知。

现在，每每见诸报端的柳传志关于经营管理的宏论多少让人有些似曾相识的感觉。其实，在那个全民下海的年代，泥沙俱下、鱼龙混杂，少有知识阶层白手起家闯出路子的。而这本身就说明：理念也许并不重要，在决定企业家成功的诸多因素中，特别是一切还都不是建立在规范的基础上的时候，性格与追求才是更为关键的因素。

拒绝诱惑往往是件最困难的事，但柳传志还是先知先觉地意识到了如何才能立足长远谋发展，"立意高，才可能制定出战略，才可能一步步地按照你的立意去做。立意低，只能蒙着做，做到什么样子是什么样子，做公司等于撞大运。当时典型做生意的办法有三种：一是靠批文；二是拿平价外汇；三是走私。拿到批文后，一台XT机器能卖四万多元，而我们不想这样做"。

"1987、1988年的时候，公司高层就此发生过一次讨论。我们的办公室主任一心想要把我们公司办成像科海那样——总公司下面一大堆小公司，每个公司都独立做进出口，虽然每个公司都在做重复的事情，但是每个公司都赚钱。我原本并没有强调'大船结构'，当时提出'大船结构'只是为了反对'小船大家漂'。"

至于何谓"立意高"或者"立意低"，技术出身的柳传志多少有些模糊的认识："北戴河火车站卖馅饼的老太太，分析吃客都是一次客，因此，她把馅饼做得外面挺油，里面没什么馅，坑一把是一把，这就是她的立意。而盛锡福鞋帽店做的是回头客，所以，他的鞋怎么做也要合适。"所以，同样是卖馅饼，也可以有立意很高的卖法，比如通过卖馅饼开连锁店。

从结果来看，也许这就够了。

厚积薄发一鸣惊人

经过 21 年的发展，联想不再甘于"吃土"。他精心谋划了一场惊天动地的大收购，新联想——全球第三大个人电脑企业诞生

"进军海外成功以后，胆子越来越大，敢往上做了。从进军海外开始，我们第一次制定了一个长远战略目标，以及分几步去实现。学会了制定战略，然后把战略目标分解成具体的步骤。目标太高了，我们就把土垒成台阶，一台阶一台阶往上走。"回首往昔，柳传志明显有着成功者惯有的自我欣赏。

当然，他有资格这么做。从 20 万元起家，20 年间飞速发展；2002 年，营业额达到 202 亿港币；2003 年，联想电脑的市场份额达 28.99%，从 1996 年以来连续九年位居国内市场销量第一；至 2004 年 3 月底，联想集团已连续 16 个季度获得亚太市场（除日本外）的第一。

更精彩的还在后头。"2000 年做到 30 亿美元，我是有把握的，这话等于立了军令状，说出去一定要做到。100 亿美元的目标，我只是提了一个朦胧的目标，到今天我也没有把它说实，因为从 30 亿美元到 100 亿美元，是多大的一个飞跃？ 2000 年以后，世界计算机产业又发生什么样的变化？现在还不是看得很清楚。另外，到了 100 亿美元以后是不是还不够进 500 强，那时候是不是门槛又高了呢？这些都是未知数，但我们是冲着 500 强去的，坚决要向世界 500 强目标挺进，也许在我的手里实现不了，但是到了杨元庆、郭为手上非实现不可。"

一万年太久，只争朝夕。虽然柳传志也曾定下心来踏踏实实地跟在微软、IBM、英特尔后面"吃土"。"吃土就是我们赛跑的时候，跑在前面的人说，你在后面吃土吧，他跑得快，我在后面吃土，这没错，咱们现在必须踏

踏实实地做工业，搞好销售渠道。"他又说，"但我们心里希望是领跑的，最起码不要老跑在别人后面。"

柳传志到底没有耐心再用 20 年时间演绎龟兔赛跑的故事。于是，尽管到 2004 年 12 月 8 日之前，"国际化"已成为中国商界最时髦的词汇之一，且不乏海尔、华为和 TCL 这样的大胆试水者，但联想的大收购还是使其一跃即登到过去 20 年来中国企业在海外破冰之旅的最巅峰：此前，尚未有过一家中国企业吞下更大、更加成熟的西方标志性企业的资产。

伴随这一近乎疯狂的收购行为而来的，是一家 PC 年销售量 1400 万台、年销售收入约 130 亿美元的全球第三大个人电脑企业——新联想的诞生。

至此，经过 21 年的发展，联想正式成为一家拥有 1.9 万多名员工、七大全球研发中心、四大 PC 生产基地、销售网络遍布 160 多个国家和地区的国际化企业。

心怀感恩惜别昨日

年逾花甲，他选择由"一线"退居联想控股总裁位置，带着成功企业家的偏执，开始走下一段人生路

如今，日见膨胀的"联想系"在内部被称为"联想大家庭"，系联想控股旗下五大子公司的总和。其代表人物分别是：联想集团董事局主席杨元庆、神州数码总裁郭为、联想投资总裁朱立南、融科智地总裁陈国栋与弘毅投资总裁赵令欢。

已经退居联想控股总裁位置的柳传志完全放弃了中国企业传统的中央集权架构，联想控股的主要职能被局限在定方向、选人才、配资源、监督和考核，不介入子公司具体业务。虽然杨元庆与郭为早已名声在外，可在"大

家长"柳传志看来，在联想第二代接班人的遴选中，五大少帅仍旧不分远近亲疏。

"简单地说就是德才兼备"，柳传志日前披露了他对"大家庭"接班人的选择标准："德"指的是事业心与责任心，"才"指的是要有很强的学习能力与工作能力。就"才"而言，大家（指五大少帅）都差不多，但在"德"方面，我要求的不是普通的事业心，而是要把联想的事业当成命来做，心胸要宽。

然而，树欲静而风不止。

当此将留未留之际，关于柳传志的去留再度风言四起。但不管怎样，年逾花甲的柳传志终归不能像当年那样再演追款传奇了："那件事情真是九死一生。我们第一次从海外进机器，进出口商拿了我们的钱跑了。我在深圳住了三个月，玩命地追。三个月中，一到夜里两点钟我就被吓醒，心狂跳不止。等追回款，机器买回来，我也成了'横路敬二'，说话语无伦次，后来到海军总医院连续休息了两个多月，才逐渐调整过来。"

功成名就的柳传志应该知足了。相比他同时代最知名的企业家纷纷倒在路上：万润南在政治上栽了大跟头，金燕静因为走私而锒铛入狱，禹作敏打死了人，牟其中犯了诈骗罪……而他却始终"不在改革中犯错误"，以"常青树"的姿态屹立在中关村。

无论如何，幸运也好，洞察世事也罢，这位企业家最终完好的结局实则亦是中国之幸。

柳传志常说，"如果完全没有计算所的背景，没有计算所赋予的各种营养，联想的发展会有很多困难。年轻同志不能忘了这个，心里要弄清楚，你做出的成绩主要部分应该归国家。心里想不透这一点，做着做着，就会出现问题。"而对比其亿万身家的合作者，柳传志又说："我挺值。我和科学院老同志比，他们今天还在那里做科研，他们什么享受都没有，而我生活条件在国内已经是一流了，做的事情又符合国家的需求，还需要什么呢？"

　　而这，究竟是柳传志浸淫江湖数十载的感悟，还是他原本坚守的人生信条？我们已经不得而知。

　　据说柳传志现在对高尔夫球兴趣正浓。按照惯例，教练开始总要花上一个来小时来培养学员的兴趣，而在他第一次去学打球时便说："你不用培养了，我是非打不可。我既然已经说了，就一定要学会。"

　　此外，柳传志最喜欢看的三本书则是——《再造宏碁》《道路，只有一条》，以及《只有偏执狂才能生存》。

张瑞敏

企业是时代的产物，必须与时俱进

谢湘　尹洁

张瑞敏，共和国的同龄人；海尔，改革开放 40 年中成长起来的民族企业。张瑞敏和海尔的过去与未来，某种意义上也折射出中国当代企业家和民族企业的发展与命运。从集体小厂到中国家电第一厂家，海尔抓住了改革开放的机会；从中国名牌到世界名牌，张瑞敏大刀阔斧地"再造海尔"。

整整十年前，美国金融危机波及全球，中国企业出口受挫，民族品牌屡遭并购。那一年，我们专赴青岛采访，见到了久未在公开场合露面的张瑞敏，他当时说的话令人记忆犹新："全球化战略的道路崎岖坎坷，却是中国民族企业的唯一出路。"

时间证明，张瑞敏是对的。不久前，海尔宣布将在德国的中欧国际交易所上市，如果进展顺利，将满 70 岁的张瑞敏今年将去交易所敲钟。

30 多年前，张瑞敏第一次出国就是去德国，准备引进亚洲第一条四星级电冰箱生产线。因为价格昂贵，他试着砍价，德国人却傲慢地说："德国设

● 1986 年，原西德驻华大使到海尔参观，对海尔冰箱的高质量竖起了大拇指

备就这个质量，这个价格，你们可以不买。"张瑞敏深受刺激，发誓要做出中国自己的品牌。时至今日，海尔不仅在德国，在整个欧洲都拥有了较高的知名度，这中间凝聚了张瑞敏半生的心血。

要么成为世界名牌，要么死路一条

1984 年，海尔是亏空 147 万元的集体小厂，张瑞敏被派去当厂长，上任第一天就接到 53 张请调报告，"工人上午 8 点来，9 点走，10 点在大院里扔个手榴弹都炸不死人"。张瑞敏为此宣布了 13 条规定，其中一条是"不准在车间里大小便"。

2017 年，海尔集团收入达到 2419 亿元，同比增长 20%；集团利税突破

300 亿元，全球经营利润增长 41%。

奇迹的背后隐含着怎样的成功秘诀？张瑞敏说，其实既简单又艰难——就是永远能够自我否定，越成功就越要"自以为非"，而不是"自以为是"。

20 世纪 90 年代初，国内家电市场异常红火，海尔跻身全国首届十大驰名商标，一张海尔冰箱票在厂门口被卖到 1000 多元。张瑞敏却冷静地提出："每一个成功者的背后都潜伏着失败的危机。要想长盛不衰，只有学'不死鸟'，自我革新，再赢一次。"于是，在光卖冰箱就能挣大钱的时候，海尔率先打破单一产品模式，进军洗衣机、空调、电视等家电市场；在成为中国家电第一品牌，很多人看来可以高枕无忧的时候，海尔又提出打造世界名牌，率先启动全球化战略，把工厂办到了美国。

这么多年，张瑞敏养成了习惯，越是在海尔发展非常顺利的时候，越是别人都说海尔已经很好了的时候，他就越在思考，下一步的挑战在哪里？下一步的困难在什么地方？他相信，市场和体育赛场一样，所有的第一名都是被自己打败的。

在大家都感觉良好的时候，还要"自以为非"、挑毛病找困难，张瑞敏也时常感到很困惑。"你可能找不准下一步的方向，你会受到很多的质疑。特别是理想中的正确结果还没有出现之前，你要承受很多压力，这个努力的过程很痛苦。"

2000 年 3 月，海尔美国电冰箱工厂在美国南卡罗来纳州开姆顿市正式投入生产。建厂后三年内，海尔在美国的年销售额增长了八倍，达到 2.5 亿美元。截至 2006 年底，海尔是美国市场最大的小冰箱、公寓冰箱和酒柜厂商，分别占据美国 50%、20% 和 60% 的市场份额，也是美国第三大空调厂商，占据 20% 的市场份额。2007 年，海尔美国的销售额达到 6.5 亿美元。

2005 年底，海尔正式启动全球化品牌战略，引来不少质疑和非议。有人怀疑海尔是否具备了走向世界的实力，还不如在国内发展，或者到农村去；有人提出国际化应该通过并购等成本更低的方式实现。张瑞敏却坚定地说，打造世界名牌是海尔没有选择的选择。在全球化市场中，企业只有两类：食肉的和食草的，后者迟早要被前者吞掉。可口可乐的老板来中国考察市场，就对身边人提出："为什么不让门口卖茶叶蛋的老太太，也卖可口可乐？"跨国企业的触角已然伸向全球每个角落。从美国到欧洲到亚洲，从城市到郊区到农村，无论在哪里，海尔都会遇到惠尔普、西门子、飞利浦这样的跨国企业，竞争无从躲避。张瑞敏清晰地认识到，选择只有两个：要么成为世界名牌，要么死路一条。

打造品牌没有捷径可走

在利润薄如刀刃的全球家电市场，面对几十年、甚至上百年发展历史的国际级竞争对手，后来居上又谈何容易？张瑞敏曾在美国的商场里与客户沟通——

"喜欢海尔的产品吗？"

"还不错。"

"认可吗？"

"认可。"

"会买吗？"

"不会。"

"为什么？"

"因为 GE 啊、惠尔普啊这些牌子，从我奶奶辈就开始用了，为什么要相信海尔？"

这就是海尔面对的困境。打造品牌没有捷径可走，必须千方百计赢得客户的心。在美国，海尔从接受新事物相对较快的学生冰箱市场切入，2008

年占有率已达 50%，居第一位。金融危机爆发时，海尔的全球销售网络遍布 160 多个国家，拥有 61 个贸易公司、8 个设计研发中心、29 个制造工厂和 16 个工业园。当中国很多企业因为出口放缓而备受压力甚至濒临倒闭时，海尔在美国的工厂，已经在为当地市场生产附加值较高的产品，弥补了出口减少的损失。

这一切在很大程度上得益于张瑞敏的"名牌战略"，这是他自上任开始就坚持的企业战略。

1985 年，有客户反映海尔冰箱有毛病，张瑞敏到库房检查，发现 76 台冰箱的确存在问题。有人提议低价卖给员工，张瑞敏却抡起铁锤，让冰箱成了废铁。"我要是允许把这 76 台冰箱卖了，就等于允许你们明天再生产 760 台、7600 台次品。"

据媒体报道，当时不少职工心疼得流泪，一台冰箱 800 多元，相当于一个普通职工两年的工资，而且当时市场供不应求，"纸糊的冰箱也能卖出去"。多年后，这把铁锤被国家博物馆收藏。

就是凭借这样的决心，张瑞敏带领海尔一步步树立起产品口碑和品牌形象。20 世纪 90 年代，海尔已经是国内家电第一品牌。随后，海尔从单一生产冰箱，发展到涉足全部白色家电产品，又从国内市场走向国际市场，创造了从无到有、从小到大、从弱到强的发展奇迹。

2008 年 3 月，海尔第二次入选英国《金融时报》评选的"中国十大世界级品牌"；2018 年 1 月，欧睿国际公布的数据显示，海尔以 10.5% 的品牌份额第九次蝉联全球大型家用电器品牌零售第一，目前品牌估值为 2900 多亿元。

脱胎换骨 "再造海尔"

　　过去十多年，是海尔参与全球竞争的阶段。与世界一流的企业竞争，需要打造世界一流的企业。在张瑞敏看来，海尔早年的成功不是因为企业本身很优秀，而是抓住了改革开放的机会，当走向全球市场时，必须从企业自身入手，对流程、组织和人才管理进行大刀阔斧的改革，"再造"一个海尔。"全面重塑，脱胎换骨！"

　　"再造"的最大难点在于改变人的观念。过去海尔高速发展，有很多成功案例，许多人认为，海尔只要按照过去成功的办法做下去就行了。让人们放弃过去被证明是成功的做法，并非易事。为此，张瑞敏亲自为集团高层进行战略理念上的培训辅导，集团整体也进行自上而下的逐级辅导。

　　在管理实践中，张瑞敏将中国传统文化精髓与丰田、戴尔等公司的经营管理理念融会贯通，创造了富有中国特色的"海尔模式"，赢得了世界管理界的高度评价。海尔推行"人单合一"的全新管理模式。单，狭义上是订单；广义上是目标。即企业为每个员工创造一个特定的环境，使其在这个空间里有创新的价值；每个人和自己的工作目标都能一一对应结合；每个人变成一个小的经营体，既相对独立又目标明确。这些在企业管理方面的创新之举，被美国哈佛大学和南加州大学、瑞士洛桑国际管理学院、法国欧洲管理学院、日本神户大学等商学院写成了教学案例。

　　流程再造、组织再造、人的再造，张瑞敏把自己定位成"造钟师"。他要把海尔打造成一部精密的机器，依靠一套有效的机制，使企业能够有序有效地运转，在正确的时间做出正确的决策。他不希望再做"报时人"，靠少数人的感觉，带领企业抓住机遇。他很欣赏管理大师德鲁克的话："管理得好的工厂，总是单调乏味，没有任何激动人心的事情发生。"因为一切已经有条不紊。

1999 年，美国《财富》杂志曾撰文报道《中国海尔的威力》，高度肯定海尔成绩的同时，评价它仍是"小池塘中的大鱼"。这句评价一直被张瑞敏记在心里。他深知，在经济全球化的大潮中，不可能再有安享小池塘美景的幸福时光，要么游向大海，要么被淹没、被吃掉。他和海尔早就确立了海一样宏伟的目标，所以能够敞开海一样宽阔的胸怀。这胸怀，包容了从小池塘游向大海所经历的痛苦和艰难；这胸怀，承载着有朝一日领略大海无限风光的光荣与梦想！

经过"再造"的涅槃，海尔的国际竞争力脱胎换骨。2010 年，海尔在全球大型家电市场份额方面排名第一，连续两年蝉联全球白色家电第一品牌。

从"中国第一"到"全球第一"的目标完成了，张瑞敏却没有满足。这位山东汉子坚信："企业是时代的产物，必须与时俱进。如果跟不上时代的发展，就会被淘汰。而要跟上时代的步伐，则需要颠覆自己传统的观念。因此，海尔一直在颠覆中前进。"

用创新穿过面前的"墙"

创新，是海尔的企业精神，也是张瑞敏管理思想的核心和根本。

"人类被束缚在地球上，不是因为地球引力，而是因为缺乏创造力。"张瑞敏非常喜欢这句话。他相信，只要有创新力，就一定能战胜一切困难。正如佛教禅宗的一句话——"凡墙都是门"，只要你创新，所有竖在你面前的墙都可以通过；如果不创新，即使你面前是一扇门，也过不去。

这些年，张瑞敏一直在潜心研究互联网时代海尔商业模式的创新。他深刻地认识到："互联网的迅猛发展如此彻底地改变着我们的生活和工作，进而改变着我们的思想和观念。每个人都变成了一个互联网的终端，拥有自己的网络空间、社交空间和精神空间。在这个空间里，每个人都是自己这个世界的中心，有多少人就会有多少个小小的世界。世界变'碎'了。"

张瑞敏向全球客户承诺：在变"碎"了的未来世界，海尔也应是"碎"的。每一个自主经营体都是一个自主决策的小"海尔"，潜心捕捉客户的个性化需求，第一时间为客户送上最有竞争力的解决方案。

如何满足互联网时代客户的个性化需求？对于以大规模制造为强项的中国企业来说是巨大的挑战。以前，一个产品可以制造100万台，但现在的市场，需求的不是每个型号100万台，而是100个型号100万台。这就带来两个困难：一是如何实现大规模定制的生产流程？二是怎样做到准确把握这100个需求？

"我们需要一个转型。"张瑞敏做出了回答。从企业层面讲，海尔要从制造业向服务业转型；从员工层面讲，每个人都应该主动地发现用户的需求，创造用户需求，成为创新的主体。

什么是服务业？以用户需求为中心，满足用户的个性化需求，卖服务，就是服务业。什么是制造业？以企业为中心，生产、库存、销售，卖产品，就是制造业。后者意味着企业以自己的意愿向客户提供产品。前者是从客户的意愿出发，提供客户需要的产品——这正是海尔的目标，"要成为互联网时代领先的世界品牌"。

张瑞敏自豪地说："我们的产品是即需即供的，没有库存。客户需要产品，我们马上生产，马上供货；客户没有需要，我们不生产，也不会压货。中国过去的模式恰好相反，很容易压货，然后是一系列纠纷，卖不掉，得降价。不降，就退回厂里。很多品牌卖到最后还亏钱，因为他们的产品不是客户需要的。"

对于全球化和国际化，张瑞敏也有独到的见解。"原来的公司需要国际化，现在的公司需要全球化。两者很不同。国际化是用企业自身的资源，在国际上闯荡出一条路。公司在母国之外的多个国家有组织，这就叫跨国公司。全球化是以全球的资源实现公司在全球的目标。"在他看来，IBM 就是整合全球资源优势的典范——工厂放在中国，因为最好的制造业工人在中国；信息服务在印度，因为性能价格比最优；研发在美国，因为技术优势最突出。海尔也是这样，为打造全球化的品牌，在研发、制造、营销等环节，整合全球资源。

海尔是"海"，有海一样的胸怀和海一样的理想。正如美国《财富》杂志所说："种种迹象表明，海尔集团开始进入有史以来最好的发展时期，而张瑞敏仍将保持无可比拟的巨大影响力。"

在新世纪的第一个十年刚刚过去的时候，张瑞敏在给海尔员工的信中写道："我们一起站在一个新的年代的门口，憧憬美好的未来。但美好的未来不会在睡梦中不期而至，它需要我们从未来看今天，从今天起按未来的趋势创造美好的未来。"

现在，新世纪的第二个十年也接近尾声。纵观改革开放 40 年来海尔的发展历程，张瑞敏感慨万千。改革开放的每个时期都给企业创造了不同的发展条件，而海尔正是根据改革开放所提供的外部条件，与时俱进地去创造对企业有利的内部环境。用张瑞敏的话说："没有改革开放这个温度，再好的鸡蛋也孵不出小鸡来。"

如果说过去 40 年给张瑞敏和许多中国企业家创造了难得的发展机遇，那么今后 40 年将是更大的挑战。做得好，就把成果发扬光大；做不成，就会前功尽弃。对过去，张瑞敏心怀感激，但过去的都已经过去，未来任重道远。海尔仍奔跑在发展的路上，且永无止境。张瑞敏 40 年前的理想仍不过时，而且适用于任何"中国制造"的产品："有一天，当你无论走到全世界哪个地方，人们都会说，海尔，我知道，这是一个著名的品牌。这就够了。"

宗庆后

我是从底层崛起的凡人

王艺锭

　　杭州清泰街 160 号，立着一座已有些年代感的六层小楼。31 年前，娃哈哈的前身——杭州上城区校办企业经销部就是在这里起家的。那一年，宗庆后 42 岁。如今，年过古稀的他仍然是这个中国最大食品饮料企业的掌门人，他的办公地点也从未离开过这里。他每天 7 点上班，晚上 11 点下班，经常住在办公室。接受记者采访的前一天晚上，他就睡在办公室。采访当天早晨，记者 8 点到达他的办公室时，他已经开始了一天的工作。

15 年的"魔鬼历练"

　　改革开放 40 年来，浙江这片土地上涌现的民营企业家灿若星辰。有人用"四个千万"概括浙商精神：走遍千山万水，历尽千辛万苦，道出千言万语，想出千方万法。浙商以勤奋著称，而宗庆后的勤奋，在浙商里又是出了名的。他每天工作 16 个小时以上，没有节假日；一年当中，有超过 200 天的时间奔走在全国各地的生产基地和一线市场。他像一部永不知疲倦的马达，时刻在满负荷运转着，以保持对市场的敏锐洞察。

如今，70 多岁的宗庆后依然精神矍铄，反应敏捷，维持着高强度的工作节奏。在他自己看来，这离不开年轻时经受的 15 年"魔鬼历练"打下的基础。

宗庆后出生在旧中国，祖父曾是张作霖手下的财政部长，父亲也曾在国民党政府任职。他五岁时，新中国成立，父亲失去工作，家境衰落，年幼的他随父母颠沛流离。他成长的年代，是物质极度匮乏的时代，青年时期又赶上"上山下乡"，经历了一段艰苦的岁月。

宗庆后从小学习成绩优异，但由于家里孩子多，父母收入微薄，家境困窘，他也曾体味过吃不饱饭的日子，早早地明白了生活的艰辛和不易。1961 年是三年自然灾害的最后一年。那一年，宗庆后初中毕业，他听说在师范学校读书不仅吃饭不要钱，还能发放生活津贴，便萌生了报考师范学校的念头。可当他去报名的时候，却突然被学校告知：你的家庭成分不好，报考师范必须是贫下中农出身。

对宗庆后来说，已经不是第一次受到这样的打击。此前，同样因为家庭出身问题，他无法加入共青团。既然没法选择自己的出身，更无力改变眼前的现实，懂事的他便下定决心，早点辍学出去工作赚钱。

就这样，宗庆后离开了校园，踏上了社会，与自己的少年时代和校园生活彻底告别。他先是跟人学修汽车，后来又四处打零工。机灵聪敏的他还尝试过不少谋生的小买卖，曾走街串巷叫卖爆炒米，在寒冷的冬夜到火车站卖煮红薯，虽然挣到了一些钱补贴家用，但他心里明白，这并不是他想要的人生。

直到 1963 年，意外听到的一则消息改变了宗庆后的人生轨迹，他开启了一段新的人生旅程。随后这 15 年的经历，在宗庆后的生命中留下了难以磨灭的印记。

一天，有人告诉宗庆后一个消息，说舟山马目农场正在杭州招收知识青年，不论家庭成分，谁都可以报名参加。这对于当时已经厌倦了在街头叫卖的宗庆后来说，几乎是唯一改变命运的机会。他紧紧抓住了这根"救命稻草"。

杭州到舟山并不算远，但中间隔了一条长长的海峡，18 岁的宗庆后第一次离家，踏上了未知的旅途。马目农场是一个荒无人烟、寸草不生的地方，本是关押犯人的劳改所，被称为"舟山西伯利亚"。"那里偏远而荒凉，绝非理想中的热土"，宗庆后事后回忆起来说，他觉得当时被自己的想象力戏弄了。

农场里的日常工作就是超负荷的体力劳动，不是挖沟修坝，就是拉土堆石，这样的劳动强度让许多城里来的年轻人都难以承受、叫苦连天，有人晚上偷偷躲在被窝里哭，还有人索性当了"逃兵"。宗庆后却选择了默默忍耐，以一颗倔强的心坚持了下来，他原本瘦弱的身体在劳动中变得结实。由于表现突出，他还被评为舟山地区的"上山下乡积极分子"。

一年后，马目农场收缩，宗庆后辗转来到绍兴茶场，一样的高强度体力劳动，种茶、割稻、造地，甚至开山打石，他沉下心来，一干就是十几年。

如今，谈起那段艰苦的岁月，他认为，这段经历于他而言最大的好处便是练就了强健的体魄，锻造了坚不可摧的意志。"年轻的时候吃点苦是一种财富，最可怕的是老年吃苦头，那是真的苦。"

这段历练带来的宝贵财富贯穿了他的整个创业历程。娃哈哈刚生产果奶的时候，热销得不得了，有一次装货的工人不够了，来不及发货。宗庆后过去一看，二话不说，把外套一脱，就冲了上去，装完货，浑身像水洗了一样。多年后，在那场轰动国际的"达娃大战"中，宗庆后在跨国公司达能时

● 宗庆后接受采访

任总裁扬言要让其"在法律诉讼中度过余生"的威胁之下，以超强的心理承受能力和意志力绝地反击，最终赢得了这场持续两年半的战争，保卫了民族品牌的尊严。

用脚丈量中国市场

"我是一个普通人，从底层崛起的凡人。幸运的是，我生于一个大时代。"宗庆后在自己的一本传记中这样写道。

宗庆后的确碰上了一个大时代。1978年的冬天，邓小平在北京宣告了对内改革和对外开放的国策，整个中国处在一个伟大的转折点上。宗庆后也迎来了他人生的转折点。在经历了 15 年的下乡劳动之后，这一年，33 岁的宗庆后终于得以回到杭州。

宗庆后的母亲是小学教师，为了儿子能够返城，她不到 55 岁便提前退休。因为学历不够，宗庆后只能顶替母亲去校办工厂做工人。这家校办厂叫工农纸箱厂，原来是糊纸袋的，后来开始糊纸箱子，偶尔也糊点别的东西。宗庆后成了一名供销员，其实就是踏着三轮车卖纸板箱，给不同单位送货。

宗庆后对于市场的敏感在那个时候便可见端倪。他跑了一段时间供销后，发现当时国家工业正在复苏，电表厂却寥寥无几，电表在市场上很紧俏。他便悄悄去一家电表厂考察，发现技术含量并不算高。于是，他跑去厂长那里建议，最终如愿以偿地在内部办起了一个小小的电表厂。等样品出来后，宗庆后背着样品到处跑展销会，付不起摊位费，就索性在门外摆地摊，扯着嗓子吆喝。虽然这个厂只维持了一年就因竞争加剧而停办，但对宗庆后来说，这是一次宝贵的历练。

宗庆后告诉记者，当时，北京已经传出了改革开放的消息，但形势还不甚明朗。"那个时候还没有明确个人可以搞企业，温州那边（浙南模式）也还没有起来，还只是有些人在搞一点小生意。"但宗庆后已经强烈地预感到，时代不一样了，一场变革正酝酿而生。他不知道机会什么时候能降临到自己头上，但他深知，自己必须为此做好准备。

宗庆后在校办工厂一干就是十年。这十年间，他做过推销员，办过电表厂、电扇厂，曾蹬着三轮车到处送货，背着几台落地电扇挤在绿皮火车上，在天涯海角斗智斗勇追款讨债，在简陋的招待所里打地铺，在广交会大门外摆地摊。"我用脚来丈量中国的市场，深入到穷乡僻壤、犄角旮旯，'中国市场地图'就是这样在水里火里、摸爬滚打中摸透的。"后来，他将之称为创办娃哈哈的"秘密武器"。

在他42岁那年，机会终于来了，而他也已经准备好。当时，杭州市上城区文教局要对下属的校办企业经销部采用承包经营的方式，并公开选拔经销部负责人。宗庆后毛遂自荐，当场夸下了当年创利10万元的"海口"。而文教局要求的当年创利指标仅为4万元，按人均创利标准计算也已经远超当时国企的人均利润指标。"当时大家都觉得不可思议，但其实我心里是有底的。"宗庆后说。这底气，就来自在校办工厂做推销员、办厂中厂的磨砺与积累。

在之后的30多年，宗庆后从蹬三轮车送校簿、卖冰棍开始，将这个只有三个人的校办企业经销部打造成拥有三万余名员工的中国食品饮料行业巨头，品牌价值超过500亿元。多年来，他亲力亲为，大权独揽，公司几乎所有重大市场决策都是他一人拍板，出差在外的日子，办公室每天晚上要给他发送几十份工作传真，他再用电话做批示或者签字回传，遥控指挥公司的各项事务。

"都说我在娃哈哈大权独揽，这一点说得对，第一代民营企业家都有点这样，不集权内耗太大，根本做不起来，这是时代造成的。"

只有实业做强了，中国才会强大

从2010年首次登上胡润百富榜中国内地"首富"的宝座开始，宗庆后在2012年又一次问鼎该榜单。而近几年，这一"首富"宝座却在房地产商和互联网公司的创始人之间来回更迭。在互联网经济席卷世界，人工智能、物联网、新零售等一批新概念的冲击之下，娃哈哈这一传统的民族品牌似乎显得有些"落伍"。

"有人说娃哈哈这几年走下坡路了，您认为呢？"记者问。

"2015年和2016年下坡路确实走得厉害。"宗庆后并没有避讳。但他向记者强调，这并不是因为娃哈哈"落伍"了，而是因为一些网络谣言带来的负面影响。2014 年，关于营养快线、爽歪歪"风干后变凝胶""导致白血病""含肉毒杆菌"等一系列网络谣言迅猛传播，引发了消费者对娃哈哈产品的恐慌情绪。而这两种产品恰恰是娃哈哈的两大主打产品，单是营养快线一年的销量就达到四亿箱。

"谣言出来后，营养快线销量下降了 1.5 亿箱，爽歪歪下降了 8000 万箱。"宗庆后认为，这是导致娃哈哈近年业绩下滑的主要原因。他多次在公开场合澄清这一事实，娃哈哈方面也向有关部门进行了举报，谣言才有所平息。但经过了这一波谣言的"洗礼"，宗庆后对娃哈哈的品牌和产品也更加坚定了信心。"日本最有名的饮品出现质量问题后就倒闭了，当年三株口服液在湖南的官司纠纷也直接导致了它的消亡。娃哈哈虽然受到谣言影响，但总算活下来了。这证明我们这个品牌还是可以的，换个企业的话早就倒掉了。"

事实上，创业 30 多年来，资金充沛的娃哈哈之所以始终专注主业，既没有投身房地产，也不涉及金融，并不是因为跟不上时代潮流，而是源自宗庆后的实业情怀。"实体经济是创造财富的经济，没有实体经济搞什么都搞不好。清朝末期我们就提出来要实业救国，实业不发展的话国家就不会发展，老百姓也不会富裕起来。"

心直口快的宗庆后曾在多个场合提出警告，中国经济近些年存在"脱实向虚"的问题。"过多投入房地产以后，回过头来再想好好做企业是很困难的。因为房地产是暴利，实体经济不可能有那么大的利润。很多实体企业遇到困难是因为它不专心，没有专注地去提高自身的技术水平和装备水平，没有开创新的产品。"

他希望年轻一代的企业家、创业者能更多地专注于实业，只有实业做强了，中国才会真正强大。"娃哈哈这么多年一直坚持实业，相信实业真正创造财富，而资本运作只是通过虚拟将财富再分配，而非创造财富。如果大家都去分配财富，而没有人去创造财富，那国家就垮掉了。"

"中国经济永远不会差"

创业至今，最令宗庆后自豪的不是家族财富的积累，也不是"首富"的光环。事实上，他的生活异常简朴，说是"吝啬"也不为过。他常年穿一件普通夹克，喜欢穿布鞋，除了喝杯茶、抽两支烟，几乎没有别的消费。有人专门统计过，认为他一年的个人消费不超过5万块钱。

令他感到自豪与满足的，是办企业这么多年为国家、为社会所做出的贡献。"我交税就交了500多亿元，我们的经销商、批发商也很多，为社会提供了很多就业岗位。"

早在1994年，娃哈哈就在西部贫困地区投资办厂，走上了产业投入、实业扶贫的路子。截至2017年底，娃哈哈集团先后在重庆涪陵、四川广元、湖北红安等17个省市投资85亿元，建立了71家分公司，吸纳当地就业近1.3万人，有力拉动了当地经济和社会的发展，还带动了更多企业前去投资。

宗庆后见证并推动了食品饮料行业在中国的发展，"我们的食品饮料行业目前在世界上已经处于领先水平，创造了很多好产品。因为中国人是最会吃、吃得最好的，所以也带动了世界范围内整个行业的发展。比如美国以前饮料品种很单一，就可乐、橙汁、雪碧，现在也有了很多别的种类。"

采访当天，恰逢中国2017年GDP增速数据出炉，据国家统计局公布，2017年中国GDP增速为6.9%。近几年来，中国的GDP增速放缓，经济进入新常态，国际上不乏一些唱衰中国经济的声音出现。作为最深入感受中国经济脉搏的人，宗庆后对这种声音不以为然，"暂时放缓没什么太大的关系，我们的经济还有很大的继续增长的空间"。

　　"中国的经济永远不会差，因为中国人勤奋、聪明，而且人人都想当老板，人人都想当富豪，所以都在拼命，都在创造财富。政府也鼓励老百姓勤劳致富，会逐渐放开审批权限，给企业营造更好的发展环境，这样经济很快就上来了。"出生于 20 世纪 40 年代的宗庆后，可以说真正见证了中国从"站起来"到"富起来"，他相信，"强起来"的这一天并不遥远。

　　中国的改革开放已经到了第 40 个年头，这 40 年里，广袤的中国大地上，无数人靠勤劳和智慧改变了命运。宗庆后便是这个大时代里，通过个人奋斗实现人生价值的一个缩影。当他首次问鼎"首富"宝座的时候，曾有人问他为什么会有今日的成就。他回答："其实我并不比别人聪明，我所有的只是一门心思地做成一件事的冲动，并且甘愿为此冒险。我还有'只争朝夕'的精神。"

　　或许，40 年来，正是这样一种精神，将一穷二白的中国推向了世界经济的浪潮之巅。

马 云

一个中国企业家，
对世界喊出"芝麻开门"

刘少华

　　马云把白衬衣的袖子卷起，以快于常人的步伐进入房间。落座后没什么时间客套，我们有整整一小时的时间，而他的行程安排以分钟计。话虽如此，当天的采访一推再推，换了两次时间。

　　这位遍身光环的商人直奔主题，谈吐干净利落，丝毫看不出来过去30天里，他乘坐私人飞机绕着地球飞了107个小时45分钟，见了几个国家的总统、总理，以及更多的企业家。他反应很快，大多数问题未等我话音落地便开始回答——也可能，对这位个子不高、长相独特的杭州人，世间已无太多秘密，他早被人们用放大镜分析过无数遍。

起点

　　2017年2月3日下午，澳大利亚纽卡斯尔大学收到建校以来最大一笔捐款，2000 万美元，这笔钱用来设立了"马云－莫利奖学金"。中国企业家马云出手便惊到了这座位于悉尼北部的港城。

谁是莫利？即便澳大利亚人，也几乎未曾听过这个名字。肯·莫利在中国改革开放开启后，于 1980 年来华旅游，在西湖边他遇到了一个 16 岁的少年，正故意搭讪外国人以学习英语。从此之后，莫利和儿子戴维，与这个叫马云的年轻人成为笔友。保持通信五年后，莫利邀请马云前往澳大利亚旅行。

谁料，仅仅申请签证，马云就失败了七次，最终在莫利帮助下，如约成行。在澳大利亚纽卡斯尔，马云待了 29 天，从此这个自称"100% 中国制造"的年轻人，真正打开了看世界的眼睛。

如今回望，马云这段横跨近 40 年的经历，堪称一次个体意义上的"改革开放"。而对整个国家来说，改革开放 40 年，经过了十分相似的发展过程。从一个生产力发展缓慢、人民面临温饱问题、科技教育落后的国家，一跃而至如今世界第二大经济体、世界舞台中心国家之一的位置。

叶落知秋，观察马云，在某种程度上，正是在观察这个国家多年来发展的速度与激情、进步与贡献。

当然，回到 1999 年，马云在杭州集聚起"十八罗汉"创办阿里巴巴之时，一切还不像如今看上去那么光鲜。那时的马云，已至少经历过如下这些惨痛事实——大学考了三回；找工作被拒绝过 30 多次；去肯德基应聘，24 个人收下了 23 个，他是唯一被刷下来的那一个；替人去美国收账时，被想赖账的美国商人锁在一栋别墅里长达两天，幸运的是在这次经历中，他第一次接触了互联网；最初创业时，四处贷款无果，赴国外 20 多次融资被拒……

所以在起点上，他所拥有的只是梦想这种虚无缥缈的玩意儿。

成功

为何叫阿里巴巴？成名之后，在达沃斯世界经济论坛上，马云再次被问到这个问题。他用英语娴熟地回答说，创业之初，在旧金山一家餐馆，他问一个服务员是否知道阿里巴巴，对方回答知道，至于原因，则是"芝麻开门"——"阿里巴巴与四十大盗"故事中的开门咒语。遂定此名。

马云和他的阿里巴巴，如同习得开门咒语般，打开了中国电子商务的大门，发现里面不但遍是财富，甚至还有改变社会的钥匙。

2003 年 7 月，阿里巴巴推出淘宝网；2004 年，推出网络交易支付工具支付宝；这两大产品在中国已家喻户晓。事业蒸蒸日上之际，这个商业帝国又推出了阿里云和蚂蚁金服。

让全世界瞩目的时刻出现在 2014 年，阿里巴巴在纽约证券交易所上市，经过了漫长的路演后，全球历史上 IPO 融资额最高的公司就此诞生。这是改革开放时代才会有的中国故事，阿里只用了 15 年就达到世界性成功。

有些出人意料的是，身处人生之巅的马云，没有亲自敲响开市钟，而是把这一殊荣让给了阿里巴巴 8 位客户，他们是淘宝店主、云客服、淘女郎、农民店主、海归网商、淘宝资深用户、快递员和美国农场主。这不但是世界瞩目的成功故事，还是普通人的故事。

这样的故事，全世界都能听得懂。在澳大利亚，在印度，在日本，在全世界几乎每个繁忙的国际机场，马云的头像都在畅销书架上，与其他著名成功人士一道，成为人们的榜样。曾做过英语老师的马云，无论中英文演讲，都能点燃听众，这在中国企业家中极为罕见。

马云，Jack Ma（马云的英文名），两个名字，正在伴随中国崛起享誉世界。

革命

北京东四环外的"盒马鲜生"店里，来自全世界的食品在地板和天花板上被分别迅速传送。地面上，顾客们从硕大的货架上拿走东西，只需扫两个码，包装袋上的条形码和手机上的二维码；天花板上，是顾客们在手机 APP 上完成的订单，被装进精巧的包装袋，挂到动感十足的传送带上前进。

科幻小说里的情景正在变为现实——一个 2018 年的中国人，可以在家里逛淘宝；可以用支付宝缴纳水、电、燃气、房租、话费；可以为信用卡还款；可以享受几百到上千项不等的政务服务……所有这些，都能在手机上完成。这一切在 1978 年无从想象。

马云并未止步。这两年，逆全球化浪潮兴起之际，中国正在扛起全球化的大旗，"一带一路"倡议正在得到越来越多国家的支持和响应。作为中国企业家，马云感慨，"习近平主席提出'一带一路'，是很了不起的创意和设想，对于我们企业来说也是非常好的机会"。

他乘坐着私人飞机，走过许多国家，"是想去看看我们能做些什么不同的事情出来，不是要想办法卖东西给人家，也不是要把当地便宜的劳动力和原材料拿过来，而是去当地创造就业，推动民生发展"。

一向以远见著称的马云，为阿里巴巴提出了 102 年老店的愿景。这一愿景中最新的内容，是 eWPT（电子世界贸易平台），帮助全球发展中国家、中小企业、年轻人更方便地进入全球市场、参与全球经济，在这个平台上实现"全球买全球卖"。从博鳌到达沃斯，到他去的每一个国家，马云都在力推这一想法。2017 年 3 月，阿里巴巴宣布将与马来西亚一起，在该国打造中国以外的第一个 eWTP "数字中枢"。想法就此落地。

速度与规模，一直在马云的核心诉求中。

"马可·波罗跑来中国花了八年时间，回去又花了八年时间。"马云冲我

● 2014 年 9 月，阿里巴巴集团在纽约证券交易所挂牌上市，创始人及董事局主席马云敲钟庆祝

摇摇头，"那个年代的'全球化'可能是几个皇帝说了算，现在则是六万家大企业共同决定。我们的职责是解决掉全球化进程中的抱怨和问题。"

不但要在规模上实现全球范围内的买卖，还要快，不是比马可·波罗快，而是实现 24 小时内抵达中国任何一个角落，72 小时内抵达全世界任何一个角落。这也是为什么马云力推成立了"菜鸟网络"，除了已经将全球智慧物流网络覆盖 224 个国家和地区，并深入到中国 2900 多个区县，还在推动着无人机、智能物流等先进技术的实现。

理想

阿里巴巴集团内部，每个人都有化名。马云给自己取名"风清扬"，这

是金庸武侠小说《笑傲江湖》中华山派的一代宗师，在小说中代表着至高无上的剑术境界。其剑术主张"无招胜有招"，由剑魔"独孤求败"所创。

如今的马云，虽说远未到求一败而不得之境，却已气定神闲，甚至对自己惊人的财富值更多的是怨言，而非激动。

坐在我面前，马云语速不减地说，"阿里巴巴确实超过了我当初的想象，今天我已经跨越了对钱的追求。人生最幸福的时候是大学刚毕业，每月赚91块钱工资时。现在钱对我来说是一种资源，（思考的是）如何利用这些资源实现更多人的理想而非自己的理想——我自己觉得理想已经差不多了。"

马云对财富的过度谦虚，以及在俄罗斯圣彼得堡国际经济论坛时宣称后悔创办阿里巴巴，让诸多网友给他起了个绰号"悔创阿里杰克马"，杰克（Jack）是马云的英文名。

"我去硅谷讲课，来中国学习。"在杭州见到Paytm创始人维杰·夏尔马时，他刚从美国赶来。Paytm，这个印度本土的电子钱包，在短短两年内跃升为全球第三大电子钱包，第一名、第二名分别是来自中国的支付宝和微信支付。而这一切，开始于跟蚂蚁金服的战略合作，来自中国的工程师们，将Paytm的支付技术平台和风控系统重新搭建了一遍，把它变成了"印度版支付宝"。

而在澳大利亚，走访完悉尼和墨尔本两座大城市后，我发现包括其国有邮政在内的物流、仓储，以及保健品企业，每年最重大的活动之一便是为"双11购物节"做准备。这一全世界最大的电商购物节，不但已是中国人的节日，也正在成为全世界的狂欢。在俄罗斯，在美国，在西班牙，在地球难以计数的角落中，中国产品、中国技术乃至最终集大成的中国方案，都被电商这样一个小切口留下了痕迹。

就像这样，来自中国的经验，正在推向全世界。

也许，马云真正求的败，一直都写在阿里巴巴集团的官网醒目位置上，

"让天下没有难做的生意"。或许，只要这世界上还有难做的生意，这个独特的思想者、实践者便不会止步。而中国的改革开放，即便已然举世瞩目，那股生生不息的劲头又何尝不是如此。

李书福

"汽车狂人"和他的复兴计划

喻文　袁昱

2010年3月28日，瑞典哥德堡，中国浙江吉利控股集团有限公司董事长李书福，与美国福特汽车公司首席财务官刘易斯·布思，郑重地在一份协议书上签下了各自的名字。中国人以100%的控股，成为顶级品牌汽车沃尔沃轿车公司的老板！

2018年2月，李书福以约90亿美元价格收购了奔驰母公司戴姆勒（Daimler）9.69%股份，成为其最大股东。相比起来，吉利这一回所展现出的全球抱负，不仅国内民众的反应十分平静，国外媒体和民众也不再惊讶，戴姆勒方面更表示，"我们欢迎企业家李书福成为定位长期的股东。"

从临海市800亩的沼泽地，到全资收购沃尔沃、成为奔驰最大股东；从当年收购时的舆论普遍质疑到如今的习以为常甚至充满期许……21年的造车时光，"汽车狂人"李书福由一个小人物一步步成长为一个企业家，吉利也由摩托车制造厂发展为规模庞大的汽车帝国。

对于李书福的成功，很多人可能会归结于他的思维敏捷，他近乎无畏的朴素理想，以及中国民营企业家的坚韧和执着……或许都很有道理。但出生于新中国成立初期、目睹了十多年道路探索的李书福，在近期的个人自述却说：吉利因为这 40 年的历史机遇，从无到有，从小到大，由弱变强，从小山村走向全中国、走向全世界，所有这一切都应归功于改革开放的好政策。

传奇，还要从改革开放春雷在那个放牛娃心中激起千层浪花、散发无穷涟漪开始……

20 多岁成千万富翁

1963 年，李书福出生在浙江省台州一个贫穷的山村。党的十一届三中全会召开，刚上初一的李书福便产生了浓厚的兴趣，开始研究会议文件，琢磨方针和政策。随着改革开放步伐的不断加快，李书福逐渐对学习失去了耐心，"人在学校，心在游离"。没等到高中毕业，就"开始规划参与市场经济活动的各种梦想"，最终也以 3 分之差与大学失之交臂。

拿着父亲给的 120 块钱，李书福做起了照相生意。最开始，他只能背着相机在公园里或大街上给人拍照。半年后，他用积攒起来的钱，租了一个店面，开起了照相馆。

李书福偶然发现，家乡有些工人生产的冰箱零部件销路很好。他也开始在家生产，做好就亲自送到冰箱厂去卖。1984 年，李书福和几个兄弟合伙办了黄岩县石曲冰箱配件厂，21 岁的他担任厂长。一年后，他做了一个更大胆的决定：生产电冰箱。到了 1989 年，他的北极花电冰箱厂的年产值超过千万，每天到工厂拉货的车子排起了长队。

这时国家对电冰箱实行定点生产制度，民营的北极花电冰箱厂不在其列。

冰箱厂关门之后，李书福南下到深圳大学"充电"。但他的兴趣并不在读书上。逛装潢材料市场时，李书福发现有一种进口装修材料的市场前景很不错，便中断学业回到台州，联合几个兄弟重新创业。他的工厂生产出了中国第一张镁铝曲板，后来又成为全国第一家铝塑板生产厂商。直到今天，它仍然是吉利集团的主要利润来源之一。

海南房地产热又让他心动。他带着几千万元的资金来到海南，却遭遇地产泡沫破灭，几乎血本无归。对于这段经历，李书福不愿多提，但他并不惧怕失败。他说："失败，这些都是实践的过程，是在学校里学不到的。"炒房失败后，李书福意识到自己只能做实业。带着这条深刻的教训，他又一次回到浙江。

动了造车念头

在深圳学习期间，李书福花六万元买了一辆中华牌轿车。"轿车是什么？不就是四个轮子、一个方向盘、一个发动机、一个车壳，里面两个沙发吗？"凭着这股无畏的劲头，李书福把目光投向了全新的领域。

20 世纪 90 年代，汽车行业还没有向民营企业开放。李书福找到台州市黄岩区经委的领导，刚把要搞汽车的想法说出口，就得到了一句"不可能"的答复；找到省机械厅，答案还是"不可能"，还多了一句："你去北京也没用，国家不同意，工厂不能建，汽车就是生产出来也不能上牌。"

李书福没有就此放弃。他决定走迂回路线，先办摩托车厂。"在（对摩托车厂的）参观中，我发现制造摩托车原来如此简单，里面有很大的利润空间。"

一开始，李书福对摩托车一窍不通。他买来样车，把它拆掉琢磨其中的原理，再按照市场需求进行改良。一年以后，李书福造出了中国第一辆踏板摩托车，产品投放市场后一直供不应求。但李书福始终不忘为将来建汽车厂布局。他在浙江临海经济开发区买了一块 850 亩的地，名义上说是要生产摩托车，实际上却在筹建"吉利豪情汽车工业园区"。

李书福的造车梦是从模仿开始的。1996 年，奔驰刚刚推出新车，李书福就买了两辆。后来他又到一汽，把红旗车的底盘、发动机、变速箱都买回来研究，最后果真"依葫芦画瓢"造出了一辆车。"玻璃钢的，红旗轿车的底盘、发动机，外观跟奔驰 E200 一模一样。"李书福兴奋地开着这辆车上街兜风，却很快受到警告：没有生产许可证造出来的车是"犯法的"。

在一次饭桌上的聊天中，李书福得知四川德阳监狱下属的一个汽车厂有生产经营权。他急急忙忙赶到德阳，与其合资成立了"四川吉利波音汽车有限公司"，后来改名为吉利汽车制造有限公司。

1998 年 8 月 8 日，吉利生产的第一辆车下线，李书福专门搞了一个"下线仪式"，发出去 700 多张邀请函。但由于当时这辆车尚未列入国家规定的生产目录，来捧场的只有一位副省长。"我当时真想哭。办了 100 桌酒席，却没有来宾，这是什么滋味？"李书福在多年后谈起当时的场景时，仍有些心酸。

"请给我一次失败的机会"

1999 年，时任国家发展计划委员会主任的曾培炎视察吉利集团，李书福对他说："请国家允许民营企业家做轿车梦。如果失败，就请给我一次失败的机会吧。"

漫长的等待终于有了结果。2001 年 11 月，在我国加入世界贸易组织之前，吉利豪情登上汽车生产企业产品名录，吉利集团成为中国首家获得轿车生产资格的民营企业。

在创业初期，李书福用廉价轿车打开了国内市场。当时的吉利美日和吉利豪情，每辆价格都在三万多元。高档一点的吉利优利欧售价也不过四万元。超低价位引发了同类小轿车的降价风潮，汽车不再是有钱人的专属。

但享有价格优势的同时，吉利却成为廉价低端的代名词，它甚至被戏谑道："开吉利车要有一不怕死、二不怕苦的精神。"另外，因为过于模仿其他汽车，吉利也没少吃官司，李书福的处境十分尴尬，情绪也极端低落。有人说他快疯了——见人就讲自己是怎么造出三万元轿车来的。有一回，他与同事喝酒后号啕大哭："我一不偷、二不抢，每天从早晨 6 点半工作到晚上 11 点，辛辛苦苦办企业，为什么别人总嘲笑我？"

也许就是从那时起，李书福萌生了收购世界级汽车品牌的念头。与此同时，李书福也在改变自己。过去他连 30 元以上的衬衣都舍不得穿，现在却穿起了西服。

2007 年，吉利开始实施全方位战略转型，从"造老百姓买得起的好车"转向"造最安全、最环保、最节能的好车"。现在的吉利已经不再造四万元以下的汽车。实施战略转型的第三年，吉利汽车销量达 33 万辆，比 2008 年净增十多万辆，同比增长达 48％；实现销售收入 165 亿元，同比增长 28％。一个全新强大的吉利汽车品牌形象正日渐清晰起来。

和吉利的销售业绩同样让人印象深刻的，还有李书福的"疯狂言论"："要像卖白菜一样卖汽车""让中国的汽车走向世界，而不是让全世界的汽车跑遍全中国"……正是这些言论，让李书福获得了"汽车狂人"的称号。

经营这个巨大的产业帝国，曾有记者问他有没有压力，李书福的回答是："我没有压力，真是没有压力，什么叫压力我不懂，因为我是农村来的。你说我怕什么，失败了没有关系，回去种地、养龟、养虾，对不对？承包两亩地，一亩地种菜，一亩地种水稻，怕什么呢？有吃有喝。"没有这样的心态，李书福也许很难坚持到现在。

八年"独爱"沃尔沃

2002年，拿到汽车生产许可证不久的李书福，就在一次内部会议上对员工们宣布："我们要收购世界名牌沃尔沃！"但当时，收购沃尔沃只能以"梦"的形式留在李书福的大脑中，因为他"没钱、没本事做成（这件）事情"。

2002年，李书福一度谋划着要收购英国罗孚汽车，但因缺乏经验，又"不懂规矩"，最终慢了一步，输给了南京汽车公司。四年后，他又盯上了奔驰汽车的时尚车型Smart，但对方根本看不上吉利集团，一上来就提出了让他难以接受的苛刻条件。

两次失败后，李书福终于迎来了机会。2006年，吉利集团赢得英国百年汽车企业锰铜控股公司的垂青，双方合资成立了上海英伦帝华合资公司，在上海生产知名的伦敦黑色面包出租车，实现了"英国品牌中国造"。2008年，李书福又趁着金融危机带来的机会，拿下全球排名第二的澳大利亚DSI自动变速器公司。

了解李书福的人都说，他所做的这一切，都是为了向他的"沃尔沃梦"靠拢。全球知名汽车品牌多的是，李书福为何"独爱"沃尔沃呢？这是因为，沃尔沃几乎能满足他对汽车品牌的所有要求：

首先，他需要用沃尔沃这个有着80多年历史的国际名牌，使自己走上高端路线。吉利集团财务顾问在一份报告中说："沃尔沃是一家具备造血和持续发展能力的公司；拥有4000名高素质研发人才队伍；拥有低碳的发动机生产技术；有分布于全球100多个国家的2400多家经销商……"

其次，他一直想成为中国汽车界倡导"节能、环保、安全车"理念的带头人，而沃尔沃正是以节能、环保和安全性闻名全球的。李书福说："福特和沃尔沃这十年来，花了上百亿美元研究新能源技术，就这一点，我觉得用

18 亿美元买下来很划算。"

1999 年，美国福特公司收购沃尔沃轿车公司，但用尽千方百计也没能扭转其连年亏损的局面。

曲折收购路

在接受采访时，李书福透露，2007 年，他曾经去了一趟英国，到汇丰控股公司的总部"找钱"。得到对方的融资支持后，他亲往美国拜访福特公司高层。当时，福特公司深陷财政困境，亏损额高达 126 亿美元，为此不得不甩掉捷豹、路虎等知名品牌，但即便如此，它仍然舍不得出售沃尔沃。

虽然碰了一鼻子灰，但李书福仍不死心。他曾连续两年跑到美国底特律参加车展，目的就是找机会和福特公司的首席财务官喝杯咖啡，"聊聊沃尔沃"。对方却告诉李书福，福特的重组自救计划已初见成效，不会考虑卖沃尔沃。"我们福特一年的销售额是 150 亿美元，折合人民币是 1000 多亿元。"这句话背后的意思很明显：只有福特公司这样的跨国企业，才有资格拥有沃尔沃。

最初，在福特公司高层看来，吉利集团收购沃尔沃的计划，完全是"蛇吞象"式的妄想，是自不量力的表现。然而，李书福软磨硬泡的时间长了，福特公司的很多人都记住了这个黄皮肤、笑眯眯、执着的中国民营企业家。因此，2008 年底，当福特公司决定甩掉沃尔沃这个"包袱"的时候，首先想到的就是李书福。

2009 年初，李书福接待了一位远道而来的客人——福特公司独立董事约翰·桑顿。桑顿拜访吉利集团，只有一个目的：考察有意收购沃尔沃的买家的实力和诚意。结果，他得出这样的结论：福特公司应该认真考虑吉利集团的收购提议。

在福特总部，李书福的收购提议被讨论了好几个月。但出于保护知识产权等方面的考虑，董事会内部始终未能达成一致。

为了说服福特公司，李书福通过一家英国公司，找到了全球顶尖的律师事务所富尔德、会计师事务所德勤、著名汽车咨询公司罗兰贝格和著名企业并购公关公司博然思维，组建了一个 200 多人的谈判团队。"谈判的艰苦程度是难以想象的，光是双方准备的资料和谈判记录，就重达几十公斤，吉利集团谈判团队的成员，由于经常往返于国内和欧洲之间，常常早上醒来时都反应不过来自己身在何处。"一位曾参与谈判的人士说。

李书福还"挖"来了四位业界的顶级精英——原华泰汽车集团总裁童志远、原英国石油公司的高管张芃和袁小林、原菲亚特动力科技中国区总裁沈晖，打造全新的管理团队。这个团队既了解国际并购事务的规程，也熟悉与欧美国家政府打交道的套路，因此成为吉利集团收购沃尔沃行动的决策机构。

工会问题是中国企业在海外收购行动中经常遇到的"拦路虎"，李书福也碰上了这个难题。一次，在和沃尔沃公司的工会代表谈判时，对方给李书福出了一道难题，问他能不能用三个词来说明为什么吉利是最合适的竞购者。当时，场上的气氛有些尴尬，主持人本打算出来圆场，但李书福摆摆手，决定自己面对这道难题。英文不太好的他回答说："我想说的三个词就是 I love you。我爱你们，我爱沃尔沃这个品牌。运营好沃尔沃品牌以及爱护沃尔沃的员工、保障员工的利益，是吉利的责任和义务！"李书福的这番表白，赢得了现场一阵热烈的掌声。

2009 年 10 月 31 日，福特公司终于在两个竞购者——法国雷诺汽车公司和中国吉利集团当中做出了选择：吉利集团被列为优先竞购者。

2009 年 12 月，福特对外宣布已和吉利达成框架协议。

此时，没有人再讥讽李书福"痴心妄想"，2010 年 3 月 28 日的签字仪式，只是他为自己的梦想画上一个句号而已。

沃尔沃复兴计划

如今，外界最关心的是，李书福将如何运营沃尔沃这个品牌。

3月28日，李书福在签约仪式上的发言一语中的："吉利不生产沃尔沃，沃尔沃也不生产吉利。"他说，沃尔沃是一只"应该回归森林的老虎"，要解放这只"老虎"，就需要恢复沃尔沃自身的价值。据悉，沃尔沃目前的管理团队将被保留。

李书福已为沃尔沃制定了一份"复兴计划"——其一，沃尔沃在瑞典和比利时分别有两个汽车组装厂，在瑞典还有一个发动机生产厂，李书福决定把这些主要的研发和生产基地都留在欧洲。他说："我们不想要一款在'第三世界'制造的豪华车形象，而是想要一款欧洲豪华车的形象，尽管它是由中国厂家拥有的。"其二，通过在中国设厂，利用中国相对廉价的劳动力，大幅削减沃尔沃轿车的生产成本。有消息称，李书福计划在北京或天津建立年产30万辆沃尔沃轿车的新工厂。其三，销量方面，李书福计划在未来四到五年的时间内，把沃尔沃的年销量从现在的40万辆提升至100万辆。其四，技术和产品革新方面，他希望每年都有新产品在瑞典工厂下线。为此，他将保障沃尔沃的开发费用，以便研发出效率更高、排量更小、更环保、重量更轻的发动机……

尽管李书福自谦地说"牵牛的我能有今天的日子，我已经感激不尽"，但世人知道，李书福的汽车梦想绝不只停留于收购沃尔沃、入股戴姆勒。他会沐浴着改革开放的春风带领吉利创造什么样的新传奇，我们拭目以待。

王 石

"我给自己的定位就是职业经理人"

田亮　尹洁

说王石是中国最具大众知名度的企业家之一，毫不为过。他是中国知名房地产企业万科的创始人，有"中国地产教父"之称。1991年，他带领万科登陆深圳证券交易所，成为中国最早的一批上市公司之一，股票代码为000002。2010年，万科成为中国第一家销售额超过1000亿元的房地产企业。

在万通控股董事长冯仑眼中，王石是企业家精神的杰出代表。"顽强的毅力、超强的韧性和执着的奋斗精神，王石体现得最集中。"冯仑说，"最磨炼人的地方，他都赶上了。他是锡伯族人，锡伯族是草原上的民族。他祖籍安徽金寨，出生在广西，年轻时当汽车兵，在新疆戈壁滩上开车，这都是得较劲的荒僻地方。他登山，只用了几年时间，七大洲最高峰都登过了，还上了两回珠峰，南北极也去过了。而且60岁开始学外语。多较劲的人！"

绝不行贿

王石出生于 1951 年 1 月，1974 年进入兰州铁道学院（今兰州交通大学）就读给排水专业。改革开放之初，王石还是广州铁路局的一名技术员。这份工作也算"铁饭碗"，可似乎与改革开放大潮关系不大。1980 年，他参加了广东省对外经济贸易委员会的招聘考试，被录取，负责招商引资工作。1983 年的一次深圳之行，让他发现，深圳第一家外资企业、生产饲料的正大康地公司的玉米原料，都是通过香港从美国、泰国和中国东北进货。经过打听得知，原来是东北到深圳的货运航线尚未开通。他找到广州海运局，开通了大连到深圳的航线，东北的玉米从此可以直接运到深圳。

不久，香港报纸报道鸡饲料可能含有致癌物质，香港的食用鸡很快就卖不动了，珠三角的养鸡场不再采购玉米，东北的玉米也积压在仓库。王石"不相信香港人不吃鸡"，决定用赊账的方式把大连粮油进出口公司的 1 万多吨玉米全部采购回来。货船还没到深圳，香港传来消息，之前的报道有误，饲料中根本没有致癌物，王石手上的玉米转眼间成了抢手货。仅此一役，他就赚了 300 万元，这是他的第一桶金。

同时，王石计划把深圳生产的饲料产品通过铁路运到外地卖，但那时尚处计划经济向市场经济的过渡阶段，饲料产品并未纳入铁道部门的货运计划，只能申请计划外指标，而计划外指标很难申请。王石打听到货运主任的住处和抽烟的喜好，想和他套套近乎，就花 20 元买了两条香烟给货运主任送去。"为了获得商业上的某种好处给对方送礼，我还是第一遭。"王石说。货运主任看到桌上香烟，没问怎么回事就说："要车皮的吧！""能给批两个计划外车皮吗？"王石连忙问道。

货运主任把烟回递给王石，说："烟你拿回去，明天直接去货运办公室找我。别说两个车皮，就是十个也批给你。"王石愣住了。原来，货运主任早就注意到货场那个城里人模样的年轻人，经常同民工一起卸玉米。"不像是犯错误的惩罚，也不像包工头。我觉得你这个年轻人想干一番事业，没想到你还找上门来了。你知道计划外车皮的行情吗？"见王石又愣住了，货运主任说，"一个车皮红包 100 元，两条烟只是行情的 1/10。"

车皮办下来了，王石也悟出一番道理："在商业社会里，金钱不是万能的，金钱是买不来尊重和荣誉的。货运主任的精神需求很简单：欣赏这位城里年轻人的做事态度和吃苦精神，愿意无偿伸出援助之手，从支持行为中获得精神的满足感。既然是在做令人敬佩的事业，为什么还要通过物质的诉求，直白地讲，用行贿手法来获取计划外车皮呢？想想送烟的动机，不禁让我汗颜！"从此，他给自己和万科立下规矩：绝不行贿。

2009 年，王石在一个公开场合被问到，企业家、登山家、不行贿 3 个符号，最喜欢哪一个？"我没有选择'企业家'和'登山家'，而是选择了'不行贿'。"王石说，"我曾参加一个企业家论坛，发言时讲到万科的不行贿。后来发言的一位企业家嘉宾说：'王石先生不行贿，我很佩服，但那只是个案，因为在中国不行贿，一事无成，比如说我自己就行贿。'他说完这句话，台下 300 多名听众报以热烈掌声。我说我不行贿，下面没有掌声；坦诚行贿者却令人喝彩。发人深省。"

王石不喜欢中国的官商文化。前几年，对晋商的研究和推崇席卷商业圈子时，王石发表了相反的看法，认为明朝政府在山西大同一带驻扎数十万重兵，防范蒙古残部，但军饷没有着落，政府便以贩盐的指标为交换，鼓励盐贩子把粮食送到部队，这就是晋商的起源，他们靠政府赋予的特权起家，是中国官商文化的结果，有什么值得推崇的？

放弃唾手可得的股权

王石另一个为人称道的做法是不要企业股权，甘当职业经理人。

通过倒卖玉米、饲料赚钱后，王石开办了深圳现代科教仪器展销中心。这是一家国有公司，王石为法人代表，经营从日本进口的电器、仪器产品，同时还办服装厂、手表厂、饮料厂、印刷厂等。用王石的话来说，"除了黄、赌、毒、军火不做之外，基本都涉及了"。

1988 年，王石投资第一个土地发展项目"深圳市宝安县新安镇固戍村皇岗岭万科工业区"，从此进入房地产行业。同年，公司的股份制改造方案获得深圳市政府批准。股改后，公司名称定为万科企业股份有限公司，它也是中国实行股份制改造的第一批国营企业之一。

当时，公司拥有净资产 1300 万元，再以一元一股向社会公开募集资金 2800 万元，股份合计为 4100 万股。对于那 1300 万元的净资产，股份制改造要有明确的所有权归属。据王石回忆，万科最初申请五五分成，即国家和企业职工各一半。他对深圳主抓体制改革的副市长朱悦宁说："从法律上看，公司持国营牌照，风险由国家承担，但从资金投入的角度看，国家却没投一分钱，说全是国家的也不合适，因为资产是我和员工们赤手空拳做起来的。既然如此，各一半，五五分成如何？"朱悦宁不同意，提出四六分。"你四我六？"王石问。"怎么能让国家占小头呢？哈哈哈，当然是国家六、你四啦！"王石对这个结果也很满意："我心里想，别说四六了，二八，甚至一九我都干！产权界定清楚就好办！"

这样一来，万科职工应得的股票为 500 万股出头。这部分股票又该怎么细分呢？依据深圳市政府的股改文件，只允许有 10%，即 50 多万股量化到个人名下，其余的由集体持有。王石"明确了想法，放弃其中应得的个人股份"。他认为："'不患寡而患不均'是中国社会根深蒂固的传统观念，社会也向来有种仇富心态。个人突然有了钱，会把自己摆在一个极其不利的地位，尤其是像我如此爱出风头，天马行空独来独往，如果很有钱，弄不好会惹来杀身之祸。名利之间只能选择一项，或默不出声地赚钱，或两袖清风实现一番事业。我选择了后者。"时至今日，王石个人名下的万科股票也只占很小比例。

2016 年，王石回忆道："1988 年万科进行股份制改造时，创始人团队放弃了唾手可得的股权，是为了避免公司成为少数创始成员独断专行的僵化组织……28 年过去了，我们的初衷丝毫未改。28 年中，我们这个行业诞生了难以计数的亿万富翁，却并不包括全球最大房地产企业管理团队中的任何一人。"

不仅不要股份，1999 年，48 岁的王石连总经理职位也不要了。股改以来，他一直担任董事长兼总经理。辞任总经理的客观原因是："上世纪 80 年代下海经商一族的文化层面不高，'山中无老虎，猴子称大王'。1992 年之后，下海经商一族的文化层次发生了很大的变化，市场也发生了很大变化。我开始有危机感，脑中的想法越来越少。更有甚者，到了 1998 年，构思的周期要长达半年时间。怎么了？我不得不反省。"

王石的另一套说法是："上世纪 80 年代，企业生长环境缺乏规范，创业者拥有的资源非常有限，这就需要所谓的强势人物带头杀开一条生路！等到企业解决了生存问题，有了长足发展，企业带头人的权威自然也就树立起来。但在不规范环境下培养出的权威人物，往往会带来伴随着夸大权威作用的个人崇拜，听不进专家建议的一言堂，决策时易于冲动，好大喜功，脾气暴躁等恶习。企业发展过了求生存的阶段，要想健康发展，创业者就要摆脱原始阶段的恶习，并在公司层面强调专业化，培养成熟的管理方法，逐渐弱化权威作用。中国内地目前不是缺少老板，不是缺少有产者，而是缺少职业经理人，缺少专业的律师、会计师、设计师、规划师。万科致力培养的是职业经理人，我给自己的定位就是职业经理人。"

52 岁登顶珠峰

身体条件恶化也是王石辞任总经理的一个原因。

1995 年，王石 44 岁，医生在他的腰椎部位发现了血管瘤，而且已经压迫到神经。医生告诉他，这种情况可能导致瘫痪，做手术则存在风险，建议他不要运动，最好坐轮椅。王石不肯，他觉得要是坐上轮椅就"真的瘫痪"了。后来一位骨科专家对他说，如果这个血管瘤不变化，就没有必要开刀；但如果恶化，也就没有挽救的余地了。考虑之后，王石决定不做手术。他想趁着还能走动，去西藏进行一次"心灵之旅"。

1997 年，王石首次入藏。在珠峰大本营，他见到了中国登山队的高级教练金俊喜。此前由于雪崩，中日联合登山队的 17 名成员全部在梅里雪山遇难，金俊喜因身体不适提前撤下而躲过一劫。他从梅里雪山来到珠峰大本营，准备再次登山。王石问他："为什么还要去？"金俊喜回答："死去的已经死去了，但活着的还要面对，还要走完他们没有走完的路。"这对王石触动极大，他从此开启了挑战极限的征程。

2000 年，王石在西藏创造了攀高 6100 米的中国滑翔伞最高纪录，以此作为自己的 50 岁生日礼物。2003 年 5 月，王石第一次登上珠峰，又创下了当时中国人最高登顶年龄的纪录。

"很多人觉得我了不起，但他们的理由让我很不服气，说我'年纪最大'，好像我的了不起只是年纪太大了还能登顶。"王石曾这样调侃。此后四年中，他又成功登上 11 座高峰。他最佩服的登山家是日本人三浦雄一郎，首次登珠峰时 70 岁，二次登顶时 75 岁。

强烈的征服欲是每一位成功企业家必备的素质，但王石表现得比其他人更突出。在传记里，他承认自己从小就很好胜。2003 年，他对媒体回忆创业动机时说："当时我作为三十出头的大学毕业生，放着广东省外经贸委这样的好工作不干，而是到深圳下海经商，引起过很多人的费解。一般人判断：人生在世，不是为名就是为利。但我既不图名也不图利，就是为了展示自己的才华。"

王石确实让人们看到了他的才华。2003 年，他讲道，"1983 年赤手空拳到了深圳"，第二年"白手起家组建万科"，并把万科打造成了全国最大的地产商、第一批上市的地产企业；1995 年在内地上市的 331 家公司中，房地产企业有 29 家，至今具有配股资格的只有 3 家，万科是其中之一。

一位知名财经评论员说，与同龄企业家相比，王石的物质欲和权力欲都不算高。"作为万科创始人和精神领袖、中国地产界'教父'，能在巅峰之时急流勇退，一般人是做不到的。"但王石毫不讳言自己的野心。在他写的《道路与梦想》一书中，讲创业之初的标题是"燕雀焉知鸿鹄之志"，还分成了上下两个章节。据和他一起在深圳登山的朋友说，王石不喜欢走成形的路，总是自己带一把砍刀，一边开路一边走。

对于登山的深层意义，王石曾说："有时人生的目标不是很清晰，但总要给自己高一点的目标，达到后再给自己更高一点的目标。"在这个过程中，他挑战的是自己，战胜的也是自己。

硬气与真诚

在王石身上，与征服欲同在的，是他"霸道总裁"的性格和处事之道。在一个合作伙伴的印象中，王石"平时话不多，开会时也不会长篇大论、滔滔不绝"，但有时甩出的几句话就像他的名字一样硬。

王石登顶珠峰后，有评论认为他作为万科董事长，从事极限运动是对股东和股民不负责任。某媒体在采访中把这句话转述给王石，他立刻激愤地扔下一句："我不是工头！"这句话的本意是万科离开董事长也能正常运转，但从王石口中说出来却充满了火药味。

这种性格从年轻时就给他带来过麻烦。1985年，深圳市纪委接到检举信，派两名处长找王石谈话，说有人举报他在香港有两处房产、30万港元存款。王石一听就怒了。"我说如果属实，应该在30后面加两个零，30万有点看不起我，3000万才与我的身份相称。"两名处长从未听过如此狂言。之后的事情可想而知，王石说，那是他经商过程中遭受的最大挫折之一。

对领导如此，对自己人就更直接了。据熟悉王石的财经作家周桦透露，有一年，万科的一名基层员工因公身亡，家属提出高额赔偿，主管人员拿不定主意，向王石请示，王石当场发飙："请示什么？！人家儿子都死了，赔！"主管照办了，但对王石的态度很不满意，事后写了一篇反馈意见，形容王石当时表情可憎，"脸都抽搐了"。

2015年，"宝万之争"成为热门事件。潮汕商人姚振华和他的宝能系大举入股万科，遭到王石的排斥。2016年1月，王石在"天山峰会"论坛上演讲："我们是个社会主义国家，如果你这个公司是一个纯外商或民营企业，（或让外资、民营资本）举足轻重会有危险。所以我的设计就是混合所有制，里头要有民营的活力，要有外资的规范、成熟，当然也要有适合中国国情的国营企业成分。这么多年来，万科一直是国有股占比最大，我过去设计是这样的，现在是这样的，将来也会是这样的。所以民营企业，不管我喜欢你，不喜欢你，你要想成为万科的第一大股东，我就告诉你，我不欢迎你。"江苏太平洋建设集团创始人、知名民营企业家严介和指责："王石表示不欢迎民营企业成为第一大股东，这是典型的歧视与排斥民营企业，代表了传统观念和习惯势力的傲慢与偏见。"

阿拉善SEE生态协会原秘书长聂晓华也对王石发飙的样子印象深刻。阿拉善SEE生态协会成立于2004年，王石曾担任前三届理事会成员。有一次竞选，王石不同意聂晓华任秘书长，理由是"你太强势"。聂晓华让他举例说明，王石急了："我说你强势，你不好好反思一下自己怎样强势，还要我举例说明！你这样的态度本身就很强势！"据聂晓华回忆，王石的话"像石头一样从嘴里甩出来"。两人大吵一架，最后在他人的干预下才告一段落。

此事的后续发展又有所逆转。那次吵过后，王石经过考虑还是同意了聂晓华担任秘书长。不过，他的祝贺短信没有直接发给聂晓华本人，而是发给其他人，请别人"代为转达祝贺"。一个熟悉王石的人说：这就是王石式的硬，他坚持观点时态度非常强硬，但内心是在思考的，与任志强那种"冷酷到底"的硬有所不同。"有人说王石这些年膨胀了，我觉得没有。在一些问题上，他可能想了很多，但表述出来的没那么丰富，结果招致误解。我感觉他没有偶像包袱或个人崇拜情结，他可能很硬，但如果你有道理，他可以改变。无论是他的硬还是改变，都挺真诚。"

假如离开万科，王石还会不会如此强硬？在 2016 年的万科股东大会上，王石公开表态，称自己的去留已不重要，重要的是万科文化的延续。"如果（总经理）郁亮能带领着团队继续往前走，我可以另起炉灶。"2017 年 6 月，王石把董事长之职交给了郁亮。2018 年 4 月，67 岁的王石出任远大科技集团联席董事长。他说："我与（远大集团）张跃总裁的交集始于对环保的共识。2002 年，我去了非洲乞力马扎罗山，由于气候变化，没能见到雪，后来去南极，发现南极也不是想象中那么冷。这让我对环保的重要性有了更切身的体会。远大的环保是很纯粹的，实际上，我是被远大的环保理念，还有生态农场深深感动了。远大是一家对自己负责、对家人负责、对客户负责、对供应商负责的企业。"从这些话中，人们只见真诚，不见强硬。

改革开放以来，王石见证了经济特区的诞生和成长，参与了最早一波国企股价制改革浪潮，成为最早一批职业经理人之一，把一家深圳小公司打造成全国知名的大型房地产企业，为 MBA 课堂贡献了诸多鲜活的案例。功已成，身未退。他当年登顶珠穆朗玛峰后，又登上了南极洲、欧洲、大洋洲的最高峰。如果万科是珠峰，远大集团或许是他将征服的又一座高峰。

吴仁宝

动为苍生谋

王丽

> 但愿苍生俱饱暖，不辞辛苦出山林。
>
> ——题记

30多年前的金秋，长江上游重庆市巫山县庙宇镇发现龙骨坡遗址，被称为"东亚人的摇篮"；7年前，这里发掘出数百件哺乳动物化石和有明显人工痕迹的石制品——以充足的实物证据肯定了"龙骨坡文化"的存在。

日月轮转，江河行地。

可以想象，那是怎样的一副光景：奔流的江水，浩浩汤汤；挺立的青山，层层叠叠。奔腾了亿万年的长江孕育出古老祖先的勇敢和智慧，猎物被拖进领地，石头被改变形状：它一路向东，翻山越岭，拍打着江岸，激起千层雪；它一路向东，携泥卷沙，切贯出江湖，积出万里原。人们沿江繁衍生息，在这片广袤的冲积平原上续写着根发于大江源头的神话。

1961 年，这条大江南畔一处名为华西的村落迎来了命运中的关键人物：将在中国改革发展奋进史上留下一抹亮色的农民吴仁宝。从此，他的名字与这座村落的命运紧紧地缠绕在了一起，他也开始了自己半个多世纪的风雨跋涉。

50 多年前，那是怎样一个不安的年代，全国上下遭遇自然灾害，不少人在饥饿线上挣扎。这对土地本就七高八低、旱涝难抗的华西村来说，无疑是雪上加霜。50 多年后，翻开这方土地的村志，没有人不感到震惊，其每一步都踏在了改革发展的节奏上，始终挺立在时代的潮头：

——60 年代，学大寨；

——70 年代，造田亩；

——80 年代，开工厂；

——90 年代，建城郭；

——新世纪，育新人。

"弄潮儿向涛头立，手把红旗旗不湿"。

近一个甲子的光阴，不过须臾一瞬。如今，撑起一支长篙，向岁月深处回溯：在水与岸的较量，青荇与泥土的缠绕中，那片足以照亮未来的星辉，开始慢慢浮现在我们的眼前。

"让穷人过上好日子"

生于斯，死于斯，必辉煌于斯。

2013 年 3 月 18 日 18 时 58 分，华西云裹塔，江阴烟胧沙。为世界所关注的中国农民吴仁宝在自己终生奋斗、牵挂的土地上去世。那是一个沉寂的夜晚，也是一个不安静的夜晚：卸去往日的欢闹和色彩，华西村在夜幕中陷入一片深远的静穆；机器轰隆隆的转动声从远处传来，显示出它稳健、持久、强有力的脉动，似乎与85年前的枪炮、战火、轰炸共振着。

1928年12月，东北易帜，轰轰烈烈的北伐战争宣告胜利，满目疮痍的中国大地终于获得一阵短暂的喘息。就在一个月前，江南吴家基（现江苏省江阴市华西村）的吴发祥家迎来了一个崭新的生命，他为自己的孙子取名吴顺宝：希望自己的后辈能够顺利度过这个满是贫穷、祸乱与硝烟的年代。有人考证，吴仁宝这个名字是他在新中国成立以后参加革命工作时给自己改的。仁者为人，这是我们几千年来重要的文化密码之一。可以解释为仁爱的人才能称其是人，也可以解释为仁爱的人理应为更多的人尽心。尽管现代汉语的表述不同，但根底处的意味都是一样的，即对所有的人心怀仁爱。纵观吴仁宝的一生，始终为更多的人谋求富足与幸福，无疑是他一生的用心和初心。

20世纪二三十年代的中国是苦难与死亡、战争与屈辱、纷乱与惨寂交织的年代，也是勇敢与牺牲、坚定与血泪、团结与奋争高扬的年代。在压迫、剥削、穷苦、流离、战争的恐惧和死亡的威胁中，举国步履维艰；在寻觅、抉择、对抗、呐喊、马革裹尸的刚毅和青山埋骨的冷冽中，义士声动八方。

与同时代的人们一样，吴仁宝早年遭际了太多的困顿与挣扎，也淬炼出自己一生的夙愿与追寻。家中困顿，11岁的吴仁宝放弃私塾，离开家当起了放牛娃；家中断粮，吴仁宝便携幼弟捕鱼换钱；通货膨胀，"生意"行不通，吴仁宝转身当起了长工。穷则思变，每一次山穷水尽都可看见少年挣扎中的刚毅。然而，命运似乎总是格外垂青那些仰视它的斗士。迫于贫穷，少年吞下冷嘲热讽，咽下委屈羞辱；身陷困顿，少年忍受着生离，目睹了死别。1949年4月21日，毛泽东和朱德发布了《向全国进军的命令》，这预示着解放全中国的号角即将吹响，也预示着全中国即将彻底走出几十年来的战争旋涡，更预示每一个中国人都将迎来重整家园、获得新生的扬帆时刻。但就在战争结束前期，在国民党丧心病狂地抓捕壮丁以填补军力的压迫中，因担心儿子被迫从军，吴仁宝的母亲在焦虑、恐惧与愤恨中怅然离世，甚至没来得及看一眼自己即将进门的儿媳妇。赊来一口薄棺，吴仁宝殓葬了母亲。他后来回忆说，"要不是穷，也不可能丧事和婚事放在一起"。

岁月是一条悠长的大河，从古到今，流过千年的河底，也构筑出不一样的崎岖，拍打出不一样的涛声。和着江水滔滔，吴仁宝迎来了中华人民共和国的诞生。1961年，扎实肯干、表现突出的吴仁宝成为华西新一届领导班子成员。

人们或许都没有想到，从此这个人名与自己的故乡华西村紧紧地连在了一起，为世界所关注：他们共同经历了年轻的共和国在徘徊、曲折、抉择中坚挺和腾飞的岁月；他们是巨狮苏醒后进行探索的见证者，也是构筑令世人称奇的伟大改革开放成果的参与者，更是"天下第一村"的缔造者。每一次时代的跨越，吴仁宝都显示出奔流在江水之源的勇敢与智慧，凝聚在血缘深处的坚定与刚毅。每次回望，吴仁宝无不感慨："我是穷过来的，看到有人穷我就心疼，最大的心愿就是让穷人过好日子，这是我的原动力。"

"安得广厦千万间，大庇天下寒士俱欢颜，风雨不动安如山"。吴仁宝的原动力何尝不是那个时代人们翘首以盼的美好生活？何尝不是一名共产党员的奋斗初心？

从"赶上时代"到"引领时代"

一江碧水，四面惊涛，千丈霜发，毕竟东流去。

两岸青山，五湖烟月，万里江村，何处不月明。

　　回首吴仁宝牵头的华西村，他们以智慧、刚毅和仁爱的勇气、骨气和大气，闯出了一条脱贫路、致富路和幸福路，实现了从"赶上时代"到"引领时代"的伟大跨越，也带出了一大批走出贫困、走向致富的华西式村落。他们以长江为带，交相闪耀：

　　——20世纪60年代，贫瘠与穷困是当时华西村的真实写照，有言云"高田岗，高田岗，半月不雨苗枯黄；低田荡，低田荡，一场大雨白茫茫"。正当吴仁宝绞尽脑汁谋脱贫的时候，"农业学大寨"的号召在一声惊雷中炸响。1964年2月10日，《人民日报》发表《大寨之路》的报道，详细介绍了山西省昔阳县虎头山的大寨奋斗之路。吴仁宝就此开始了白天走天地、夜里写未来的日子：最终他描绘出了华西村第一个十五年规划。据吴协恩（吴仁宝小儿子，即今华西村党委书记）回忆，"我们靠着'头昏肚痛不算病，腰酸肩痛不脱劲，烂手烂脚不缺勤，不达目标不罢休'的精神，最后只花了七年时间，就把原来1200多块七高八低的零星田块，改造成高产稳产大田，成为'全国农业先进单位'。曾经的'做煞大队'，也变成了'幸福大队'。"

　　——进入改革开放的伟大历史时期，另辟蹊径办工厂，从脱贫走向致富。1992年3月，邓小平南方谈话见诸媒体，在外出差的吴仁宝兴奋不已，凌晨一点召集党委成员开会。这一次他收获了举足轻重的一桶金，华西的工业也有望迈上一个新台阶。如众所知，华西村的工业从一盘大石磨起家，有自己的"地下"小五金厂；可见第二产业从来都在吴仁宝的规划内；乘着改革开放的春风，华西集团成立并迅速成为一家大型的乡镇企业。

　　——一统五分，走向共同富裕的幸福路。古语有云："善为国者，遇民如父母之爱子，兄之爱弟，闻其饥寒为之哀，见其劳苦为之悲。"爱民如子，正是中国共产党的情怀与初衷。步入21世纪的开局之年，吴仁宝提出一统五分的并村计划，即连同江畔的诸多村落共同谋求发展，共建大华西。为了

● 吴仁宝生活照

共同的目标，凝聚一切力量，惠泽一切群体：团结就是力量。这个不断被证明的真理在他们身上得到了最完美的呈现和反哺。有关资料显示，自2001年以来，华西村不仅在土地和人口上得到扩容，解决周边村落就业和养老问题的成绩也十分可观。关注华西村的人们都知道，这种创办第二个华西村的共富理念早在20世纪就开始了：华明村、三余巷村就是华西经验的实践先行地；宁夏、黑龙江等地后来也相继展开。

血泪洒在祖国万分之一的土地上，脊背担负起举国千万分之一人民的幸福梦想，可以说，吴仁宝和华西村一起浇铸出了一个社会主义新农村的时代榜样，也为全国乃至全世界提出脱贫致富的华西方案。

2011 年，为我们所熟知的龙希国际大酒店落成，华西也迎来了自己的知天命之年。83 岁的吴仁宝一如既往地承诺："生命不息，工作不止。"除了几十年如一日地早起、听广播、"巡视"华西村的每一寸土地之外，他只要有空就会为慕名而来的游客做题为"社会主义富华西"的宣讲。

"有福同享，有难官当"

2003 年 1 月 2 日，74 岁的吴仁宝带领全家祖孙四代向全体村民作新年宣誓："凡是要求干部村民做到的，我吴仁宝一家先要做到；凡是要求干部村民不做的，我吴仁宝一家首先不做。请各位村民监督我们一家人的工作"。同年 7 月，吴仁宝卸任党委书记，小儿子吴协恩成为华西村的新书记。

万众瞩目的中心势必会受到来自四面八方的好奇、猜想甚至非议：有人在质疑华西村搞"家族制"，您怎么看？吴仁宝回答道："我的几个子女的确全在华西村当官，但那不是因为他们是我的子女，而是他们真的为华西村做出了贡献。我们培养接班人，不是培养个人，而是培养群体。"

在质疑、猜度的背后，其实是对华西村历史发展的不熟悉、对华西发展根本动力的不了解，对华西新"掌门"的不放心。但爱之深，责之切，这些关注背后更多的是对华西未来发展的深深期待和殷殷关切。

今年是吴仁宝逝世的第 5 个年头，也是吴协恩执掌华西村的第 15 个年头。或许这些事实能够提示我们"华西村党委书记"这七个字背后的真正内涵：

艰苦奋斗，共走脱贫致富路，是吴协恩的原则。在吴协恩看来，"华西之所以能成为'中国第一村'，很关键的一条是华西有个代代相传的好基因，就是能吃别人吃不了的苦，艰苦奋斗，吃苦耐劳，永不服输，决不放弃"。早在 23 年前，为了贯彻落实国家的扶贫政策，华西村和黑龙江肇东小山屯村结成了帮扶对子，当时率领部分华西人共同北上、建设省外新华西的就是吴协恩。吴协恩引领华西人一去就是三年，其间与当地的村民同吃苦、共创业：筑起了十多公里引水沟，使 3500 亩荒地实现了引水治碱，种上了水稻，还办起了工厂，当地人均收入从 1000 多元提高到 4000 多元，最终帮助这里实现了脱贫。后来吴协恩又分别到宁夏银川、江西吉安驻扎，艰苦奋斗、共同脱贫致富一直都是华西村也是吴协恩的原则。

开拓创新，同改革与时俱进，是吴协恩的思路。生于忧患，死于安乐。刚刚就任党委书记，吴协恩就敏锐地观察到产业结构调整是华西村即将面对的难题和挑战，也是实现华西村发展新跨越的必由之路。据此，吴协恩紧抓实时政策的风向，为了实现可持续发展，在钢铁、化纤火热的时候仍然大刀阔斧地陆续关停了多家能耗高、效率低的企业；同时乘着"一带一路"等惠民政策的东风，致力于激光芯片、网络游戏、海洋工程等高科技产业的创新与研发，影响波及海内外；此外，加快华西村人才引进和第三产业的发展。乘风破浪会有时，直挂云帆济沧海！经过共同努力，华西村取得了令人瞩目的成绩并再次成为社会的焦点。吴协恩在多次接受采访时都强调道："守业是守不住的，须依据时代变化，不断创新发展，才能真正构建一个百年华西。"

想民所想，急民所急，这是吴协恩的信仰。血脉相连处，自见赓续。吴协恩接过华西村的同时，实际上也接过了以父亲为代表的一代华西人的精神信仰：只有将自己的一切付出浇铸到全村各项事业的发展中，才能最大程度地实现自己；只有将自己的一切所得汇入全村村民的奋斗再实践中，才能最大程度地产生回报。回顾吴仁宝的一生，他确实把自己所有的时间、精力、心血，所得的一切物质财富，所悟的一切精神经验都用到了华西村的致富、发展和未来规划上。对于富足的华西，吴仁宝丝毫不执着于物质与待遇。他的收入在村里并不算高，他的家庭在村里也不算富，更是村里最后才搬进别墅的；即便是在离任时，他也只是个"村官"。"腰缠万贯，不过一日三餐；房子再大，休息时只需床铺一张"——这是吴仁宝的心态，也是一代华西人的精神气质。作为华西村党委书记、华西集团董事长的吴协恩又何尝不是如此：几十年如一日地将自己的全部时间奉献给华西，身担 35 平方公里大华西的发展重担，领跑三万余人的幸福之路，却拿着"村官"的待遇。

时间拉回到 2003 年 8 月，吴协恩和新一代华西人在人民英雄纪念碑前的庄严宣誓仍萦绕耳际："有福民享，有难官当。三年目标 500 亿。"回首 12 年前的华西村，一个个誓言都已实现，华西人对美好生活的期待也一次次被满足。

我们不禁感叹，华西村党委书记确如是。

瞩目全球大发展的时代机遇，面对新时代新境遇，以吴协恩为代表的新一代华西人将承继上一代的精神气质，凭借自身的敏感、与时俱进、开拓创新，不断兑现对人民一次又一次的庄严承诺！事实上，华西村每一次波澜壮阔的改革实践都在不断向全国、向全世界证明社会主义集中力量办大事的优越性，也证明了我们党在全面共赴小康之路上一个都不能少的决心和信心！

火车跑得快，全靠车头带

芳林新叶催陈叶，流水前波让后波。

经过 40 年改革开放的伟大实践，中国已经成为世界第二大经济体，然而脱贫攻坚仍是我们目前最艰巨的任务；让贫困人口和贫困地区同全国一道进入全面小康社会更是我们党的庄严承诺。

消除贫苦自古以来就是人们追求美好幸福生活的基本权利也是基本前提。不可否认的是，脱贫攻坚对于不少地区来说仍是一场硬仗。其实只要贫困的幽灵仍飘荡在新时代中国的大地上，就需要有吴仁宝式的基层领头羊，就需要有华西村式的村民团结，就需要有团结起来克服困难、干大事的勇气和决心。

单丝不成线，独木不成林。回顾华西村的每一次飞跃，都是凝聚力量、共同筑梦的一次伟大征程。没有华西村民的支持与共同努力，就不会有华西村一次又一次地走在时代前列。吴仁宝在对外宣讲时，也不止一次地强调集体的力量和人民的智慧："建设新农村必须壮大集体经济，集体经济强大了，就能集中力量办大事"，"我看历史，看现实，也看未来。作为一个村要经济发展，一定要凝聚人心"。

火车跑得快，全靠车头带。促成华西村逐步走向脱贫、致富、谋幸福之路的火车头是吴仁宝，打响脱贫攻坚战的火车头也将是千千万万个吴仁宝式的人物。时间回到吴仁宝就职华西党支部书记的前一年，中国青年出版社首次出版了柳青的《创业史》，其中梁生宝的形象很值得今天再一次忖度：一位诞生在苦难中的农民想要依靠自己的吃苦耐劳、勤俭朴实来摆脱贫困，屡战屡败；通过合作互助，依靠集体的力量，梁生宝终于摆脱了贫困，摆脱了压迫，最终成长为一名基层干部。历史总是惊人地相似：这种集中力量、共谋发展的大同之路与吴仁宝及华西村开辟的康庄大道有异曲同工之处——在政策的指引下，吴仁宝凝聚人民的力量，以集体的姿势站立，走共同创业之路，最终实现共同富裕。

但愿苍生俱饱暖，不辞辛苦出山林。可以说，于谦的诗不仅道出了中国知识分子的担当，也道出了中国共产党人矢志不渝的使命与初心。吴仁宝及华西村的发展经纬与精神气质为社会主义新农村建设筑了形，立了魂；也为打赢脱贫致富攻坚战贡献了华西方案、华西精神和华西力量。

华西经验究竟能否复制、借鉴到什么程度仍是悬而未决的问题；或许，它只有在火热的脱贫攻坚实践中方显功力；但"动为苍生谋"的吴仁宝式基层领头羊将是我们前仆后继始终学习的榜样。

褚时健

我只是在认真做事

谭翀

1979 年，中国改革开放序幕刚刚拉开之际，51 岁的褚时健任濒临倒闭的玉溪卷烟厂厂长，凭借大胆改革、勇于开放，他让云南香烟畅销全国，赢得全球的知名度。62 岁，他被评为"全国优秀企业家"；66 岁，他被评为全国"十大改革风云人物"。

就在掌声和赞许声不断之时，褚时健从山尖跌落到谷底，71 岁被判刑入狱，74 岁保外就医。已是满头银发，却又重新迈开步伐，他辟荒山、挖黄土，开启二次创业。十年后，褚时健 84 岁，"褚橙"大规模进入北京市场，开始在中国各地销售。如今，"褚橙"已名满天下，也成为褚时健在改革开放中创造的第二个奇迹。

毫无疑问，褚时健是改革开放事业不可多得的亲历者、见证者和建设者。他的命运反转对历史大潮而言，只是一个微不足道的侧影，但对探究中国改革开放事业来说，却像一块化石般珍贵。

"不计较"

见到褚时健的时候是2014年的12月，寒冬腊月，正是一年之中最冷的季节。但云南特有的亚热带气候，让人感觉不到刺骨的寒风，而是柔和的湿冷。这是我第一次来到玉溪，见到褚时健之前，我试着在脑海中把大家口中的这位商界传奇与这座幽静的小城市联系在一起，却发现很难想象。

这天，下着蒙蒙细雨，我们一行人驱车从酒店前往褚时健的住处，这是一片安静的住宅区，植被茂密，但朴实无华。走进门去，看见褚时健已经坐在沙发的一侧等着我们了。

看见他的第一眼，让我有些意外。他头发花白，有些乱蓬蓬的，能清楚地看见他灰色毛衣上成片的毛球和藏蓝色裤脚上干掉的泥土，这副毫不起眼的模样，甚至比普通老人更加平凡。他安静地倚坐在老式皮沙发上，面带微笑地看着我们走进来。

"累啊，心累……"这是他对我说的第一句话。这一年，褚时健86岁。

他语速缓慢，还带着老人特有的含糊和浓重的方言口音，让人必须十分集中注意力才能不漏掉他说的每个字。此时，媒体、褚时健的干女儿、红塔集团派来记录褚时健生平的摄像师和几名照顾他生活起居的工作人员，都围坐在他周围，大家都亲切地叫他"褚老"。

众所周知，褚时健在企业经营上有着丰功伟绩，管理玉溪卷烟厂时他成了"亚洲烟草大王"，种植"褚橙"让市场上一橙难求，他被众多企业家推崇，被媒体研究。同时，他的个人生活又是如此充满相对性，因右派而下放、企业家、阶下囚、老年丧女、古稀之年再创业……这些大起大落的经历都是褚时健的关键词，这使得他的人生比一般人显得浓墨重彩得多。在大众的眼里，他是一个承载了时代变迁的传奇者，甚至连现在"褚橙"的成功也带有了一丝悲剧色彩。

但当我走近褚时健时才发现，对于这一切，他的想法远比我们想象中平静和简单得多。"我的一生，包括我们一家，都看过太多。这一路下来，我们的心态就是，不计较社会对我们的不公平，计较是自找烦恼，起码我手上的这些企业我都认真做了，这就够了。"

"搞企业哪有那么难"

1949 年，年轻的褚时健加入云南武装边纵游击队，那一年，全国各地陆陆续续都解放了，云南还在打仗。虽然是正式军队，但当时的条件仍然十分艰苦，每天的吃住都成问题。身为游击队，就意味着居无定所，打到哪儿住到哪儿，食物的供给也不充足，经常一两个月也吃不上一顿肉。

但比起条件的艰苦，对褚时健影响最大的，还是战争本身的残酷。和褚时健一起加入游击队的，还有他的两个堂兄，其中就包括在战斗中牺牲的褚时仁。褚时健从小和褚时仁的感情很好，堂哥的死对他触动很大，他从没想过，每天一起说说笑笑的人会在一瞬间就离他而去。但褚时健很快就想明白，革命就是这样，要牺牲，要付出代价，他说，"我们这一代人对生死的看法和现在的年轻人是不一样的，当然不一样，怎么能一样？把每一天安排好，就是对人生负责任。想得太多，没有任何意义"。

也许是战争的磨炼，让褚时健变得更加勇毅、果敢，因为这些优秀品质，使他在之后的几年被迅速提升，入党、提干，历任区长、区委书记、玉溪地委宣传部干部管理科科长和行署人事科长。

但这个从大山里走出来、当过军人的男人并不适应政府官员的生活。他的直接和执拗，让他得罪了一些人。接下来狂风暴雨般的政治运动中，他很快被打为右派，一家人一起被下放到新平县红光农场。

褚时健的商业天分却在这段艰难岁月显露出来。1970年开始，他主持工作的新平糖厂成为当时云南少数盈利的糖厂之一。彼时右派相聚，多满腹牢骚。

一个县委书记总和褚时健讲"怎么就把我划成右派"，"别管这些事了，大家对不公平都无奈，把事情干好就行了。"褚时健总是这样宽慰对方。多年以后，他仍清楚记得当年的情景，"他们发牢骚没有用，起码我当时做企业，把小企业那一套都弄懂了"。

褚时健很快等到了他的机会。1979年，他被调进濒临倒闭的玉溪卷烟厂担任厂长。

他马上开始大刀阔斧地对这个半作坊式小厂进行改造。从最基本的整顿性工作抓起，用了两三年时间把生产慢慢扭转到正道上，之后又花了几年时间集中做技术设备改造，使工厂具备了成熟的硬件，但增长速度的明显加快，则是从1986年开始，褚时健带领玉溪卷烟厂大力种植、生产烟叶。

褚时健认为，搞香烟生产，设备是一方面，更重要的是烟叶的品质。为了种植出高质量的烟叶，褚时健专门带着技术人员去美国学习，在北卡罗来纳州和弗吉尼亚州共待了一个月，每天在烟田里研究种植，然后自己总结出了"十条规范"。回到云南，就在玉溪开发了70万亩烟叶种植基地，之后又在红河和曲靖建立了几十万亩基地。烟叶种植的成果立即显现出来，"自己控制的基地，原料质量就非常好，当时其他地方的烟销售困难，我们的烟不够卖，排队还要几个月。"褚时健回忆说。

他回忆起这段往事时，眼中闪烁着光芒。我和他说起现在的一些年轻企业家们治理企业的观点，谈起他们的奋斗故事和商战，褚时健认真地听着，笑着说："是不是复杂了点？其实搞企业哪有那么难。"

　　这句话颇为触动我。别的企业家口中的商场如战场，总是费尽心思总结运营经验，而他只有一句话，以不变应万变。我注意到他在谈论他的企业经营生涯时，的确没有把它作为一件成功之事来炫耀，而是作为一件他感兴趣的事情，回忆过程里的细节，然后很享受地笑。他是一个简单的人。

　　褚时健认为，要做好企业，除了把质量放在第一位，和员工利益共享也同样重要。"我做事首先会考虑别人的利益，不让别人吃亏，事情就好办。如果不是这样，没有人会让你好做，没有人会为你奋斗。"

　　褚时健在糖厂时就以擅长生活建设著称，所以在玉溪卷烟厂，他也将改善员工福利放在首位。褚时健在1980年就向职工们承诺：半年内建三栋职工宿舍楼，改善职工的住宿条件。这是他进工厂第一天就有的打算，烟厂职工的住宿条件实在太差，在他看来让大家住上好房子是当务之急。褚时健说到做到，仅仅四个月，三栋宿舍楼就利落地修好了。他回忆说，"在接下来的十几年中，厂里一直在盖房子，从小面积的房子，盖到大面积的房子，争取让大家住得舒服些"。到褚时健最后离开烟厂的时候，他已经为员工盖了5000多套房子。如今的玉溪市红塔区，仍有很大一部分较高档的小区都是烟草的物业。

　　重视质量加利益共享，这样的经营理念让红塔山迅速崛起。1990年，玉溪卷烟厂跻身中国工业利税大户第三名，此后一直高居榜首，撑起云南财政半壁江山。褚时健也走上了人生巅峰，"五一劳动奖章""全国劳动模范""全国优秀企业家"、全国"十大改革风云人物"等荣誉接踵而至。

　　然而，命运却再次和他开了个玩笑。1995年，褚时健被匿名检举贪污受贿，在漫长的调查期间，他的夫人马静芬被带走关押，女儿也在河南狱中自杀。

　　从顶峰跌落谷底，和亲人分离，痛失爱女，对一个人的打击是何等的大，让人难以想象。这是褚时健人生中最脆弱的一刻，走到 67 岁，他第一次深切体会了什么是痛彻心扉。

1999 年 1 月，褚时健因贪污罪、巨额财产来源不明罪，被判处无期徒刑，剥夺政治权利终身。

大时代的浪潮把他打翻过，又把他送上巅峰。现在，他第二次被抛弃了。

特殊的罪犯

判决之后，褚时健放弃上诉，被送入云南省第二监狱开始服刑。

无期徒刑，谁也没有想到这个结果，包括褚时健自己。所以在服刑最初的一段时间，他的心情无比沮丧，每天吃饭、休息都显得困难。

但几十年的风风雨雨，让褚时健的意志得到锤炼，他显然不是一般人。一段时间后，他就平复了自己的心情，他生生地咽下了不平之气，犹如当年被打成右派，在短时间内调整了自己的心态一样。"我 70 多岁的人了，还能活几年呢？不折腾了，好好把剩下的日子过平静，也就算了。"

此时的褚时健一定没有想到，十几年后，他将迎来人生的又一巅峰。

他的确是个特殊的罪犯，第二监狱因为他显得很是热闹，几乎天天都有人来探望。最开始的探监不容易，探望时总有几个人在边上看守着，但慢慢就放松了很多，这也和褚时健的情绪平稳有很大关系。来探望的人中，除了旧时老友，还不乏社会知名人士，以及当年在商业上有往来的商人们。他们一般会拿上几条烟和几箱水果——探望的人中，烟草界的人占了大多数，褚时健在这个行业的威名一直都未消失。一般他会把水果留下，烟让他们带走，然后回头招呼给自己做饭的小伙子或者狱友：搬几箱走，拿去吃！

那两年，和褚时健一家沾边的人几乎都会被调查、盘问，但第二监狱仍有络绎不绝的人前来探监，其中来得最勤的恐怕要数玉溪市红塔区大营街居委会书记任新民了。

自从 1979 年到玉溪卷烟厂盖职工宿舍认识了褚时健，"褚厂长"一直是任新民的偶像，那时他二十出头，褚时健五十多岁。褚时健看中他年轻肯干，便提拔他做事，后来把烟厂的辅料交给他做。他们既像朋友，又似父子。"在我眼里，他就是个神一样。"任新民说。

"褚厂长"出事后，他十分想不通。那么好的人，为什么会遇到这种事。

"做事先做人"，这是他从"褚厂长"身上学到的最重要的东西。他自己和整个大营街都是在红塔集团的荫蔽下富起来的，现在是他报恩的时候了。

褚时健的外孙女圆圆在 1997 年就被任新民接到家中，当作亲生女儿般抚养。当年，家中变故后，十来岁的圆圆已经没有人照顾，父母离异、丧母加上爷爷奶奶（褚时健夫妇）入狱，她的生父也因种种原因没有把她接回身边。此种情况下，任新民几乎毫不犹豫就把小姑娘领回了家。为了让她接受更好的教育，他在圆圆读高中时送她去了广东一家私立高中，大学时更是花重金送她出国留学。

后来，在褚时健夫妇的坚持下，他们的外孙女改跟任新民姓"任"，大名任书逸。

2001 年大年三十，像前两年一样，任新民带上烧好的菜，到监狱陪褚时健过年。这是褚时健入狱后的第三个春节，也是在狱中的最后一个春节。

在狱中的这几年，褚时健的身体每况愈下，甚至数次晕倒，医生检查出他的糖尿病已经到了十分严重的阶段，并同时患有严重的心肌梗死。2002 年，他办了保外就医。

"褚橙"

从回来的第一天开始，褚时健的家又开始宾客满堂。玉溪红塔集团派了一个司机和私人保健医生照顾他，但是在病情稳定下来后他就让集团把保健医生取消了，他觉得既然已经回家，身体可以慢慢养着，不必浪费公司的一份人力。

今后的日子就此平静下去，慢慢地和老伴马静芬一起安享晚年，这对于褚时健来说，绝对不是一个理想的选项。

从走出监狱的那天，褚时健就打定主意要做点事情，尽管他的病情已经让他离不开胰岛素，药片也一天不落地吃，但他还是坚持要做点事情，原因就因为简单的几个字：

他闲不住。

褚时健决定种橙子。从糖厂期间对甘蔗的种植，到玉溪卷烟厂时期对烟叶的种植，褚时健对土地有着天然的亲切感，也有足够的自信。

我问他，"开始种橙创业的时候，想过失败吗？"

褚时健颇有感触地说，"当时是有一点担心的，但是我有八成把握。事情开始做之前，我的习惯是先要评估一下，会碰到哪些问题。我自己觉得有七八成把握了才会去做"。

褚时健向朋友借钱，租下了 900 多亩地。"当时没敢想大规模。搞规模要投资，我投不起。但我有个目标，就是我这个橙要搞到最好。所以我起个名字叫'云冠'，云南的冠军。"褚时健对我说。

在对土地进行重新规划后，原有的甘蔗被全部砍掉，这些山地都需要重新深挖改造。在当时的云南，几乎全部农业用地都是靠人工挖地，褚时健的想法不同，他请朋友帮忙，将挖地机开到了山上，用机械化的方式对土地进行改造。

　　驯化满山的冰糖橙，褚时健用了六年。起初，橙子的味道不行，销量也不畅。他又用上了烟厂的那套打法：重视技术，利益共享。事实证明，这在种橙子上同样奏效。

　　他对肥料、灌溉、修剪都有自己的要求，工人必须严格执行。种橙期间，遇到任何难题，他的第一反应就是看书，经常一个人翻书到凌晨三四点。

　　技术的问题解决了，在执行管理层面却面临更大的困难。有些农户因为文化水平极低，连农药喷雾器上的刻度数字也无法看懂，更糟糕的是农户们对于褚时健标准化的种植方式很不理解，他们从小跟着父辈仅凭经验和感觉种地，哪里来这么多规矩？

　　经过几年制度化的管理，农民才渐渐明白和理解了褚时健的做法。

　　"管理果园和管理烟厂一样，首先要考虑员工利益，不让他们吃亏，事情就好办。"说起种橙子，褚时健谈兴渐浓。他详细地和我说起，以前这些农民在家乡种玉米、种甘蔗，一年就赚一两千块，现在跟着他种果树，一年赚四五万。"每家都有两台摩托。他们原来在老家是最穷的，这才出来打工。现在他们回老家请人吃饭，算是最富的。所以干活才特别周到。"

　　农户最需要的是实实在在收入的提高和生活的改善，褚时健的道理很直接：把利益共享的问题解决了，农户比自己都要对工作负责。

　　对于今天的企业经营来讲，道理又何尝不是一样呢，褚时健早在几十年前就悟透了。因此他才会说，"做企业哪有那么复杂……"

　　在褚时健的用心经营下，"云冠"在云南声名日盛。2012年，褚时健种橙的第十个年头，经过生鲜电商平台"本来生活"的社会化营销，"褚橙"挺进北上广，又达到了一个全新的高度。2014年，"褚橙"的种植面积达到2400亩，纯利润7000多万人民币。

闲不住的人

"人生总有起落，精神终可传承（橙）"，这句广告语让"褚橙"打动了很多人。

"褚橙"将怎样传承下去？这仍是褚时健的一块心病。

"我现在让我的后代们试着做，一人一块地，看谁能做好，谁做好了谁就当老总。品牌要靠质量，质量要过硬，一旦质量出问题品牌就不行了，我要让他们充分理解这个事情。"褚时健在说到"褚橙"时，仍然满腔热情，他说现在最让他放心不下的是气候异常的因素。

"今年碰到了多年不遇的高温连续干旱，所以我们把土地深翻了一次，这样可以保水，这样干旱来的时候可以抵挡得住一阵。我这个是一种实验好了的对应办法。还有一些问题，每年都会有一点。"

在和褚时健的交谈过程中，让我感触最深的，是褚时健的话语中始终没有掺杂过任何冠冕堂皇的内容，这样的人生经历，足够一个人去吹嘘，去自得。但他的言语之间，无处不透露着他的谦虚低调，他甚至不习惯外界对他的过多关注。他只是一个想要做事情、闲不住的人。

我问褚时健，"您怎么评价您的一生？"

"让别人评价吧，我自己很难评（笑）。但是有一点，我在为人处世的时候，不怕自己吃亏，总是怕别人吃亏，我觉得这是我的优点，所以当我碰到困难的时候，朋友还是很多。"

在我问到他还有什么遗憾时，他说，他每干一件事都是全身心地去做，做到现在做不动了，身体也不行了，该休息了……但对于"褚橙"，他仍然有很多放心不下。

"我还是在想'褚橙'的事，万一我哪天不行了，我希望'褚橙'的质量能一直保持下去。"

　　结束采访后，我们都围坐在褚时健的别墅小院里烤火、聊天，并在炉子上烤起了土豆、鸡翅和云南特产的包浆豆腐。原本在屋里休息的褚时健忍不住跑出来看看正在烤着的食物，"我来指导一下，他烤得不好吃。"

　　工作人员说，褚时健平时没事的时候喜欢在家做做饭，手艺一流。看着他此时在院子里赏花的背影，工作人员说，今天褚老心情不错。

李 宁

奋斗者的气质

江红

1963年3月，春拂大地，生机萌动，沉睡了一个冬天的绿色渐渐舒展。此时的华夏大地也开始从三年自然灾害的痛楚中慢慢复苏。

在广西柳州的一户普通人家，一个小生命呱呱坠地，是个漂亮、壮实的男孩，产妇覃振梅疲惫的脸上露出欣慰的笑容。丈夫李世波想着下厨弄点吃的，却发现家里的米缸已空空如也，只好到邻居家借了几斤米，熬了米粥给产妇喝了好下奶……

2018年3月，香港最繁华的中环路花团锦簇、人潮涌动。豪华写字楼和记大厦里正举行上市公司年度财务业绩发布会，一位55岁的中年男子对着满堂记者侃侃而谈："李宁有限公司2017财年收入达88.74亿元人民币，较2016年上升11%，毛利较2016年的37.05亿元上升13%至41.76亿元。权益持有人应占溢利为5.15亿元，权益持有人应占权益回报率为11.4%……"

如果世上真有能预测未来的白发仙人，55 年前当他走进那个家舍简陋、借米下锅的人家，也许会捋着长长的胡须、面带神秘微笑地说："这个麒麟儿口含宝玉自带祥云，将来会大富大贵，坐拥百亿身家！"大家一定会说他是疯子，笑他满口胡言的。

然而，如此人间奇迹就这样真真切切地发生在这个后来起名叫李宁的小男孩身上！从体操王子到健力宝总经理助理、李宁运动品牌创始人，再到上市公司总裁，如今是身家 200 亿元的商界精英……李宁适时地抓住了中国改革开放、振兴民族产业的历史契机，在改革开放浪潮的一波又一波助推下，一次次实现了人生的跨越。

有不少人把李宁的成功归结于运气好，李宁自己也多次说自己是个幸运儿，在每一个关键的人生阶段都赶上了好时代、好政策，又总有贵人相助。从某种意义上讲，李宁的确是特别幸运的，改革开放为中华大地上数以亿万计的奋斗者提供了甩开膀子大干事业的广阔舞台，而李宁又是这亿万奋斗者当中格外幸运的一个。

赶上中国体操的黄金时代

1978 年，改革开放元年。华夏大地上春潮涌动，一切都开始显露生机。

这一年，15 岁的李宁正在广西体操队训练馆的单杆、吊环、鞍马上挥汗如雨地上下翻腾、左右腾挪。外面世界翻天覆地的变化对这个小小的体操少年来说没什么特别的感觉，此刻他心里只想着一件事情，好好训练提高水平，早日进入国家队。

很多年后，李宁在私下和朋友聊天时坦承，当初选择学体操，还真不是对体操有多么强烈的兴趣，或者说小小年纪就心怀要当世界冠军的远大理想，当时进入体操队只是因为他和家人的一个特别朴实的想法：进了体操队就可以放开肚子吃饱饭了！在那个物资匮乏的年代，饥饿是那一代中国人挥之不去的集体记忆，也是首先要解决的最重要问题。

1980 年，李宁终于如愿以偿被选入国家队。两年后的 1982 年萨格勒布第六届世界杯体操赛是李宁体操生涯的第一个高光时刻：这个身材比例修长、面相英俊的小个子，一人独揽男子个人全能、自由体操、鞍马、吊环、跳马、单杠 6 枚金牌，创造了世界体操史上的奇迹，至今无人打破这个纪录。南斯拉夫《战斗报》评论说，"李宁揭开了世界体操史的新篇章"。

1984 年的洛杉矶奥运会上，李宁再次惊艳世界，他一人独得自由体操、鞍马、吊环三枚金牌。其中自由操更是中国选手的第一枚奥运体操金牌。

在李宁的体操生涯中，他一共获得过 14 个世界冠军、106 块金牌。被世界体操权威人士誉为"最完美的体操选手"。体操带给他无数荣誉、鲜花和掌声，他也回馈给体操很多"李宁制造"，为世界体操发展做出了自己的贡献。他独创的"吊环后悬垂前摆上接直角支撑""吊环李宁正吊""双杠李宁大回环"等，至今仍被一代又一代体操后辈模仿学习。

国际体坛也给了这位来自东方的"体操王子"极高的荣誉：2000 年，李宁被国际体操联合会收录进国际体操名人堂，成为中国运动员中第一个世界体操名人。同年又被国际体操联合会评选为"20 世纪最有声望的体操运动员"之一。他还被国际体育记者协会评选为"20 世纪最伟大的 25 名运动员"之一，与乔丹、贝肯鲍尔、拳王阿里等国际巨星并列。

李宁的确是个幸运儿！在他入选国家队的前一年，中国刚刚恢复了在国际奥委会的合法席位，中国选手开始走上国际竞技体育大舞台。而在此之前几十年，几乎所有的世界级大赛中国运动员都无缘参加。如果他早出生五年或十年，千里马缺乏驰骋的疆场，怕也只能泯然于众吧？而他职业生涯最辉煌的那些年恰好赶上中国体操的黄金年代，那时国人对体操的关注度远远超过篮球和足球。那时中国刚刚打开国门面对世界，民族自信心、自尊心严重

- 1984 年洛杉矶奥运会上，李宁惊艳世界

不足，竞技体育承载起中华民族寻找自信、自尊的重任，也是历史的必然。那个时代优秀运动员被视为民族英雄，他们所受到的举国关注、全民追捧，也是现在的运动员所望尘莫及的。

在摸索中搏击商海

1988 年汉城奥运会后，25 岁的李宁选择退役。彼时，改革开放已经进行了十年，中国人民正摸索着从计划经济向市场经济转型，各种新鲜事物层出不穷。未来展现出无限可能性，但又如同雾里看花，模模糊糊看不清前路。

在人生的又一个重要关口，李宁遇到了又一个贵人——健力宝集团总经理李经纬。他力邀正处在人生岔路口的李宁加盟健力宝集团。

这件事情如果放在现在来看，无疑是个人人都认可的好机会。但在 30 年前，整个中国对企业都知之甚少，当时在普遍重官轻商的文化氛围下，做出这个选择还是需要相当勇气和远见的。而当时，广西区委区政府已经决定让退役的李宁担任广西体委副主任，官至厅局级。退役后到体委做官，也是当时的优秀运动员中大多数人选择的出路，也是最稳妥最安逸也最体面的出路。但多年出国比赛和世界交流的经历让李宁有着比别人更加开阔的视野和敏锐的嗅觉，再加上骨子里与生俱来的追求理想、热爱挑战、不安现状的基因，他毅然决定放弃了体委的高官邀请，克服心理落差，只身来到广东省一个叫三水的小镇，做了健力宝公司总经理助理，开始了自己的商业生涯。

李宁加入健力宝，也有一个初心，就是"自己在当运动员时就有一个梦想，希望中国的奥运冠军能穿着自己国家制造的运动装备站在奥运会的领奖台上"。随着 1990 年健力宝运动服装公司的成立，李宁仿佛看见了梦想实现的依稀轮廓。

1991年，投资50万元设计生产的李宁牌运动鞋001系列，本指望一炮打响的，结果却出现了质量问题。为保障"李宁牌"这个"襁褓中婴儿"市场信誉不受损，李宁果断决定全部销毁这批销售额达20万的"处女作"。在当时，20万元堪称一笔巨款啊！商海搏击中呛的这第一口水，李宁就这样生生地咽进肚里。那时，他还不满28岁。

李宁曾说过，成功和失败同样会让人成长。在那么轻的年龄就能有如此深刻的人生感悟，恐怕要拜体育、体操所赐。李宁在比赛场上每一个惊艳世界、迷倒观众的优美动作，都是在体操房内经历了无数失败一点一点地磨炼出来的。

汉城奥运会，李宁背负满身伤病和亿万国人的夺金重托，在比赛中失误从鞍马上掉下来时，他只是浅浅地笑了笑。虽然这一笑给他招来了无数口水和谩骂。据说当时甚至有一个辽宁观众寄给他一封信，信里装了一根塑料绳子，写了一句话："李宁小伙，你不愧是中国的体操亡子，上吊吧！"但他默默地承受了所有一切，并用后来几十年的拼搏和成功，沉默地解释了他那浅浅一笑背后的坚忍。

也恰恰是这些失败、挫折的经历让他在今后的商海沉浮中具备了很多人所不具备的坚韧不拔、愈挫愈勇的优秀品质。

必须大刀阔斧地改革，才能突破发展瓶颈

1992年是中国改革开放历史上值得铭记的一个重要节点。邓小平南方谈话拨开重重迷雾，引导中国改革开放的巨轮破浪向前。那一年，数以十万计的政府机构、科研院所、高等院校的体制内官员和知识分子辞职创业经商，"下海"成为当时最时髦的词语。一时间，各行各业的企业、公司如雨后春笋般地在神州大地上破土而出。这一批人后来被称为"九二派"。

比"九二派"早几年投入商海的李宁，显然已占得先机，已然掘到了人生的第一桶金。当时，他所领导的服装厂年销售额已经达到了千万级别。在九二春风的吹拂下，他已经踌躇满志地在向一个更高的目标迈进。

李宁不仅是个天才的体操运动员，也不愧为一名天才的企业家。他虽然读书不多，文化水平不是太高，但他似乎有着与生俱来的敏锐商业直觉，敢想敢干、知人善用。自从结识了股份制专家刘纪鹏，他心里就开始为公司的未来精心筹划。1994年9月，健力宝运动服装公司从健力宝集团母体脱身，更名为李宁体育产业公司，并由李宁本人掌控了企业产权。1996年，李宁公司又将总部从广东迁往北京。现在回看，李宁的确是在关键时刻做出了正确决定。这两个选择的重要意义到了很多年后才真正体现出来。

在接下来的若干年，李宁率领公司进入发展的快车道，销售额一度达到7亿元人民币，迅速坐上了中国体育用品第一的交椅。

在公司快速发展时期，他们也曾经意气风发、豪情万丈，立下了"1998年达到10亿，2000年达到20亿"的雄伟目标。然而，"摸着石头过河"的过程绝对不会是一帆风顺的，公司发展不久就遇到了瓶颈。10亿的目标不仅迟迟不能实现，1997年亚洲金融风暴之后，李宁公司还曾掉入长达26个月负增长的黑洞，这个正值少年的年轻公司陷入青春期的迷茫中。

在李宁身上，商人所必需的高瞻远瞩的洞悉力、大刀阔斧的魄力、宽广的胸怀和气度、卓越的经营管理能力一样不缺，这是很多奥运明星无法比拟的。李宁深知，像阿迪达斯、耐克这样的著名企业，也都曾在各自的发展过程中经历过惊天动地的成功和痛彻心扉的失败。从成功到失败，再从失败到成功，这是一个公司发展的必然轨道，没有捷径可走。他意识到，公司必须要进行大刀阔斧的改革，才能突破发展的瓶颈。

刚创业时，李宁的合作伙伴多半是亲戚朋友，李宁的嫂子、哥哥、妹妹等都曾在管理层任职，这让李宁公司弥漫着很浓的家族化色彩。这种公司管理结构在创业初期阶段还是很有优势的，中国人自古讲究"打虎亲兄弟，上阵父子兵"。但当公司发展到一定阶段时，这种模式就显现出巨大的弊端。

1996 年至 1997 年间，李宁果断推进了企业管理现代化的进程，使"李宁"从一个家族性企业变身为一个现代化的公司，家族成员和一些亲戚朋友陆续离开公司，李宁公司逐步建立起了现代化的管理模式。

李宁对公司产权结构、经营管理、产品研发、销售网络等进行了全方位的改革，对领导班子进一步优化调整，他本人也卸下总经理的职务，选择到北大读书充电，而把公司交给职业经理人打理。经过了几年的痛苦摸索，甚至壮士断腕的决绝改革，李宁公司再次调整了航向，行驶在了正确的航线上。

"不做中国的耐克，要做世界的李宁"

进入 21 世纪。随着中国加入 WTO，中国企业开始成规模走向世界。

在这之前，李宁公司已经开始了国际化的探索，并雄心勃勃地喊出了口号："不做中国的耐克，要做世界的李宁！"

1999 年 8 月，李宁公司第一次参加了在德国慕尼黑举行的 ISPO 国际体育用品博览会。后来李宁公司从赞助法国体操队开始，迈出了进军世界的脚步。

要想做大做强，资金是一个关键问题，而上市融资是一个很好的办法。李宁再次聘请刘纪鹏作为上市顾问。经过几年的努力，2004 年 6 月 28 日，李宁公司在香港联合交易所正式挂牌交易。

上市后的李宁公司有钱了，可以实现更为远大的梦想了！在探索企业发展的道路上，李宁公司不断地做着各种尝试，希望找到新的突破口，找到适合自己的发展之路。

2008 年，奥运会首次在中国举办。这样一个千载难逢的机会，李宁当然不愿错过。竞争奥运会赞助商那可是世界级的较量啊，对手都是体量比自己大无数倍的庞然大物，能不能获得成功，李宁真的没有十足把握。当然，李宁如此重视在自己家门口举行的奥运会，除了这是公司走向国际化的一个重要机会，还有自己作为运动员的初心和永远挥之不去的奥运情结。

李宁公司最早赞助体育赛事要追溯到 1990 年的亚运会。可以说李宁最初的赞助行为，商业运作的考量和设计并不是那么清晰规范，回馈体育的意愿还是十分明显的。李宁不止一次地在各种场合讲过这样的话："我个人是因体操而出名，也是因体育产业而事业有成，因此我一定会竭尽所能，全力回报体育，回报社会。"事实上李宁经商 20 多年来，一直热心公益活动，据"胡润慈善榜"统计，2008 年、2009 年、2010 年这几年，李宁公司对公益慈善事业的投入每年都超过亿元。2005 年，李宁荣获民政部颁发的"中华慈善奖"，还曾被评选为"影响中华公益的 60 位慈善家"之一。可见李宁是一个有情怀的商人。

李宁公司可以算是最早为赞助北京奥运会做准备的中国公司之一，大有志在必得之势。2004 年夏天，在与几个世界级公司竞标北京奥运会服装类赞助商的竞争中，李宁曾经豪赌般地押上了自己的全部身家——十亿人民币，而当时公司的年销售额都还不到十亿。可惜最后还是输给了财大气粗的阿迪达斯。据说当竞标结果公布时，李宁公司一个工作人员当场就哭了。

但李宁这次又显示出了大将风范，并没有特别沮丧或责备手下团队，而是在考虑如何采取补救措施，通过"曲线救国"，把品牌宣传做好，把损失降到最小。

虽然这次在家门口举行的奥运会上没有成为主赞助商，但李宁公司还是把作为一家中国本土企业所具备的天时地利人和发挥到了极致。通过赞助 4 支中国国家队，赞助央视记者团，以及赞助瑞典、西班牙代表团和阿根廷篮球队、苏丹田径队、美国乒乓球队等外国代表团和代表队等一些操作，最后竟然收到了花小钱办大事的高性价比效果。

尤其是开幕式上李宁作为主火炬手点燃圣火，更让李宁牌随着李宁的健康正面形象传播到了世界各地。

在北京奥运会开幕式之前的一个月，已经 45 岁的李宁每天晚上凌晨一两点时，都会把自己绑在威亚上，在漆黑的夜空中练习腾空走步。这对本来就有些恐高的他来说无论从生理还是心理上都是一次巨大的挑战。李宁回忆说，开幕式当晚，当他使出浑身力气姿态优雅地空中漫步到主火炬台前时，累得几近虚脱，举火炬的手在不住地颤抖。可以说，在这场国际商业竞争中，李宁曾经的优秀运动员、奥运会冠军的身份和经历，再一次给他的事业帮了一个大忙。

赛后的赞助效果调查表明，阿迪达斯虽然花费巨资似乎也没有成为最大赢家。甚至江湖上有传言说，李宁公司打了一个最漂亮的奥运营销擦边球。总之从性价比而言，李宁这次绝对是打了一场胜仗。

互联网浪潮下的转型变革

2012 年前后，中国开启第二波互联网浪潮，移动互联网带来的整个商业环境的爆炸式改变，重估、冲击、颠覆了很多东西。

也是在这期间，李宁公司遭遇上市八年来的首次亏损，亏损额近 20 亿元。彼时，整个国产运动品牌业绩均不同程度下滑，全行业进入"寒冬"。

虽然李宁公司从成立至今经历过的大大小小各种挫折无以计数，但这次的挫折，堪比汉城奥运会的那次落马。很多人都说，"李宁"不行了，媒体舆论唱衰"李宁"的也不在少数。危难之际，已经脱离公司实际领导职务多年的李宁重新出山兼任总裁。原执行总裁张志勇卸任，聘请韩裔美国人、全球私人投资公司 TPG 合伙人及大中华区负责人金珍君担任公司执行副总裁。

在李宁的直接领导下，公司进行转型变革。2012 年公司斥资实施大规模的"渠道复兴"计划，以期加快积压存货的清理，盘活下游的有效流通，提升渠道的盈利能力。同时，公司战略发展目标转型，重新聚焦核心品牌、聚焦核心业务、聚焦中国市场。

那一段，已进入知天命之年的李宁仿佛又找回了当初在奥运赛场上拼搏的激情，像个小伙子一样战斗在第一线，每天在办公室熬到深夜。李宁当时曾调侃："这一年我几乎把我一辈子的办公室都坐完了。"

经过一年的艰苦打拼，变革的效果初步显露出来。在 2013 年 8 月的公司业绩发布年会上，李宁对记者说："变革计划第一阶段的目标目前已顺利完成，令人鼓舞的多项业务进展表明集团已经度过低潮。尽管我们的多项资金投入仍需时日才能体现为账面效益，但我们对'渠道复兴'计划的阶段性成果感到满意，大部分经销商的现金流状况和销售能力都有提升。我可以欣慰地告诉大家最艰难的时期已经过去了。"

接下来的几年，李宁公司继续着重通过核心运动资源提升品牌形象、优化渠道效率及成本结构、改善产品性价比、提升消费者店内购物体验。尤其是顺应时代潮流，全面推进拥抱互联网的尝试，通过与漫威、小米、腾讯等公司的合作，在电子商务、智能产品上持续发力，以数字营销及自媒体战略推动线上线下的市场营销。同时，继续在公司管理团队上进行优化调整。2014 年 11 月，李宁本人亲掌行政总裁帅鞭。这一系列措施陆续收到明显效果。

重情重义，形成合力

2018 年 3 月 22 日，在香港和记大厦的新闻发布会现场，当初那个靠邻居借米喂养的小男孩，已经 55 岁了，岁月风霜已将他两鬓染白，商海沉浮雕琢了他脸上的纵横沟壑。当年奥运赛场上的英俊小伙如今已是成熟稳重、儒雅大气的商界精英。他洪亮又不失沉稳的声音在会场响起："李宁有限公司 2017 财年收入达 88.74 亿元人民币，较 2016 年上升 11%。毛利较 2016 年的 37.05 亿元上升 13% 至 41.76 亿元。权益持有人应占溢利为 5.15 亿元，权益持有人应占权益回报率为 11.4%……"

从体操王子到健力宝总经理助理，再到李宁运动品牌创始人，再到上市公司总裁，如今是身家 200 亿元的商界精英……李宁适时地抓住了中国改革开放、振兴民族产业的历史契机，在改革开放浪潮的一波又一波助推下，一次又一次实现了人生的跨越。

在人生的很多重要关口，在危难之时，李宁总能遇到贵人相助，化危机于无形。这与他的人品、人格魅力不无关系。外人更多是看见他在奥运赛场上斩金掠银、霸气外漏，在商场上杀伐果断、叱咤风云，其实他也有温柔细腻、儿女情长的一面。李宁和妻子陈永妍青梅竹马、琴瑟和谐的爱情故事堪称传奇。对一双儿女，李宁更是舐犊情深、父爱如天。李宁 36 岁时有了儿子李小宁，宠爱到"我的眼里不能没有你！"工作再忙也不能耽误陪伴，那我就带着你走遍海角天涯。李小宁自出生后见证了爸爸无数的辉煌时刻。从悉尼奥运会到雅典奥运会，从北京到世界各地，幼年时的李小宁就像个小尾巴一样时刻紧跟在爸爸身后。

记得 1999 年 12 月，李宁被选定为迎接新千年盛典中华圣火采集手，在周口店北京猿人遗址录制钻木取火场景。当时才六个月大的李小宁也被妈妈抱到了拍摄现场，和妈妈一起在寒风中目睹了爸爸采集世纪之火的场景。有一次在李宁公司新闻发布会上，不到一岁的李小宁被妈妈抱着站在后排听爸爸的演讲。现场很安静，只有李宁在台上高谈阔论。父子目光对视的某个瞬间，还在咿呀学语的李小宁冲着台上奶声奶气地喊"ba……ba……ba"，惹得现场记者一片笑声。李宁幸福的脸上泛起有些羞涩的红晕，打趣说："你也想发言啊？现在还轮不到你呢！"

接近他的人都了解，李宁是个低调谦虚、与人为善、有爱心有担当的人。除了对家人一往情深，对朋友、对同事、对公司员工也是重情重义、肝胆相照，这让他像磁场般吸引了很多潜在的合作伙伴，身边更是凝聚了一群好朋友、铁哥们，并把几千人的公司团队捏合团结在一起，形成一股合力。

李宁可以说是中国优秀运动员退役经商中最成功的一个。追寻他一路走来的足迹，你会发现，这是一长串奋斗者的足印！那一代经历过饥饿、贫困、艰苦生活的中国人，历经沧海桑田所打磨沉淀出的那种吃苦耐劳、砥砺奋进、坚韧不拔、愈挫愈勇、绝不放弃、绝处逢生的奋斗者的品质、气质成就了李宁的成功。而正是成千上万个像李宁这样的奋斗者，成就了改革开放40年的中国。

这就是奋斗者的气质，中国的气质！

突破篇

袁隆平

田里的雕像

陈启文

　　这条通往稻田的路，在长沙东郊马坡岭的树木与田野间转弯抹角，我用脚步反复量过，从头到尾最多也就一公里多吧，但每次往这路上一走，又感觉特别漫长，这与我追踪的一个身影有关，他在这条路上已经走了大半辈子了。"我不在家，就在试验田，不在试验田，就在去试验田的路上。"这是他常说的一句话，带着特有的袁隆平式幽默，却也透出一股倔强的认真劲儿。

　　天增岁月人增寿，2016 年，他老人家八十七岁了。"勿言牛老行苦迟，我今八十耕犹力。"仔细一想，他还真与陆放翁有某些相似之处，放达，乐观，老而弥坚。如果说陆游在反映生活的深度和广度上都达到了同代诗人难以企及的艺术高度，袁隆平在杂交水稻研究的深度和广度上无疑也达到了同代科学家难以企及的科学高度。他有放翁放达的一面，却没有放翁诗中的嗟老叹衰。兴许是多年来训练有素，哪怕走在狭窄的田埂上，他的脚步也很有节奏感。

当我由衷赞叹他身体好时，他一点也不谦虚，"在这样稻田里工作，一定能长命百岁！"

一条路在他的脚下延伸着，仿佛一生都在抵达之中。我亦步亦趋地跟在他身后，一直在琢磨，那一直支撑着他的原动力到底是什么？你若问他，他便笑道："这还真是很难说，我自己都不晓得，应该说是为了实现自己的梦想和抱负，可能也和我的性格有关吧，我就是这样的人，就是要挑战自己，想能有更多的突破，永远不会停下前进的脚步……"

此时，小暑已过，大暑将至，在火炉长沙，正值一年中气温最高且又潮湿、闷热的三伏天，这季节最好是"伏"在家中，静静地享受阴凉与清福。眼前这位老人不是没有这个福分，却没有这样的享受，因为那田里的稻禾让他牵肠挂肚啊。

"我就是个种了一辈子稻子的农民"

偌大一片稻田，在一座省城已经十分鲜见了。

这是杂交水稻的试验田，又何尝不是改革开放的试验田？1978 年被称为中国改革开放的元年，注定是要铭刻在亿万中国人心坎上的一年，一个依然年轻的共和国迈进了一个黄金时代，而此时已年近天命之年的袁隆平也进入了春秋鼎盛的岁月。这年早春，那被冬日的阴云长久笼罩的北京，云开日出，而那让人们期待已久的春风，也给在春寒料峭中匆匆行走的人们吹来了丝丝暖意。袁隆平也从他南方的稻田里匆匆赶来了，赶来参加他绝对不能缺席的一次划时代的盛会——全国科学大会在北京人民大会堂隆重开幕，这是一个伟大时代启航的盛典，邓小平那充满了震撼力和穿透力的讲话，成为开启一个伟大时代的关键词，他指出"现代化的关键是科学技术现代化"，重申了"科学技术是生产力"这一马克思主义基本观点，再次明确提出"知识分子是工人阶级的一部分",就这几句话,让一向不关心政治的袁隆平猛然间有了切身的体验,他感觉那长期束缚着自己的无形的绳子终于松绑了,那长期禁锢着自己的桎梏也应声而解了。在人民大会堂举行了闭幕式和授奖仪式,袁隆平获得了全国科学大会奖,这也是袁隆平获得的第一个国家级奖项。在时任中国科学院院长郭沫若那篇《科学的春天》充满激情、充满诗意的祝福与呼唤中,大会徐徐闭幕了,而"我们民族历史上最灿烂的科学的春天到来了"。后来有人评说,"全国科学大会是中国全面推进改革开放的先声,由此开启了一个大国从颓败到中兴的不朽神话"。

就在这一年,袁隆平晋升为湖南省农业科学院研究员,有了一片属于自己的试验田,从此,一位享誉世界的"杂交水稻之父"就在试验田里年复一年地耕耘、播种,把杂交水稻的种子播撒到九州大地和世界五大洲。他的世界其实就在稻田里,这是他生活的全部重心,甚至是世界的中心。

袁老弯着腰,把头长久地栽在禾丛里,那古铜色的脸上绿光摇曳,连汗珠子也是绿色的。一个老农与稻禾之间发生的轻微碰触声,忽然触动了我记忆中的一个暗设机关,他这模样让我蓦地想起了自己最熟悉的一个老农,那是我那种了一辈子稻子的父亲。怎么看,眼前这位老人,就像是我那面朝黄土背朝天、在农田里耕耘了一辈子的农民父亲啊!

不是像,他老人家就是这样说的:"其实我就是一个在田里种了一辈子稻子的农民!"

诚然,他又绝非我父亲那样的普通农民。这样一位依然健在的人,早已提前进入了民间信仰,在无数吃饱了肚子的老百姓心中,他就是一个当代神农,一个活生生的"米菩萨"。这可让他犯难了,他一听这话就连连摆手说:"不敢当,实在不敢当啊,菩萨在老百姓心中是能救苦救难的,我又何德何能,我不过是中国稻田里的一介农民而已。"可他越是这样低调地为人处世,那些对他感恩戴德的农民越是觉得这样委屈了他老人家。于是,便有了一个农民为袁隆平塑像的故事。那是一个被反复讲述、过度诠释的故事，但很多人都在突出强调事情的表面，却忽略了存在于事物背后的本质。

那个农民叫曹宏球，他生于斯长于斯的那一方水土我去看过，自古以来就是湘南的一个稻香村，但他在十五岁之前，一直过着"野菜野果当杂粮，红薯要当半年粮"的日子。到了 1975 年，他们村开始种植杂交稻，从此告别了半饥半饱的日子。过了几年，从大集体一变而为大包干，又加之袁隆平一直在不断推高杂交水稻产量，粮食亩产一次又一次飞跃，农家人日子也越过越红火。一个丰衣足食的农民，一心想着怎么报答他心中的"米菩萨"，1996 年，他给袁隆平写了一封信，说出了一个农民心中最朴素的真理，"是邓小平给我们送来了好政策，您又给我们送来了好种子，使得我家如今不仅衣食无忧，住上了小楼，还有五六万元的存款"，他情真意切地表达了为袁隆平塑像的心愿，并请求袁隆平先生提供几张不同角度和不同姿势的照片，作为雕像的参照。他最担心的是，别把一个"米菩萨"的形象雕走样、走神了。

袁隆平的第一反应就是婉言谢绝。婉言，只怕伤害了那些淳朴善良的农民，而谢绝，他则相当坚决。他在回信中说："你们的这份情意我领了，但我为国家和人民做了一点贡献那是应该的，不值得你们如此敬仰和崇拜。从你的来信看来，你家虽有一些积蓄，但尚不算很富有。因此，我建议你把钱用到扩大再生产上去，好进一步发家致富。倘若你一定要积德行善，社会上也还有很多公益事业可做。请你务必不要把钱浪费在为我塑什么石雕像上，我实在承受不起你的这般厚爱。请你尊重我的意见，并恕我不给你寄照片。"

袁隆平的态度很坚决，但曹宏球和乡亲们的态度也非常坚决，不管袁隆平本人答不答应，他们都要为他塑像。袁隆平的照片在当时也不难找到，很多报刊上都有袁隆平的照片。经人指点，他来到河北省曲阳县一家雕刻厂，经厂家测算报价，需要三十万元。这可让曹宏球犯难了，他满打满算，也就能拿出五万八。不过，这个满脸胡茬的农民还真是很有能耐，他找到厂长，把自己的心愿从头至尾诉说了一番。厂长听了，连眼圈儿都红了，他也是挨过饿的，只要挨过饿的人谁不打心眼里感激袁隆平啊。他当即表示："为他老人家塑像，赔本我们也干，这样吧，你交四万八就成了，留下一万回家搞生产，别的你就不用操心了，我们一定把袁先生的像塑好！"

当袁隆平的雕像从河北千里迢迢运回曹宏球的家乡郴州华塘镇塔水村，为了找到一个长远的安放处，又有和曹宏球一同富裕起来的村民捐出了两亩稻田，建起了一个"稻仙园"。稻仙，意思跟"米菩萨"差不多。在接下来的日子里还有一些小插曲，一次是袁隆平听说曹宏球家遭灾，赶紧让人给他送去了两万块钱。还有一次，由于那尊雕像长时间日晒雨淋，曹宏球跑到长沙来找袁隆平，袁隆平一听他要钱是为了维护雕像，态度一下又变得坚决了，这钱，他一分钱也不能给。

又不能不说曹宏球还真是一个很有脑子的农民，那个"稻仙园"并没有像人们预料的那样难以为继，如今已从最初的两亩园扩大到了八十亩，曹宏球以此为依托，还创办了产供销一条龙的"稻仙园养蜂场"，除了生产原生态的稻花蜜，还有价格不菲的花粉、蜂胶和蜂王浆。尽管种稻早已不是曹宏球的主业，但他一直守望着这片让他们吃饱了肚子的稻田，也守望着农民心中的"米菩萨"。而在星移斗转的时空变化之中，曹宏球那种作为农民的朴素感恩之情也在潜移默化，渐渐进入了一个更高的境界。他是这样说的："我为袁隆平院士塑像是为了让社会更加崇尚科学，我雕刻出来的不仅仅是'米菩萨'袁隆平的躯体，更是一面科学的旗帜！"

我一直觉得，最值得关注的并非一个农民为袁隆平塑像的故事，而是一个农民这么多年来走过的路，那是从崇拜偶像到崇尚科学、靠科技致富的一条路，这也是袁隆平最希望看到的一条路，一条中国农村和农民的真正出路。

● 袁隆平在观察稻穗

"这个奖比诺贝尔奖的价值更高"

袁隆平一直把自己当作亿万农民中的一个，他的故事其实就是一个农民和亿万个农民的故事。他有很多农民朋友，也有许多素昧平生的农民慕名而来找他。他的门永远是向农民敞开的，他也没有关门的习惯。可他实在太忙了，他身边的工作人员只能替他挡挡驾。有一次，几个来找他的农民在袁隆平办公楼的门口被挡住了，袁隆平听见楼下的动静，赶忙下楼，把那几个鞋子上直掉泥渣子的农民迎进自己的办公室，又是让座，又是倒茶。几个农民开始还有些紧张拘谨，一看袁隆平这样平易近人，模样也跟自己差不多，一个个都放开了手脚，有的还跷起二郎腿，就像在自己家里一样。

每次送走了这些农民朋友，他办公室的地板就会落下许多带着泥土的脚板印，袁隆平却笑着对那些脸色有些难看的工作人员说："这就是接地气啊，我们这些搞农业科研的，不能关起门来搞试验，要多与农民打交道，农民比我们更清楚种子好不好，我们不但要按照农民的需求来培育种子，还要知道农村粮食生产方面最新、最真实的情况啊！"

由于长年累月与农民打交道，农民心里想啥，袁隆平心里很清楚，用农民的话说，"饿肚子的时候想吃饱，吃饱了肚子想发家"。心思对路了，才会聊到一块儿。农民说，杂交水稻可以吃饱肚子却挣不来票子，由于种粮食不挣钱，很多粮田都种上烟叶了，还有些好端端的田地都抛荒了。这也是袁隆平最大的担忧，一方面，谷贱伤农，如果粮食减产就是致命的问题，长了嘴的都是要吃饭的，饭碗里一粒米都不能少。另一方面呢，光靠种粮确实很难致富，为此，他多年来琢磨出了一个法子，就是让农民"曲线致富"，譬如说他发明的"种三产四"工程，三亩田的水稻就能打出四亩田的稻子，以前一亩田也养活不了一个人，如今三分地就能养活一个人。这样就可以把节省下来的田地和劳动力用来搞多种经营，种蔬菜、水果、茶叶等经济效益更高的作物，这样农民不就富起来了吗？这样的典型还真不少，为他塑像的曹宏球就是一个。

他多年来担任湖南省政协副主席、全国政协常委，一直在为农民的利益鼓与呼。尽管他在"2016 年两会再次请假，已连续缺席三次"成为媒体关注的一个新闻，但他对农民的关心从未缺席。就在今年两会召开之际，他再次发声，呼吁要改变现行的"吃大锅饭"般发放粮食直补资金的做法，只有把钱补贴给那些真正种植粮食的农民，才更有利于调动那些真正种植粮食的农民的种粮积极性，只有保护粮农的利益，才能确保国家粮食安全。而在如何让农民增收的同时，他也一直为如何减轻农民的种子钱而精打细算。他所在单位研发出了一种高产优质新品种，原打算每斤稻种定价十二元，在征求

● 70年代在工作的袁隆平

袁隆平意见时，他一下发火了，"一斤十二元，为什么卖这么贵？这不是坑农吗？农民有这么多钱吗？"最后，减到了每斤九元钱的微利销售，他还问有没有降价空间。

一个心里装着农民的人，也被农民装在心中。2012年秋收过后，几个农民从远在湘西溆浦县的乡下赶到长沙，他们就像进城里走亲戚一样，给袁隆平送来了土鸡和土鸡蛋。袁隆平待这些农民也像亲戚一样，他们这么远送来的东西，他也会收下，但都会折算成钱给他们，这不是买卖和交易，而是亲人间的人情往来。不过，这些农民还不只是给他来送土特产，他们是特意来给袁隆平颁奖的。原来，这年，袁隆平选择他们村为超级稻百亩示范片，平均亩产突破900公斤大关。这次来送匾的唐老倌，惊喜地告诉袁隆平：

"我活到六十四岁了，还从没见过这么好的稻子啊，别说我，我们村里一些八九十岁的老人，也都说从来没见过！"老乡们说，"不但产量高，煮出来的饭也特别好呷，那个香啊！"唐老倌乐得跟小孩似的，说到那大米饭时还连连咂着嘴，一忘形，连口水都流出来了，他还觉得有些不好意思，急忙用手遮住了嘴巴。几个老乡一下乐了，袁隆平也乐了。

那个大奖牌上写作"天降神农，造福人类"八个大字，对于前边那四个字他不大乐意，但后边那四个字正是他毕生的追求。他郑重地接受了这个由农民颁发的奖牌，笑呵呵地说："我领到过很多奖，农民给我颁奖还是头一次，在我看来，这个奖比诺贝尔奖的价值更高，更荣耀！"

这是他的心里话，他一直打心眼里从农民的心愿上去理解他们，也是打心眼里感激他们，他培育出的每一粒种子，都必须通过农民辛勤的播种、耕耘，才能开花结果，聚沙成塔，如果说保障十三亿人的粮食安全是居于塔顶的国家政策，那么这亿万农民就是保障国家粮食安全的最坚实的底部。谁能养活中国？谁在养活中国？说到底就是这数以亿计的农民，只有依靠他们，中国人才能一直把饭碗牢牢地端在自己手里。

"中国人有能力解决吃饭问题"

稻田里的太阳，蒸发出一股股炙人的水汽和热浪，但那个被耀眼的阳光照亮的身影在我眼前越来越清晰。

像他的身影一样清晰的，还有稻田里插着的一块"超优千号"的标志牌，这一强优势超级杂交稻组合，就是他最新研制出的"神秘核武器"，也是中国超级稻第五期攻关的首选品种。那优势一看就无与伦比，从立夏播种到现在，也就两个来月吧，这稻禾的剑叶已举得高高的。这家伙也确实挺神奇，在去年的多个百亩示范片试种，已达到了每公顷16吨的产量目标，但袁隆平的攻关目标是每公顷 17 吨，那是迄今无人登临的一个高峰。

当一位老农俯身观察稻子时，那古铜色的脸上绿光摇曳，连汗珠子也是绿色的，一个隆起的后背上透出几圈汗渍，像背着一幅地图。阳光照在他的脖子上，仿佛产生了光合作用，像光芒焕发的紫铜一样。一个姿态，就这样长久地保持着，感觉他正把那甜丝丝的清香深深地往肺腑里吸，他又微微闭着眼，像触摸婴儿一样深情地抚摸着，一个老农与稻禾之间发生的轻微碰触声，如同耳语般，迷人而神秘，仿佛存在某种呼应。我谛听到了一种声音，仿佛血液，正从一个生命静静地注入另一种生命。

当他转过身来，对着阳光察看稻花时，他宽阔的额头在阳光下闪烁着黑陶般的釉光。他那抚摸与呼吸的姿态，让我在瞬间发现，这才是一尊活生生的雕像，看上去比稻仙园里的那尊雕像更像一尊雕像，这不是用石头雕出来的供人仰望和膜拜的雕像，而是风雨日月雕塑出来的一尊采日月之精华、吸天地之灵气的雕像。

一个俯身扑在稻田里的身影，张开双手，拥抱着如尼亚加拉大瀑布般的稻穗，这双手，仿佛搂紧了人类的命根子。这副面孔，这个形象，被载入了《中国国家形象片——人物篇》，已经成为世界上传播率最高的中国形象之一。一个人，一辈子，该要吸收多少阳光，才会变成这样一个老而弥坚的形象，阳光不仅赋予了他伟大的头脑和灵魂，也塑造了一个农学家特有的形象，一副如同黑釉般透亮的脸孔，那犀利的眼神，依然透着内心的明亮。我感觉他的血液和骨骼都已被阳光深深地渗透了，那刚毅的、健康的色泽，不只是来自阳光的直射，他本身就是一个发光体，浑身都在焕发着内在的光芒。

他曾说过："原来我只想搞到八十岁就告老还乡，但现在我要奋斗终生。"

他也曾说过，当他成为"90 后"时，希望中国超级稻亩产突破 1000 公斤大关，这是中国超级稻的第四期攻关目标，结果比他的预期提前五年就实现了。从 2015 年开始，他又向第五期超级稻目标发起了攻关。他这一辈子都在攻关。我时常觉得他仿佛在生命与科学的两极中舞蹈。一方面，他在向人生或生命的极限挑战，一个奔九旬的人了，依然保持着异乎寻常的精力和创造的激情；另一方面，他是向科学的极限挑战。这里且不说此前的三系法、两系法杂交水稻走过了多么艰苦卓绝的路，只说中国超级稻从第一期到第五期的连续攻关，从亩产七百公斤到一千公斤，每一次攻关都是创纪录的巅峰之作，这也让中国杂交水稻一直保持领先世界的绝对优势。

而现在，请听听他的心声："我还想再活十年，十年后，一系法杂交稻肯定能搞成功，中国人完全有能力解决自己的吃饭问题！"

肯定！他一向是不说满话的，但这次他说的是肯定。我注意到，他说这话时，眼里闪烁出一种奇异的、甚至是神奇的亮光。我也深信，随着他向水稻高产的极限、向人生与生命的极限发起挑战，一个人和一粒种子的故事还将续写，那不是传奇，更不是神话。事实上，他早已不是在向世界挑战，而是一直在向自己挑战，而对于他，没有最高，只有更高。我知道，世上从来没有永生之人，科学探索也永远没有极限，从不承认终极真理，但有永恒的追求。而我眼前这位老人，已经抵达或正在抵达的境界，或如卡尔维诺所谓，已进入了"时间的永恒存在或循环的本质"，那就是与天地同在的、辽阔而博大的爱与拯救……

屠呦呦

棱角屠呦呦

王肖潇　李鹭芸

她不是海归，是本土学者；不是院士，是纯粹的科学家；并非完人，而是低调的"直人"。

1978 年 3 月，全国科学大会召开，宣布"科学的春天"到来。同年 6 月，有媒体敏锐地捕捉到"治疟新药'青蒿素'研制成功"的消息，捕捉到一个新时代即将开启的心跳。12 月，十一届三中全会召开，拨乱反正，改革开放的春潮在神州大地上涌动，而这种改革创新的闯劲也一直持续到现在。

40 年的改革开放，中国从来不乏科学创新的成就和欣喜。但屠呦呦获得诺贝尔生理学或医学奖的消息传入国内时，惊讶、赞许、质疑等各种声音在舆论场混响，却是 40 年来少有。众声喧哗中，大多数人似乎对屠呦呦一无所知，醒来时，才发现她的身上并没有世俗意义上的那般耀眼：她不是海归，只是本土的、中国式的学者；不是院士，只是一个纯粹的科学家；不是完人，只是一个耿直的知识女性。

一夜之间，这位默默无闻的科学家为大众所熟知，也愈加引起人们探讨的兴趣。或许她的成就有太多探究、阐述的维度，但有一点毋庸置疑，那就是改革开放的"时势"成就了这位痴迷科学、执着不休的"英雄"。

"呦呦鹿鸣，食野之蒿"

屠呦呦的故乡在浙江宁波。她是一个殷实之家的掌上明珠。早在 1930 年 12 月 30 日，当父亲以《诗经》中"呦呦鹿鸣，食野之蒿"为其取名时，便已注定了屠呦呦与青蒿的缘分。

10 月 6 日，记者追寻屠呦呦的成长足迹来到宁波。这座城市传统人文景点不少，有现存最早的私家藏书楼天一阁，有宁波府城隍庙……如今，又多了屠呦呦的旧居。

屠呦呦的旧居位于宁波市开明街 26 号，建于民国初年，为屠呦呦舅舅姚庆三（经济学家，曾任香港甬港联谊会会长）所有。据《鄞县志》记载，开明街在宋元明清四朝，均是宁波人的活动中心，不少大户人家都选择在此砌起白墙黛瓦。这其中不乏当时便已名声在外的"宁波帮"，他们主要经营的行业是药材业和成衣业。说屠呦呦自幼熟悉中药，并非夸张。

屠呦呦在三个哥哥之后出生，是家中唯一的女孩，因此备受宠爱。她的父亲是一名银行职员，但工作并不稳定，靠出租祖辈遗留的房产作为主要经济来源。父亲很重视教育，20 世纪 30 年代末，屠呦呦到了该读书的年纪，虽逢时局动荡，依然接受了完整的教育。她五岁入幼儿园，其后进入"翰香学堂"读小学。"翰香学堂"建于 1906 年，内设藏书楼一座，古今藏书达 5000 余卷，是名副其实的"书香校园"，蔡元培、马寅初等著名学者和社会名流先后来校讲学，当时宁波便有"小学翰香，中学效实"的说法。

屠家楼顶有个摆满各类古典医书的小阁间，这里是屠呦呦童年时的阅览室：《黄帝内经》《神农本草经》《伤寒杂病论》《千金方》《四部医典》《本草纲目》《温热论》《临证指南医案》……虽然因识字不多且读得磕磕绊绊，但这里是她医学梦想萌发的温床。

1945 年，屠呦呦入读宁波私立甬江女中初中。次年一场灾难降临，她不幸染上肺结核，被迫暂停了学业。那时得此病，能活下来实属不易，经过两年多的治疗调理，她得以好转并继续学业。也就在这时，屠呦呦对医学产生了浓厚的兴趣。

屠呦呦获得诺贝尔生理学或医学奖后，宁波的两所中学——效实中学和宁波中学一下子热了起来，因为屠呦呦的高中生涯是在这两所学校度过的。她在效实中学读了高一、高二，后来转学去了宁波中学读高三。

记者在两所中学了解到，读书时的屠呦呦"长相清秀，戴眼镜，梳麻花辫"；读中学时，她"成绩在中上游，并不拔尖"。效实中学至今还保留着屠呦呦高中的学籍册和成绩单，她当时的学号是 A342。据学校一位老师说，当时屠呦呦的学习成绩不是非常突出，成绩单上有 90 多分的，也有 60 多分的。但屠呦呦那时就有个特点，只要她喜欢的事情，就会坚持下去，努力去做。

落选院士

1951 年春，屠呦呦从宁波中学毕业，考入北京医学院，选择了一个在当时比较冷门的专业——生药学。她觉得这个专业可以接近具有悠久历史的中医药领域，又符合自己的志趣和理想。北京大学医学部医学史专家张大庆告诉记者，大学期间，屠呦呦学习非常勤奋，在大课上表现优异，后来在实习期间跟从生药学家楼之岑学习，在专业课程中，她对植物化学、本草学和植物分类学有着极大的兴趣。1955 年，屠呦呦大学毕业，被分配到卫生部直属的中医研究院（现中医科学院）工作。

当时正值中医研究院初创期，条件艰苦，设备奇缺，实验室连基本通风设施都没有，"研究人员就戴个棉纱口罩，连如今的雾霾都防不了，更别提各种有毒物质了"。中医科学院中药研究所副所长朱晓新告诉记者。一开始，屠呦呦从事的是中药生药和炮制研究。在实验室工作之外，她还常常"一头汗两腿泥"地去野外采集样本，先后解决了中药半边莲及银柴胡的品种混乱问题；结合历代古籍和各省经验，完成《中药炮炙经验集成》的主要编著工作。

1965年，屠呦呦转而从事植物化学研究，这成为她能参加"523"任务的原因之一，也促使了她与自己生命中最重要的"神草"相遇。

"在做青蒿素研究的时候，屠呦呦真可以称得上是坚韧不拔。"中医科学院首席研究员姜廷良说。"没有待过实验室的人不会明白，成百上千次反复的尝试有多么枯燥、寂寞，没有非凡的毅力，不可能战胜那些失败的恐惧和迷茫，不可能获得真正的成果。"朱晓新说。

目前，85岁的屠呦呦已经看不了电脑，听力和视力情况不佳，但仍活跃在科研和教学工作中，是中国中医科学院中药研究所终身研究员兼首席研究员，并担任青蒿素研究开发中心主任。"很多媒体追问她在发现青蒿素后，是否从事其他项目，事实上屠老师自担任青蒿素研究开发中心主任后，一直带领团队在做一些青蒿素的专项研究，因为疟疾在中国并不是传播广泛的疾病，所以他们也会做相关适应症的拓展研究，试图扩大青蒿素在我国的应用领域。"一位研究人员告诉记者。

由于没有博士学位、留洋背景和院士头衔，屠呦呦曾被媒体报道为"三无科学家"。她曾四次申报院士，但都没有成功。外界普遍认为，这与青蒿素的发现多年来被强调是集体成果有关。"任何一个发现青蒿素的人想评院士，就会遭到参与项目的其他人反对。所以与青蒿素有关的科研人员都没有评上院士。"一位知情人士透露。早在屠呦呦获得国家科委国家发明奖二等奖时，就有人专门到科技部投诉，认为屠呦呦"将成绩独占"，还加上了一条"罪名"，在引用别人论文的时候只写前三个人，后面用"等"代替了，认为"这明显是抹杀他人的劳动成果"。

"好在屠呦呦秉性坚强，对院士评选一事并无多言。近年修改的院士评选规则规定，年龄超过 70 岁的只能参加一次评选，她现在已经 85 岁，不会再参评。她虽然不是院士，但是作为一个纯粹的科学家，她终其一生都奉献给了青蒿素事业。"上述知情人士说。

"她是一位有个性的科学家"

屠呦呦的老同事李连达院士说过，屠呦呦"不善交际"，"比较直率，讲真话，不会拍马，比如在会议上、个别谈话也好，她赞同的意见，马上肯定；不赞同的话，就直言相谏，不管对方是老朋友还是领导"。姜廷良也告诉记者："她这个人比较认真，也直爽，心里怎么想的嘴上就会怎么说，为此也造成了大家对她的一些误会。比如说在青蒿素的研究中，对双氢青蒿素的评估，大家有一些不同意见，一般人会顾及人情和面子，表达得比较婉转，但她就会直接说：'你说得不对。'"

"其实很多科学家都是这样，认准一件事就会特别坚持，不会轻易地改变自己的想法。"张大庆认为，屠呦呦是一位很有个性的科学家，这种耿直的性格也形成了她不啰唆、做事果断的风格。"我们之间的沟通往往非常简单直接，有事说事，说完就了。"张大庆说。"她的耿直在工作上表现为极度的认真，有时候我问她一个数据，结果她第二天打电话给我，说她总算查到了原始出处，这才告诉我具体数据。"姜廷良说。

在生活中，她被同事们评价为"为人低调，而且是长期低调"。宁波市科技系统曾经拿到一张屠呦呦的名片，上面的内容很简单：单位、姓名、职务、单位地址和电话。整张名片还有大片的空白。"每次效实中学在北京召开校友会，屠教授跟先生一起来，签到、开会、聊天、聚餐，她从来没有发过言，活动结束后，又与先生一起默默地走了。"效实中学北京校友会的前会长陶瑜瑾告诉记者，"只有在谈到科研工作的时候，她才会滔滔不绝，恨不得跟你说一下午，但说到其他话题，她就很少发表看法。"

令陶瑜瑾印象深刻的是屠呦呦曾对他说过的一番话。"我是搞研究的，只想老老实实做学问，把自己的事情做好，把课题做好，没有心思也没有时间想别的。我这把年纪了，身体又不太好，从来没有想过去国外，更没想到要得什么奖。"陶瑜瑾记得，那是在2011年，屠呦呦获得拉斯克奖的那天晚上，一位工程院院士给陶瑜瑾发了一封电子邮件报告喜讯，他也立刻给屠呦呦打电话道喜。但是屠呦呦很平静，诚恳地表达了谢意，并说了上述这番话。

2012年，效实中学举行百年校庆。陶瑜瑾劝屠呦呦回母校参加校庆，但屠呦呦身体不太好，陶瑜瑾便建议她寄本专著给校长以示心意。"她说，她也不认识校长，就寄给学校办公室吧，第二天她就去邮局寄出了那本《青蒿及青蒿素类药物》。"还有一次，陶瑜瑾向屠呦呦提议复印拉斯克奖以及其他奖项的奖状给学校，屠呦呦一口拒绝了。"她当时说，她跟单位说好了，这些奖状是她个人的也是公家的，不给任何其他单位复印，单位支持她的决定。"陶瑜瑾说。

获得诺贝尔奖后，屠呦呦家中挤满了赶来采访的媒体和赶来祝贺的领导。"家乡领导也想来看望屠呦呦，但是说了两次都被她拒绝了。最终因为家乡人的关系，屠呦呦见了他们一面，谈了20分钟。看得出她身体不好，十分疲倦，但还是坚持把家乡的客人送到电梯口。有人说，她是不是拿了诺贝尔奖就瞧不起人了？家乡人来了还三番四次拒绝？其实不是的。她一向直爽，我们以前想去看她，她都直接问，'我们在电话里多说一会儿不行吗？'这种性格，理解她的人自会理解。"陶瑜瑾说。

有一个美满家庭

屠呦呦拥有一个美满的家庭。丈夫李廷钊是其同学，初高中也在效实中学读书，两人的爱情曾是一段佳话。

　　屠呦呦的好友陈效中告诉媒体，早在高中时李廷钊便暗恋屠呦呦，但毕业后到苏联留学，回国到北京时，见曾经的暗恋对象还未结婚，就大胆表白了，两人恋爱了。1963 年，两人结婚。李廷钊曾先后在宝钢、北京的钢铁研究院工作，两人婚后生了两个女儿。

　　结婚后，屠呦呦一门心思放在科研工作上。陈效中说："生活上，她是个特别粗线条的人，有一次，她的身份证找不到了，让我帮忙找找，我打开她的箱子，发现里面东西放得乱七八糟的，不像一般女生收拾得那么利索。大家都笑话她。还有一次，我们几个人来宁波开会，她因为还要出席一个重要会议，多留了一晚，第二天单独坐火车回京。结果，停靠途中站点的时候，她下火车散步，竟然错过开车时间被落下了。结婚之后，她家务事不太会做，买菜之类的事都要丈夫帮忙。"陶瑜瑾则告诉记者："现在李老师在家，家里的事都是李老师管，他是个很好的丈夫。"

　　李廷钊性格温和、宽厚。每当有记者采访屠呦呦时，他总是在一旁招呼帮忙，还会偶尔和等待采访的记者谈起自己的专业——冶金工程，但对于妻子的事情只字不提。李廷钊说："获奖和我没有关系，我不好讲。"

　　"他们是典型的知识分子家庭。"张大庆说，"这么多年，两人在事业上各干各的，但一直彼此支持。"1969 年，屠呦呦加入"523"任务时，在宝钢工作的李廷钊也同样忙碌，"两个人都要经常出差，那个时候大家都觉得干革命工作，就该舍小家为大家。"为了不影响工作，他们咬牙把不到四岁的大女儿送到别人家寄住，把尚在襁褓中的小女儿送回了宁波老家。

　　长期的分离曾一度造成了亲情的疏离。"大女儿接回来的时候都不愿叫爸妈，小女儿更是前两年才把户口从宁波迁回北京。"李廷钊说。对于今天家中摆满女儿和外孙女照片的屠呦呦而言，当年的她别无选择。"这其实是那个年代科研工作者的一种常态。"张大庆说，"幸好她的两个女儿都很出色，大女儿目前在英国剑桥大学做行政教务工作，小女儿很活泼，现在北京工作。"

杨利伟

"中国人来到了太空"

余建斌

杨利伟至今记得,他代表祖国出征那一天的所有细节。

2003年10月15日一早,飞船预计9点整发射,进舱时间是6点15分。当时钟指向早上6点时,离进舱还有15分钟,杨利伟感受到了这十几分钟的漫长。当时他已经在高达50多米的发射平台上了,平台相当狭窄。现场只剩下四个人:杨利伟、一位教员、一位工程师和一位医生。几个人默默无语,只听见塔架发出的机械声,除此之外没有任何声音。火箭已经加注完毕,有足足430吨的燃料,相当于一个巨型炸弹。而这四个人,此刻就是站在炸弹顶端的人。远处,几台摄像机对着他们,大家都感到紧张,气氛有些凝滞。大家你看我,我看你,几分钟里没有人说话。这时,三位工作人员中的一个为了缓和气氛,提议说给杨利伟讲个笑话,可是谁都讲不出来。

过了一会儿,负责关舱门的工程师开口了,他问杨利伟:"知不知道当年给苏联航天员加加林关舱门的工程师现在在干什么?"

杨利伟答："还真不知道。"

工程师说："他现在成了俄罗斯航天博物馆的馆长。"

6时15分，杨利伟接到了进舱命令。进舱之后，他用了十几分钟完成接收飞船程序，并把确认单交给工程师。

关舱门前，工程师对杨利伟说："利伟，明天见。"杨利伟微笑着答："馆长，咱们明天见。"

这似乎是一种彼此的默契与信任。当杨利伟成功返航后，在欢迎仪式上又见到了这位工程师，他们笑着拥抱，共同庆祝中国首次载人飞行的圆满成功。杨利伟对工程师说："咱们又见面了，馆长。"

此后，这位工程师一直被杨利伟称作"馆长"。

实现飞上蓝天的梦想

1965年6月21日，杨利伟出生在辽宁省葫芦岛市绥中县一个普通家庭，一家五口人，父母、姐姐、他和弟弟，父亲在县里的土产公司上班，母亲是一名中学老师。

上幼儿园时，他的名字还是"杨立伟"，等到上了小学认了字，自己觉得"站立"的"立"哪有"胜利"的"利"有气势啊，于是自己改成了"杨利伟"。

20世纪70年代，是一个崇拜英雄、渴望胜利的年代。孩子们都是从小听着董存瑞、黄继光、邱少云、雷锋这些英雄故事长大的。杨利伟特别渴望看书买书，但家里确实没钱，当时小人书几分钱一本，他就出去捡废品卖，一分钱一分钱慢慢攒，攒够几毛就买一套，逐渐积攒了很多小人书，全都是像《水浒传》《岳飞传》《铁道游击队》之类惩奸除恶、保家卫国的英雄故事。

小伙伴们在一块儿，最常干的就是玩打仗游戏，有一次他还把一个叫二宝的同学的脑袋砸破了，看到二宝头破血流，杨利伟心里实在是万分愧疚，就把自己存钱罐里攒了很长时间存下来的不到十块钱交给了老师，请老师转给二宝当医药费。通过这事他也明白了一个道理：当英雄不是好勇斗狠、蛮干硬拼，而是要把本事用在保护弱小、避免朋友受到伤害上。

后来有一次，小伙伴一起去河里游泳，同学小胖游到一半没力气了，一边扑腾一边往下沉。杨利伟已经游到岸边了，听到他喊"救命"，便赶忙回去拽他，两人一边挣扎一边向岸边游，呛了很多水，终于游回了岸。从那以后，小伙伴们都叫他"杨哥"，他也第一次体会到了当英雄的感觉。

家乡绥中有个军用机场，有一年八一建军节，学校组织去机场看飞行，杨利伟吃惊地看着银色的飞机腾空而起，又从天而降，看见飞行员穿着飞行衣、戴着飞行帽，从飞机上下来，高大而神气，心里又崇拜又羡慕。从那以后，他就经常在机场旁边一站许久，看飞机、看飞行员跳伞，似乎就在那时，飞上蓝天的梦想逐渐在心里扎下了根。

1983年6月，杨利伟顺利通过招飞考试，成为保定航校1700多名飞行学员中的一员。报到后，航校要组织入校摸底考试，成绩不合格就会被退学。那段时间，他整天捧书苦读，把争强好胜的劲头全部用到了学习上，成绩逐渐名列前茅。

在军校的最初几个月，从神经到身体，整天都是紧绷着的。一开始不适应，但是过了这一段，这种严格的纪律观念就渗入到每天的言行举止，养成了一种习惯，让人感到遵守纪律规范成了很自然的事，这也影响到了杨利伟以后的工作和生活，包括以后成了战斗机飞行员和航天员，虽然在某些方面要求更加严格，但他并没有感到有多大困难。正是青年时期那些艰苦的训练、严格的纪律、身体和精神上的锻炼，在潜移默化中塑造了他。军人做事追求极致，强调执行力，要做到胆大心细、准确认真，尤其作为飞行员、航天员，任何细小的误差和失误，都有可能影响到任务的完成、威胁到生命的安全，军中无小事，往往细节决定成败、决定生死。

在军旅生活那些紧张、痛苦和单调之中，也有一种特别的阳刚与明亮的美感，尽管学习训练非常紧张、艰苦和严格，但并不排斥军人们的爱好和个性，反而有助于培养在发展兴趣爱好上的毅力。杨利伟在航校期间，喜欢上了唱歌、弹吉他，成了文艺骨干，后来到航天员大队，又成了航天员乐队的黑管乐手，还经常当晚会的节目主持人。

1984 年夏天，杨利伟和几十个同学被转到新疆的空军第八航校去学飞战斗机。八航校训练任务重、淘汰压力大，他们那一期近 70 名同学，到四年后毕业时，只飞出来十几个人。大家时刻面临压力，都希望第一批放单飞，避免停飞和淘汰。大部分课目，杨利伟都做到了第一批放单飞，但是在抗过载和高速翻滚两个课目上遇到了障碍，为了克服它，他在正常训练之外给自己"加餐"——左手捏右耳、右手捏左耳，原地打圈，锻炼前庭功能。

1985 年，杨利伟顺利完成了初教 6 和歼教 5 单飞训练。随着飞行次数越来越多，技术越来越娴熟，就有意尝试一些动作，玩一些花样。初教机一般只能飞到四五千米，他和同学们有时故意在空中较量，看谁还能飞得再高一些。向上爬升中有时忘了时间，等意识到按正常飞行已经不能准时回到机场，而不能准时就算不合格，情急之下就驾机向下猛扎，在规定时间内返回。飞低空时，会故意飞得很低，有时从 50 米的低空快速掠过，巨大的轰鸣和强烈的气流，把地面的羊群惊得四散奔逃。飞行员大多都有这样的顽皮故事，它是飞行快乐的一种释放，源自对自己和战机的熟知，也是在充分掌控的前提下，对危险的边界的体验与品味。

1987 年夏天，杨利伟的军校生涯结束了。毕业离校前，他领到了人生中的第一笔工资，120 多块钱。同学们每人都到街上买了一双皮鞋，骄傲地穿去逛街，街上的行人看着他们指指点点议论——要的就是这种"拉风"的效果啊！他们听见了，还尽量装作若无其事的样子，但最后大家还是憋不住劲，一路笑着回了航校。

毕业后，杨利伟所在的中队被集体分到空军某师驻甘肃的一个飞行团。大伙儿坐着小火车来到一个县城，到了部队才发现这里比茫茫戈壁的新疆还要荒凉。在甘肃一年多之后，他又随部队转场到了陕西，飞"强5"轻型超音速强击机。

1992年夏天，杨利伟遭遇了终生难忘的"空中停车"事故。那是在马兰机场执行训练任务，当时他驾驶着飞机，飞得很低，贴着白花花的地面高速前进。就在此时，飞机突然发出巨大的响声。霎时间仪表显示气缸温度骤然升高，发动机的转速急剧下降。

杨利伟的第一反应就是：遇到"空中停车"特情了！

这时候的飞机是在一种失控的状态下飞行，借助于惯性，它仍然飞得挺快，待动力不再供给的时候，飞机很可能失速，像中弹一样跌落下去。

关键时刻，杨利伟根本没时间想什么后果，而是在几秒钟之内迅速做出判断，找到故障的原因，并拿出解决方案。一架飞机价值不菲，是国家的一大笔财产，杨利伟丝毫没有弃机逃生的念头，只是想着一定要把飞机飞回去。

他冷静下来后，稳稳地握住操纵杆，慢慢地收油门，依靠剩下的一个可以工作的发动机把飞机一点点往上拉。因为飞机离地面太近，而超低空阶段无线电又不通，因此飞机到一定高度时，杨利伟才能把情况报告给地面。

500米、1000米、1500米……凭借一个人的判断，杨利伟驾驶着飞机慢慢上升，终于越过天山山脉，然后向着机场飞去，稳稳降落在跑道上。平稳落地之后，战友们跑过来把他接下去，此时他才发现自己的衣服都被汗水湿透了。团长激动地抱住他，当场就宣布给他立三等功。

尽管当时很紧张，但杨利伟下来之后心情很快就平静下来。按规定要休息几天，调整一下心态。对于普通人来说，遇到如此大的险情只有克服心理障碍才能继续飞。但是他并没有休息，第二天照常投入到飞行训练中。

1992年底，部队精简整编，杨利伟所在的空军师被整个裁掉，飞行员集体转到驻川航空兵某团。当时家里经济条件不太好，有亲朋好友劝他转去民航工作，也能增加些收入。但他的理想是当战斗机王牌飞行员，去开四平八稳的民航飞机实在不是自己的愿望。当时杨利伟已经是飞行近千小时的二级战斗机飞行员了，而安全飞行1000小时以上就可以参评一级飞行员。

在爱人张玉梅的理解和支持下，1993年初，杨利伟来到了驻川航空兵某团，由"强5"改飞"歼6"，用了两年多时间，飞完了歼击机的基础课目，掌握了全部技能。后来，他又被提拔为中队长，又调到团里当了领航主任。到1996年为止，作为飞行员，杨利伟基本年年飞全勤，总共安全飞行1350小时，成为一级飞行员。

中国航天史翻开新的一页

1995年9月，经中央军委批准，载人航天工程指挥部从空军现役飞行员中选拔预备航天员。

杨利伟是在意外、兴奋和一无所知的茫然中得到参加航天员选拔的通知的。在最短的时间内，他对当一名航天员意味着什么做了大致了解。从"两弹一星"到载人航天，有老一辈革命家和科学家的心血付出，有千千万万无名英雄的默默奉献，到了90年代，中国航天员响应时代的呼唤出现了。

杨利伟觉得，他们这一代飞行员，无疑是幸运的，因为将有机会去实现中华民族伟大的飞天梦。

1996年初，886名飞行员在青岛空军疗养院参加外围体检和初选。体检用了整整一个月，几乎动用了一切可能手段，对他们进行了从头到脚的逐项检查。许多身体条件和知识水平看似无可挑剔的飞行员，可能因为一个小问题就被刷掉了。这一关下来，886 人变成了 90 人，然后从 90 人中又筛选出 60 人，到北京接受复检。杨利伟提前 3 天就到了空军总医院接受检查，十来天的复检结束后，又淘汰了 20 人。

1996 年 8 月，他们又被送到中国航天员中心做特殊功能检查。检查中用到的很多设备仪器和方法，都是杨利伟以前从来没见过的，做起来感觉相当痛苦。比如在离心机上飞速旋转，经受七倍于体重的超重，测试胸背向、头盆向的超重耐力；在压力试验舱，要模拟上升到 5000 米、10000 米高空，检查耳气压功能、低压缺氧耐力和减压病的易感性；在旋转座椅和秋千上检查前庭功能；进行下体负压、立位耐力、心理功能等测试。这些检查内容，直到今天，每名航天员依然在经常训练，以保持身体的状态和各项机能。检查结束后，预选航天员只剩下了 20 人。

1996 年 12 月，这些预选结束了全部测试，却没有宣布结果，只是要这些人回部队等消息。1997 年，航天员中心专家组来到杨利伟所在部队，分别同他的战友和妻子进行谈话考核。

专家们问他的妻子："如果杨利伟被选为航天员，今后的生活有所变动，你能习惯吗？""当航天员有危险，你同意吗？"……

妻子玉梅的回答很干脆："习惯！这些年都是这么过来的。""利伟当飞行员这么多年了，有危险不算什么事情，他看重自己的事业，无论他做啥，我都支持。"

就这样，1997 年底，包括杨利伟在内的 12 名飞行员来到了北京。

1998 年 1 月 5 日，中国航天史翻开了新的一页——中国人民解放军航天员大队正式成立了。那天，杨利伟和战友们在国旗下庄严宣誓，并在旗上庄重签下自己的名字。

从此，12 人和先前加入航天员队伍的两名"国际航天员"证书拥有者吴杰、李庆龙便一同"隐居"起来，成了北京航天城里最神秘、最难以接近、最不自由的人。严格的管理既是对航天员的保护，也是他们成为一名合格航天员的保证。这是因为，入队以后，他们要在五年时间学完航天医学、地理气象学、高等数学、自动控制等基础理论和体质训练、心理训练、航天环境耐力和适应性训练、航天专业技术训练、飞行程序与任务模拟训练、救生与生存等八大类近百个训练科目。

于是，通过层层选拔和严格考核、正式成为中国人民解放军航天员大队预备航天员的这些人，开始了中国第一代航天员紧张而又艰苦的训练生活。

14名航天员里，有一大半人年龄比杨利伟小，学历比他高，有的还是双学士，杨利伟感到了很现实的压力。面对强手，他不服输的个性又一次爆发了，从第一门课开始，就特别用功，也深信只要一点点地积累，坚持不懈地努力，就能取得好的成绩。

为了完成飞船模拟器训练，杨利伟把能找到的舱内设备图和电路图都找来，贴在宿舍的墙上，随时默记，还专门花一万多块钱买了台摄像机，那时工资每月才2000多块钱。他把模拟器各舱段内的每个角落，都拍了照片、录了录像，反复观看、随时练习，训练课结束后，那些密密麻麻的图表和键钮都印在了脑海里，对它们比对自己手上的纹路还熟悉，一闭上眼睛，座舱里所有的仪表、电门，都清清楚楚地出现在面前，随便说出一个设备名称，马上就会想到它的颜色、位置和作用。航天员飞行手册，像一本厚厚的辞典，基本都能背下来，他还把航天员的好多操作，编成了口诀和顺口溜，用一个字代表一个动作，朗朗上口、好记易学。

体质训练是杨利伟的强项。2001年他36岁，百米比赛跑了11秒97，创造了单位运动会的百米纪录。他的前庭功能、超重耐力等，也都是航天员中最好的。在航天员的全部学习训练课目结业总评中，杨利伟综合成绩排名第一。

● 杨利伟在返回舱

　　当然，杨利伟至今也不觉得，自己有过人的聪明，关键是用心和用功，而用功的关键在于讲究学习的方式方法，提高学习效率。困难和挫折就像湍急河水里湿滑的石头，一不留神就可能让你滑倒，然而了解了这些困难、战胜了这些挫折，却又可以摸着石头过河，让它们变成帮助你渡过河流的助力。在一次次体能和心理的超负荷训练后，他慢慢摸索到一条规律：当一件事坚持到快要坚持不下去的时候，实际上就已经接近成功了。

　　备战神舟五号任务期间，杨利伟遇到了人生最大的困难。那是 2001 年底，妻子玉梅得了严重的肾病，经常腰疼，却因为丈夫训练紧张，而五岁的儿子又需要人照顾，一直拖了大半年没有去检查，直到出现尿血才慌忙去了301 医院，当时就留院治疗，并做了穿刺手术。玉梅术后第二天，杨利伟要去吉林进行飞行训练，这些训练都是一次性的，无法补课，走还是不走，他的心里充满痛苦和矛盾。那晚，他在妻子病床前坐了整整一夜，第二天早上称体重，竟然掉了一斤半。妻子看出了他的心思，故作轻松地动员他按计划去参加这次训练。接下来的一年多时间里，玉梅每个月都有 10 天要在医院里度过，每次杨利伟都要提前开好转院单，把她送到医院办好手续，再赶回航天城继续自己的训练。玉梅住院时，儿子没人照顾，大队特批杨利伟可以住在家里。每天照顾孩子入睡，晚上 10 点后他开始自己的学习，第二天清晨把孩子送上学校的班车，再赶回去继续训练。

2003 年"非典"肆虐，正是备战首飞任务的关键时期，航天员们完全封闭，与家人隔离，家里的一切大事小情都交给了单位的领导和同事。他们像对自己的家人一样，照顾好航天员的家庭，让他们全身心投入训练。杨利伟一直为此心存感激。

中国飞天第一人

勇士出征，以酒壮行。飞天勇士出征，以水相送。

神舟五号宣布完首飞航天员后，"神五"备份航天员、后来的"神七"航天员翟志刚拿来一杯红酒，和聂海胜一起在杨利伟的矿泉水里点了一滴，对他说："你放心去，我们在北京等你。"

三个战友站起身来举杯相碰，一饮而尽。这个送行前的简单仪式从此成为航天员大队的传统。

其实在几个月前，中华民族的飞天序幕，就开始了倒计时。

2003 年 5 月中旬，航天员们开始进行任务前的关键考核，考核内容包括笔试、口试、实际操作和身体素质全面考评。7 月 3 日，载人航天工程航天员选评委员会评定结果揭晓：14 名航天员全部具备了独立执行航天飞行任务的能力，予以结业并同时获得三级航天员资格。中国航天员大队的训练淘汰率为零，这在世界航天界绝无仅有，按照美国和俄罗斯的经验，航天员在训练中的淘汰率一般为 50%。

接下来，专家们在 14 名通过考核的航天员中，选出 5 名表现更为突出的进入下一阶段，又经过为期 2 个月的强化训练，选出 3 人进入首飞梯队，最后通过具体针对首飞任务的训练模拟，确定执行任务的 1 名航天员。这种考核排位，是十分残酷的，在很多课目中，第一名和最后一名的分差也只有一两分甚至零点几分。

2003 年 9 月中旬，全体航天员来到酒泉卫星发射中心载人航天发射场，进行最后的训练和选拔。杨利伟和翟志刚、聂海胜三人首飞梯队进行了"人—船—箭—地"联合检查演练。

那年国庆节，航天员中心给首飞梯队三人放了三天假。这三天，杨利伟哪儿也没有去，就和父母、妻子和儿子待在家里，和他们一起吃饭聊天。在此之前，他已经有半年时间没回家了。执行任务前，能和家人团聚，感觉非常温暖，那是一名即将出征的军人，对亲人和家庭的依恋和珍惜。

2003 年 10 月 12 日，杨利伟和翟志刚、聂海胜就要告别亲人、战友，奔赴酒泉卫星发射中心了。头一天晚上，杨利伟特意回了趟家。平时，家里的电子闹钟都是他调，他就拿起闹钟对玉梅说，"我走了，你也不会调表，我教教你吧"。说得似乎很随意，但他其实是想了很久才说出来的。玉梅一下就听出了他的意思，一把抢过闹钟，坚决地说："不，我等你回来给我调！"

第二天清晨，整个航天城的老老少少，都来为他们送行，在那样热烈的欢送场面中，杨利伟和翟志刚、聂海胜平静地登车，离开了航天城。

2003 年 10 月 14 日下午，载人航天工程指挥部在酒泉卫星发射中心召开会议，确定杨利伟为首飞航天员，翟志刚、聂海胜为备份航天员。按照要求，他们直到飞船升空的最后一秒，都会时刻做好准备。当晚7点，杨利伟收到执行首飞任务的消息。尽管心里热流涌动，但他还是尽量保持心理稳定，平静地说："感谢祖国和人民给了我这个机会，我一定以一颗平常心去做好准备，完成首飞任务。"

2003年10月15日凌晨2时，随行医生将杨利伟和翟志刚、聂海胜唤醒，开始任务前的体检和各项测试。

其实，每次载人飞行任务，无论是杨利伟还是后来的航天员们，无论是谁，在那种情况下都无法克制自己的情感。

钻进飞船，杨利伟按程序做着各项准备工作。医学监视数据显示，直到9点钟火箭发射那一刻，他的心律始终保持在76下。

时间在一分一秒地过去。离火箭点火起飞的时刻越来越近了。此时，他想到了指挥大厅里的科技人员，想到了自己肩负的重大使命，想到了身边的战友在关注着我，该用什么方式表达一下心意和决心呢？

"10、9、8、7……"当指挥员倒计时口令传来时，杨利伟情不自禁地举起了右手，向祖国和人民敬了一个庄严的军礼！心里默念着，放心吧首长，放心吧祖国！表达一名军人、一名航天员内心的使命感和信心。

如今，这个令人动容的动作也不经意间成了航天员们在发射前的"标配"。

往往，当一个英雄诞生，普通人会不由自主地被他的光环所吸引，却鲜有人探究传奇背后的风险和代价。

9时整，在震耳欲聋的轰鸣声中，火箭拔地而起，载着杨利伟飞向太空。他全身用力，肌肉紧张，整个人收得像一块铁。飞船逐渐加速，负荷逐步加大，但他感到那种压力远不像训练中那么大，全身的肌肉才渐渐放松下来。

火箭在上升到三四十公里的高度时，突然与飞船产生了强烈共振，舱内的一切，包括杨利伟自己都开始急剧振动，加之这个振动叠加了8个G的负荷，他感到眼前一片漆黑、五脏六腑似乎都要震碎了，以为自己要牺牲了。这是杨利伟在地面成百上千次训练时从未经历的。"坚持一下……再坚持一下！"杨利伟咬紧牙关坚持着！共振似乎是太空在考验这位来自中国的首个造访者，不适感竟很快减轻了。杨利伟感到从没有过的轻松和舒服，如释千钧重负，如同一次重生。

飞天途中，前路艰险，许多不可预知因素地面无法完全模拟，低频共振就是其中之一。众所周知，飞船舱 10 赫兹以下的低频振动会与人的内脏产生剧烈共振，直接威胁航天员的生命安全。科研人员虽然料想到并做了相应处理，杨利伟所经历的却始料未及。这一次共振持续了 26 秒，如此短暂，却又如此漫长，来势汹汹，却阻挡不了中国航天员征服太空的脚步。

后来，经过科技人员共同努力，终于解决了这一共振问题，在以后的飞行任务中再没发生此类情况。

火箭继续往大气层外飞去，速度越来越快，逃逸塔分离，助推器分离，一、二级火箭分离，整流罩分离……就在那一瞬间，杨利伟突然感觉到自己的身体似乎飘起来了，他意识到，飞船已经脱离地球引力，真的来到了太空。

还来不及体验失重的奇妙感受时，杨利伟觉得好像头朝下脚朝上，十分难受。他意识到这是在太空失重状态下出现的一种错觉，如果不及时克服，就很可能诱发"空间运动病"，影响任务的完成。他用平时训练的方法，凭着顽强的意志很快就调整过来，恢复了正常。

来到茫茫无际的太空，杨利伟看到了一幅神奇美妙的景色。舷窗外，阳光把飞船太阳能帆板照得格外明亮，那下边就是人类居住了几百万年的美丽地球。蔚蓝色的地球披着淡淡的云层，长长的海岸线在大陆和海洋间清晰可辨。飞船绕着地球高速飞行，90 分钟一圈，一会儿白天，一会儿黑夜。黑白交替之间，地球边缘仿佛镶了一道漂亮的金边，景色十分迷人。他赶紧拿起摄像机，把这美丽的景观拍摄下来。此时此刻，他由衷地为祖国的科技发展水平和综合国力的不断强盛感到自豪，为中国人飞上美丽的太空感到骄傲。

独自在太空飞行，但一想到亿万祖国人民翘首以待，杨利伟觉得不是一个人在飞，觉得自己是代表着所有中国人甚至是人类来到了太空。于是他拿起太空笔，在工作日志的背面写上了这样一句话："为了人类的和平与进步，中国人来到了太空"，并在舱内镜头前向祖国人民、世界人民展示。

"为了人类的和平与进步"，是中国发展载人航天事业的初衷；"中国人来到了太空"既描述了一个历史时刻，也表达了为祖国航天事业感到无比自豪的心情。

当飞船飞行到第七圈时，杨利伟又在太空展示了中国国旗和联合国旗，表达了中国人民和平利用太空、造福全人类的美好愿望。

进入太空的机会太珍贵了。根据飞船飞行程序的安排，杨利伟可以在太空中休息六个小时，但他只睡了半个多小时。因为首次太空飞行，对他来说机会太难得，时间太宝贵了。他除了完成规定的飞行程序和任务外，抓紧分分秒秒，尽可能多地体验在太空中的失重感受，多做一些动作，多拍一些资料，为今后的训练和任务多积累经验。

杨利伟把飞行手册、摄像机皮包、笔和电池板等物品抛在空中，用手轻轻一推，它们就会飘动旋转，非常有趣。他还解开束缚带让自己飘在空中，一会儿倒立，一会儿旋转，做各种动作体会失重情况下身体的感受。他把这一切都录了下来，带回了地面。

当飞船飞行到第八圈时，北京指挥中心通知杨利伟与家人进行天地通话。这个程序事先没有安排，当听到这个消息时，他非常激动。这使他想起了当航天员这几年来，父母、爱人和孩子对他的巨大支持和付出。这些年，他欠家人的实在太多太多了。由于航天员职业的特殊要求，节假日他不能陪伴她们，连上街给孩子买件衣服的机会都很少。

天地通话开始了。耳机里传来妻子的声音："利伟，你怎么样？""我们看到你了，我们都为你感到骄傲！咱爸、咱妈和孩子都来了，我们期待你归来！"

杨利伟回答："感觉非常好，放心吧。谢谢你们的支持和鼓励！"接着他 8 岁的儿子问他："爸爸，你看到什么了？"他高兴地对儿子说："我看到咱们美丽的家了！我想，这个家，就是我们伟大的祖国，这个家，就是我们美丽的家乡！"

赶上航天事业蓬勃发展的好时代

2003 年 10 月 16 日 4 时 31 分，杨利伟在神舟五号飞船上接到了返航的命令。6 时许，飞船脱离原来的轨道，沿返回轨道向着陆场飞行。

返回阶段，是整个飞行的最关键也是最危险的阶段。在这个阶段，飞船要以每秒 8 公里的速度穿越"黑障区"，船体要经受几千度高温的考验，航天员要承受比发射升空时更让人难受的载荷冲击力。按照程序规定，杨利伟精心做好了各项准备。

6 时 04 分，飞船飞至距地面 100 公里，逐步进入稠密大气层。这时，从未见过的惊险一幕出现了：飞船与大气摩擦产生的高温，把舷窗外面烧得一片通红，在通红的窗外，飞船表面防烧蚀层剥落产生的红色白色碎片不停划过。一瞬间飞船变成了一团大火球，杨利伟仿佛是坐在一个熊熊燃烧的炼丹炉中。更令人害怕的是，飞船右侧的舷窗竟然开始出现裂纹。当时他心里特别紧张，心想，这回看来是真的要光荣了。后来才知道，这个裂纹是舷窗外的防烧涂层，而不是玻璃窗本身。

几分钟后，与地面的通信恢复了，杨利伟知道 40 多公里的"黑障区"

已顺利穿过，再过几分钟，就要着陆了。他仔细观察着各种仪表，牢牢握紧操作杆，准确判断着陆程序的执行情况。随着引导伞、减速伞和主伞相继打开，飞船速度逐渐慢下来。由于强大的惯性作用，飞船出现自身旋转和大幅度来回摆动，巨大的冲击力冲撞着他的全身。离地面越来越近，随着"嘭"的一声巨响，飞船返回舱防热大底抛掉了。就在飞船即将落地的一瞬间，杨利伟准确判断反冲发动机已经点火。在确定飞船已经落地后，他迅速切断伞绳。

6 时 23 分，飞船降落在内蒙古四子王旗阿木古郎草原腹地，而这一时刻，正好是当天天安门升国旗的时刻，这真是一个无法设计的巧合。

飞船落地时，杨利伟的嘴唇被头戴式麦克风磕了一下，鲜血一下子流了下来。但他顾不得了，为了这次飞行，命都可以不要，流点血又算得了什么？！

杨利伟向指挥部报告："我是神舟五号，我已安全着陆。"几分钟后，着陆场搜救队员就来到返回舱旁边，帮他打开舱门。开舱门那个年轻士兵叫李涛，一看到他，杨利伟的第一个念头就是——可见着亲人了！

神舟五号飞行结束了，中华民族的千年飞天梦想实现了，杨利伟也从一个与外界接触甚少的人，一下子变成了公众人物，甚至成了"名人"。但他深深知道，是祖国和人民选择了他，是千千万万科技人员托举着他飞上太空，而飞天正是每名航天员的职业和事业、初心和使命。树高千尺唯有根深，江流万里不忘本源。只有不忘初心、牢记使命，才能飞得更高更远。

飞天归来，祖国和人民给了他崇高的荣誉，他也发誓要倍加珍惜这份光荣，争取创造更大辉煌。

2008 年 7 月 12 日，杨利伟被授予少将军衔，成为中国航天员队伍里第一位将军，先后担任中国航天员中心副主任和中国载人航天工程办公室副主任、中国载人航天工程办公室主任。从一名士兵成长为一名将军，从一名担负飞行任务的航天员成长为一名载人航天工程组织管理者，杨利伟庆幸自己赶上了祖国航天事业蓬勃发展的好时代，才有了实现理想的机遇和平台。

每次参加国际会议和航天交流，国外航天界的同行总是盛赞中国航天事业的飞速发展，惊叹于中国的成就。到美国参加会议时，曾经和阿姆斯特朗一同登月的美国宇航员奥尔德林，专门来到杨利伟住的酒店拜访。80多岁的老先生激动地说："没有中国人的太空是不完美的。祝贺你！祝贺中国！"

五千年飞天梦想，八万里巡天遨游。成功往返天地间，圆千年夙愿，振亿万民心，扬国威军威，杨利伟在中华民族英雄史册上写下了首位航天员的名字。而在未来中国空间站建设、载人登月的太空新时代，他将继续致力于让中国人的脚步更高更远更稳。

钟南山

白衣天使

叶依

　　2018 年广州的春天，急匆匆地温热起来，清澈的阳光催生着簇新的叶子。狭长拥挤的沿江西路老街上，一幢 30 层的大楼特别醒目，因为它的名称在楼的最高处：广州医科大学附属第一医院及广州呼吸疾病研究所。患者远远就能看到。15 年前，抗击 SARS——非典胜利后，时任广东省委书记的张德江，要到中央任职了，临行前他问抗击非典的功臣钟南山院士有没有什么要求要提。于是，经过钟南山的申请，就有了这幢大楼，广州医科大学附属第一医院，从此结束了全国"袖珍"三甲医院的历史。

　　这家医院越来越蜚声国际，钟南山作为其下属机构广州呼吸健康研究院的缔造者，获得美国胸科医师学会（ACCP）2017 年年度"呼吸医学伟人"（Giant of Respiratory Medicine）的称号。这是美国呼吸医学界首次把这样的称号颁给中国医学家。在中国，抗击非典胜利之后，钟南山被大家称作

"呼吸医学领军人物"。

钟南山回忆 1979 年他被国家派往英国皇家医学院进修，看到中国与英国的医学水平差距极大，1982 年到香港开医学会议，还是深感差距极大。而如今，中国的胸肺医学研究及医疗水平与英国已不分伯仲，他欣慰地说，今天，中国的胸肺医学研究达到国际先进水平甚至领跑某些领域。

2008 年钟南山与他的团队在世界医学权威杂志《柳叶刀》发表论文《羧甲司坦对慢性阻塞性肺疾病急性发作的作用》，这是他的团队经过六年双盲对照实验，对廉价老药羧甲司坦研究的重大成果。这篇论文的成功，不仅对慢性阻塞性肺疾病治疗是重大突破，而且拯救了因为廉价濒临停产的国企老药。

2014 年他与团队再次于《柳叶刀呼吸医学》发表《高剂量 N- 乙酰半胱氨酸预防慢阻肺急性发作》的论文。这些含硫氢基的廉价化合物已经被列入 2015 世界卫生组织《慢性阻塞性肺疾病的诊治指南》的治疗药物中。

慢性阻塞性肺疾病在我国将近有一亿人患病，其中 90% 以上均为早期。但在我国及国际的防治指南上，却关注不到这 10% 的中晚期病人，治疗效果较差。2009 年在一次罗马国际慢阻肺大会上，钟南山就提出"早诊早治"的观点，经过近八年的努力，他的团队终于首次证实慢阻肺在早期无症状时进行治疗可以使肺功能明显改善，并且有一定的可逆性。研究结果于 2017 年底在《新英格兰医学杂志》上发表，为慢阻肺的防治提出新的战略，即要像对糖尿病、高血压那样在早期无症状或极少症状时就进行干预，可以明显改善疾病的进程。钟南山期待这个早防早治新战略能在中国广泛开展，在不到十年的时间就能明显提高慢阻肺患者的生活质量，降低病死率。而不像高血压、糖尿病那样，需要 20 多年的实践，才懂得早诊早治的意义。

同样，钟南山团队和国际几家著名的医学研究院共同组织了全球哮喘早诊早治的多中心临床试验，也证明早期治疗可以明显改善患者的生活质量，

● 钟南山出诊

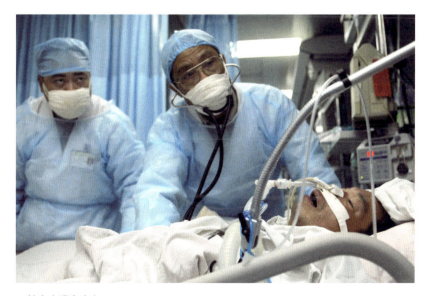

● 钟南山观察病人

研究结果也在 2018 年的《新英格兰医学杂志》发表。 这是我国两千多年前《黄帝内经》所述的"上医治未病"在慢性气道疾病诊治中的最好体现。

"不唯书，不唯上，只唯实"

医院大楼前面是八层的老门诊楼，一部分老门诊楼的病房仍在六层、七层和八层，82 岁的钟南山院士正在查房，和蔼、体贴的他总是让病人变得踏实。 在这栋楼查房或者出诊，他还和中年时一样从不乘电梯，他的步履风一样快，从一层病房出来到另一层病房，一群研究生博士生忙不迭小跑随后，一转眼，又不见了导师的踪影。

他时常抽暇锻炼身体，首先是为了更精力充沛地工作，不坠青云之志，不忘初心，牢记使命，永远奋斗，所以他喊出的"青春万岁"，声音是那么洪亮。

他仍然每周出诊。 他每每健步如飞经过诊室前坐等的患者和家属，人群里低低地发出"钟南山、钟南山"的声音。 几十年如一日，他会在出诊时间之前到诊室。 每一个病人进来时，他总是站立着迎着病人："老张啊，好点了吗？""老李啊，有十来年没见吧？"有的病人干脆就是来找他"话疗"的，而他就像病人的故交，每个病人都有倾诉的渴望，他总是那么安静地听着每一个病人的述说。 有的老年人，聊的已经不是自己的病，而是挂念儿女、着急生气的家务事，但是聊过一场之后，病人说说笑笑自己就站起来，好像聊完大天要走了，"哎？ 我怎么哪儿都不难受了？"刚进门时的胸闷气短全没了。 钟南山和病人"话疗"，甚至谈笑风生，如果不是他穿着白大褂，真是不太好分辨哪个是病人，哪个是医生。 钟南山对待每一个病人的细心体贴，都是由于敬畏生命，是在履行誓言，遵从信仰。

他最大的快乐，就是给病人看病，一是解决病人的疾苦，二是科研不能离开一线，否则就是无源之水，无本之木，一手资料永远是他自己的所见所闻。"不唯书，不唯上，只唯实"，操守已化为本能。

一位陕西的老太太由三位家人搀扶着挪进门来，老人家瘦弱不堪，面如灰土，鼻端带着氧气："大夫，你看俺还能活不？"声音像从很远的地方发出的。"不要紧，啊。"他搀扶她慢慢坐下，双手从老人肩上轻轻抚下，老人的紧张感就放松了，他坐在对面俯下身来对视着她的眼睛，老太太抬起眼皮，她的双眼里照进了光亮。这个普通的老太太，大概不会明白什么叫院士，什么叫"白求恩奖章获得者"，甚至可能不懂"抗击非典英雄"……但是对她来说最实际的，莫过于"你看俺还能活不？"……

一对中年夫妇进门"扑通"跪下："谢谢钟大夫救命之恩！"……

一位年轻的小伙子双眼含泪："谢谢钟大夫，您这句话救了我们全家——原来我得的不是癌症"……

傍晚，诊室外安静了。我手指一块赞美他的素匾——"大医济世"，问他的感想。过了好一会儿，他认真地问："你是不是说我对病人还比较有责任心啊？"此时，82岁的钟南山院士，像个单纯的少年。

"哦"，他又若有所思，把从前说过的那句话，重新实实在在地对我说了一遍："其实，我就是一个看病的大夫。"

"白衣天使"是患者对医护人员的尊称，其寓意是：纯洁、善良、富有爱心，是奉上天的差遣到人间来治病救人的天使。因他们从事救死扶伤的神圣事业，给人类带来希望和快乐，所以被誉为"白衣天使"。在中国，15年前有一些名字永恒地诠释了"白衣天使"的含义：叶欣、卫保周、王晶、李晓红……他们牺牲于2003年非典疫情救死扶伤的战场。对于英雄来说，牺牲不是目的，但是英雄却意味着付出生命。而白衣天使的天职，是以爱心乃至鲜血和生命来救死扶伤。他们的终极之美，与英雄无异。

"实践是检验真理的唯一标准"

2018 年 5 月 27 日，钟南山深夜到达北京。在北京，他经历了大学生活、十项全能的运动员生涯、甜蜜的爱情、下放改造，甚至生离死别，这里是让他尝尽苦辣酸甜的故地。酒店餐厅没有夜宵，他凑合到天亮。第二天，中国科学院第十九次院士大会、中国工程院第十四次院士大会开幕，习近平出席会议并发表了重要讲话。他说，习主席关于科技强国的一番话语，让他感到欣喜："我可以大胆地推进产学研一体的实践了。"

当 47 年前钟南山历经坎坷成为一位名副其实的医生时，他只是信心满满要向自己的医学家父亲钟世藩那样，执着于事业直至最后一刻。1978 年中国知识分子迎来改革开放的春天，第一届全国科学大会在京召开，老科学工作者们喜极而泣，"十年生死两茫茫"，许多人抱头痛哭。钟南山作为广东省的代表参加了这次历史盛会，所见所闻令他感慨万千。他与侯恕合写的论文《中西医结合分型诊断和治疗慢性气管炎》，被评为全国科学大会成果一等奖。报告文学《哥德巴赫猜想》一书中的主人公、那位摘取数学领域皇冠的科学家陈景润，就坐在代表席中，钟南山的心情久久都不能平静，陈景润消瘦但却精神矍铄的神情与气韵，深深印入他的脑海。

"实践是检验真理的唯一标准"，中国人由衷地为这句话叫好。至 2018 年，它整整伴随了中国改革开放 40 年风雨历程！而 2003 年一场瘟疫，让共和国亲历了活生生的历史检验！

2008 年我因采写《钟南山传》来到广州。我需要为一个个疑问找到答案：钟南山是中国工程院院士，呼吸疾病研究与治疗的领军人物，2003 年疫情袭来时，他承载了危难关头的千钧之重，而一个血肉之躯，何以毅然决然把个人的生死安危置之度外？当他急于查明病毒，却为何触及"国家机密"？当他连续工作 38 小时，体力不支病倒之后，为什么面临回家养病的窘境？大病初愈，他重返非典一线，为什么非要冒着二次病倒的危险仔细查看每一个病人的口腔？在得到有力的一手数据之后，他又是经历多少周折，顶着多大压力，力排众议，勇敢质疑权威的声音，为非典病人的救治方案指明了方向？为什么"查看过每一个病人口腔"的结果，竟赢得国际医学权威的竖指赞叹？被普遍关注的皮质激素的使用，导致那么多病人股骨头坏死，与他究竟有怎样的关联？当疫情肆虐之时，医务人员纷纷感染病倒，他为什么敢冒着天大的危险挺身请缨："把重病人都送到我这里来！"而这之后的情形又是怎样？当国际社会普遍指责中国瞒报疫情时，他不顾劳累走访多个国家和地区，用有力的事实和依据，让国际社会了解到中国政府对抗疫情所做的努力，这，又何以是他自愿的行为？德高望重的前副总理吴仪，为什么在危难之时表明对他的器重？前总理温家宝出访，为何让他陪同？当 2004 年非典再次显露迹象，他追根溯源，果决建言捕杀唯一的线索：果子狸，切断冠状病毒的传播之链，这其中他又是顶着多少争议？

非典由广东波及北京乃至全国，甚至世界，不知来路，无从针对，无章可循，尤其是毫无防备，可谓问天无路，而当大批的患者纷纷倒下，大剂量的抗生素治疗无效，那是怎样的不堪？！

初试皮质激素

非典时期很多病人一经发现，已经处于危重状态：肺组织变硬，不能自主呼吸。此时的关键是早期发现，早期处理。其一是早期使用无创通气,让萎陷的肺打开;其二是使用合适剂量的皮质激素,减少肺部的炎症和损伤。

由于广东省最早发现非典病情,所以临床治疗中最早使用皮质激素。广东人可谓身先士卒,为中国乃至世界最后征服SARS——非典铺了路。广东使用无创通气及皮质激素治疗非典患者收到了很好的效果,在被救治的病人中,出现股骨头坏死者,广东仅为2.6%,在全世界是最低的。

继2002年12月第一例"毒王"降临广东,之后患者暴增,医务人员相继倒下。2003年1月下旬,呼吸疾病研究所的女医生吴华副主任医师和另几位医生被非典病人感染。当时大病初愈的钟南山看到连伤几员大将,心中又痛又急,眼泪不知不觉流出眼眶。这是他一手缔造的呼吸疾病研究所,现在面临前所未有的挑战,而这场战役到底要打多大,打多久?

实践证明,吴华康复的过程,为钟南山使用皮质激素提供了最好的支持和佐证。病倒的第四天吴华开始住院,当时接受了大剂量的抗生素静脉注射,但高烧照样不退,作为医生的吴华自己要求使用皮质激素。出于对坚持用抗生素专家的尊重,吴华不得不接受抗生素的继续治疗。但是后来医生见吴华用皮质激素效果不错,就允许她继续用。吴华深知皮质激素的过量使用会导致股骨头坏死等许多副作用,所以用量很谨慎,恢复得很好,一点气促的感觉都没有了,走路快步如飞都没有问题。她和家人一起到悉尼去探亲,回来以后恢复得很好,马上就上班了。

当时多数人主张用抗生素治疗非典,但是,钟南山和他的团队查过的病人,绝大多数没有衣原体感染,使用抗衣原体的抗生素一点效果都没有。"毕竟我在一线!"他说,只是从死去的患者尸解找凭证,就在全国范围内宣称应该将抗生素作为主要治疗手段,"这怎么行啊!"钟南山忧心不已。

钟南山和广东的团队制定的无创通气法与皮质激素疗法由广东省卫生厅

于 2003 年 3 月 9 日以《广东省医院收治非典型肺炎病人工作指引》的文件形式，下发各地市与省直、部属医疗单位。

说实话，佑苍生

钟南山力主不能掩盖疫情，要对中央说实话，要国内乃至国际通力合作对待共同的敌人——非典。当 2003 年 1 月初，满世界找不到答案的危急之时，钟南山把非典病人病毒样本交给在香港的学生，希望通过合作的形式找到病原，以便及早找到针对性的治疗方法。

他终于急累交加病倒在非典一线，为了不惊动大家，不影响战友们的士气，他这个一线的"指挥官"，由儿子陪着静静地回家治疗。几天后他就又拖着尚未痊愈的病躯回到了救治一线。护士为他穿上并不厚重的防护衣，本来身强力壮的他，却因为体弱不堪"重负"。他一脚踏进重症监护室，力量就又一下子回到身上，因为这里是死神与天使分分秒秒争夺生命的战场。

钟南山每天用体恤的目光、慈心的话语查看一个又一个病人，他恨不能生出巨大的翅膀，驱散迷雾，降服疫魔，护佑苍生。多一个患者殒命，他的心就多一次滴血；多一个患者生还，他就多了一个幸福的节日。一位体质健壮却重度染病的患者，用过激素之后身体反应亢奋，五六个医生也压不住，但当他透过防护服认出了走过来的钟南山，惊喜之中立刻不再抗拒："我知道您是钟医生"，然后顺从地躺在他的臂弯上。中央电视台的记者王志扛着摄像机记录着这里的一切，他流着眼泪说："如果我们倒下了，就在这里治疗。"这之后钟南山在王志制作的《面对面》节目，对王志述说医务人员舍生忘死的救护时，这位 67 岁的铁汉，双泪纵横。

一次钟南山缓缓地走出病房，回到办公室，一位久候的记者轻唤了他一声"钟院士",他回过头的一瞬,这位记者按下了快门,用图片永远地记录下了他清癯却双目炯炯的脸。

当非典病人速速挤满了广州乃至广东省的各大医院,危局之下,钟南山大声地请求:"把重病人都送到我这里来!"

2003 年 4 月,一年一度的清明节,每年随家人给父亲扫墓,钟南山都是默默不语。可是今年此时,在一生正直不阿的父亲面前,钟南山合手当胸竟喃喃不休:"爸爸,怎么办?我想说出事实,可又不能……"

钟南山最直接的一次"对着干",还让领导下不了台,是在 2003 年 4 月世界卫生组织针对非典疫情在北京召开的记者招待会上。事先,钟南山被提醒:说话委婉一些。钟南山也想说几句能过关的好话就算了。然而面对各路记者的反复盘问,钟南山终于忍不住了:"什么现在已经控制?根本就没有控制!"有个外国记者追问:"中国医护人员的防护有没有到位?"钟南山立刻回答:"没有!"

他的真话,让四座骇然。许多人问过钟南山,这样"对着干"难道就不怕吗?他说:"我想了,我不过就是个大夫,你总不能不让我看病吧?"

2003 年 4 月底,时任总书记胡锦涛在张德江、黄华华等领导的陪同下,考察广东抗非一线的成果。中央电视台《新闻联播》将这一消息传遍全国。当胡锦涛沉吟片刻说道:"大协作!"广东的专家欢喜不已。搞国际协作,是钟南山梦寐以求的啊,他独立一隅,眼眶噙满了泪水……

2004 年 7 月 20 日,第七次全国归侨侨眷代表大会上,钟南山被评为"侨界十杰"。时任中共中央总书记胡锦涛亲自为他颁奖,并对他说:"你在非典防治中做出了突出贡献,人民感谢你。"

"有的人很少流泪,那个时候却会泪流满面;有的人很少动心,那个时候却会怦然心动。在那充满疑虑充满期待的日子,有一个人让我们踏实,让我们感动……"

　　这是中央电视台"感动中国 2003 年度人物"颁奖盛典中，主持人敬一丹的开场白。鲜花和掌声是对英雄的礼赞，铭刻人民心中的是：难忘。《感动中国》的推选委员这样感言：钟南山院士，在非典袭来的时候，他置个人安危于度外，积极救治病人，还卓有成效地探索出防治非典的经验。他是为人民健康做出巨大贡献的英雄。

邓丽君

我的家在山的那一边

陈露露

一个中国人，他的记忆里一定有邓丽君。

对于普通人来说，改革开放的春风几时吹进自家家门他们未必说得清。可是，回忆起七八十年代的日子，他们准能说上几天几夜。而这些回忆里，总会有邓丽君的歌声笑影。正是由于邓丽君歌曲与大陆改革开放的特殊因缘，邓丽君这个名字对于中国人才别具意义。

本来，一位台湾女歌星能与大陆的改革开放有什么关系呢？可事实上，邓丽君在大陆的流行正是伴随着改革开放而产生的，邓之歌曲在大陆从"隐"到"显"的过程正与改革开放的进程相呼应。

"私会"邓丽君

"甜蜜蜜，你笑得甜蜜蜜，好像花儿开在春风里……" 20 世纪 70 年代末，当邓丽君的声音悄悄通过收音机和录音机、初次飘入大陆青年的耳朵，那柔情似水的歌声立刻填补了他们内心深处空白许久的某一处，抚慰了他们束缚已久的心灵。

邓丽君生于1953年，自幼便随父亲学习京剧，随母亲学唱歌，据邓丽君儿时老师、邻居回忆，六年级时邓母就常带邓丽君外出表演了。1967年，十四岁的邓丽君推出了第一张个人专辑，正式进入乐坛。1969年，邓丽君因演唱电视连续剧《晶晶》的同名主题曲而成名于台湾。此后，邓丽君进军中国香港、日本、东南亚，歌声流遍八方，成为七八十年代亚洲广受欢迎的歌星，创下很多唱片销售纪录和演唱会纪录。而尚处封闭的大陆却在邓丽君成名多年之后，才与她的歌声偷偷相会。

偷听邓丽君是一代人的集体记忆。从有关纪录片、回忆文章中，可以看到许许多多偷听的例子。就偷听的方式而言，主要有两种：电台、录音机。七八十年代，国内的主要传播媒介仍然是广播，最开始，邓丽君歌曲就是随着电波流进了一部分年轻人的心里。彼时，台湾与大陆还是敌对状态，虽然邓丽君已经名满天下，在大陆却鲜有人知晓。但是，收音机调台时偶然碰到的境外电台还是让人们听到了不同的声音。

一个让很多国人接触到邓丽君的电台是澳洲广播电台（澳广）。澳广娱乐节目和旅游节目居多，因而成为人们收听邓丽君的上佳选择。1978年，澳广中文部开办了一档名为《您喜爱的歌》的节目，这是一个以点歌为主的节目，点播率最高的曲目也多是邓丽君的歌。

说起那段偷听境外电台的日子，人们记忆犹新。《文史博览》杂志曾刊登过一篇《偷听邓丽君的日子》，讲述了不同人的偷听经历。一名1978年入伍的通信兵，在排长的收音机中第一次听到了敌台传来的邓丽君的歌声，那温柔的歌声瞬间征服了他的耳朵和心灵，让他永生难忘。

那时，收听敌台和听邓丽君都是犯禁的事，"文革"期间，这样的行为

● 1980 年，邓丽君（右一）家人合照

如果被发现就有被判刑的可能，"文革"结束后，社会空气松动了不少，但此类行为仍免不了被批评、警告。

20 世纪 70 年代末，录音机开始在大陆流行起来。对于很多青春岁月在七八十年代的人来说，邓丽君就存在在单卡录音机里，这种被称为"砖头"的录音机是他们的青春记忆。邓丽君的磁带最先出现在广东、福建等东南沿海地区，随后经过翻录得到更广泛的传播。有些人则通过海外的亲戚、朋友得到邓丽君的录音带。有的南方地区甚至把邓丽君磁带列为嫁妆的必备品。

那个年代的"砖头录音机"如今早已成为年轻人不曾见过的老古董，但通过录音机偷听邓丽君的难忘经历还鲜活如初。在一个邓丽君的主题帖吧里，就有网友发起了"寻找当年用单卡录音机悄悄听邓丽君歌的同龄人"的话题，引发一众邓丽君老歌迷跟帖，纷纷追忆当年又害怕又兴奋的偷听岁月。

● 邓丽君在演出中

歌声里的启蒙

　　如果只用一个词形容偷听邓丽君的感受，大概是"惊心动魄"。

　　1949年以来，阶级斗争一直是中国社会生活的主旋律，个人被要求完全服从国家意志，"公"与"私"、"大我"与"小我"之间，前者以绝对的权威将后者逼退到无立锥之地的地步。大众的情感世界和精神生活一如物质生活的贫乏、单调。就音乐而言，1949年至"文化大革命"结束，大众耳鼓充斥的是"进行曲"式的革命歌曲、语录歌曲，"文革"期间更是一遍又一遍地听"样板戏"。可以想见，听腻了这些强硬的"大我"格调音乐的人，第一次触碰到温柔甜润的邓丽君歌曲时，产生的触动该何等深刻。

　　许多人回忆起第一次听邓丽君歌曲的情形，都有一个共同感受，就是觉得那歌声无比温柔，说不出的美妙。但其实，邓丽君带来的触动的深刻性在邓丽君的"抗拒"者身上体现得更彻底。有人认为，邓丽君歌曲是"靡靡之音""黄色歌曲"。在官方的宣传教育之下，不少人会主动避开邓丽君的歌。李皖在《邓丽君与靡靡之音》中，就谈到自己中学时代受主流道德观念的影响，从不主动听邓丽君。

有些人即使无意中听到，第一反应也不是陶醉，而是恐惧：为自己听了"反动歌曲"的错误行为而恐惧，进而为自己心中对这样歌声的隐隐向往而惊慌无措。正如叶开《单卡录音机里的邓丽君》一文里回忆的那样，"好花不常开，好景不常在"这样低回婉转的歌声在一个普通中学生听来，是"可怕"的，因为他明确地意识到，自己听到的正是学校里政治老师、班主任和校长反复强调了危害性的"黄色歌曲"。"耳朵里听见这歌声，我像被电击一样，浑身麻痹。邓丽君的清冽歌声，像毒液一样啮噬我的耳朵，让我进入了神志昏迷状态。这种短暂昏迷，不是因为听到天籁音乐那种美妙的震惊，而是立即警惕地想到这是黄色歌曲的恐惧。"所以，"我当时的第一反应，是赶紧开溜；第二反应，是向班主任汇报；第三反应，是非常愤慨有人竟公然地在这人民群众中间播放黄色歌曲。"然而事实上，更让人感到不安甚至可怕的是，明知道自己听到了"黄色歌曲"，却控制不住地被歌声所吸引，亦无法向他人坦白心里的秘密，内心既兴奋又矛盾。

这种带着痛楚的启蒙恰是邓丽君歌曲之于改革开放的中国社会的意义。"文革"结束后，中国社会步入了新阶段。人们要求挣脱过去的种种枷锁，建设新的社会秩序。"思想解放"成为时代主题。文艺界的"伤痕文学""反思文学"，思想界的"人道主义"思潮都是破除极"左"政治意识形态、释放自然人性的要求。同样地，听惯了革命歌曲的大众对邓丽君的选择也是解放思想这一洪流中的一朵浪花。

在极"左"政治意识形态禁锢下，个体追求世俗物质生活的合理性是被否定的，思想解放的一个主要诉求就是让长久缺席的"个人"回归，大众的个体权利意识逐渐觉醒，"私"和"欲"逐渐得到肯定。而邓丽君的歌曲无意中暗合了这一需求。

从邓丽君在大陆最受欢迎的几首歌曲内容就可以看出端倪。如《路边的野花不要采》，歌曲内容是一位女子送别心上人之际，担心心上人在外变心，于是以"虽然已经是百花开，路边的野花你不要采"的比喻，叮嘱对方勿移情别恋。歌词直白，旋律简单。另一首《甜蜜蜜》唱道"在哪里，在哪里见过你，好像花儿开在春风里，开在春风里……"，同样是明白如话的情爱之词和简单易学的曲调。而《月亮代表我的心》唱道"你问我爱你有多深，我爱你有几分"，"轻轻的一个吻，已经打动我的心"，更是一首显而易见的描写爱情的歌曲。这些歌曲的共同特点就是，内容以爱情为主，歌词浅显易懂，旋律简单易学。但是由于邓丽君的独特演绎，这些歌曲有了婉转动人、抚慰心灵的魅力。对于正处在个体意识觉醒时期的大众来说，这样的歌曲无疑如甘霖滋润久旱的精神园地，尤其引逗着青年一代沉睡已久的爱与美之心破土发芽。就像王朔所说，"听到邓丽君的歌，毫不夸张地说，感到人性的一面在苏醒，一种结了壳的东西被软化和溶解"。这一感受不仅是王朔的私人体验，也是属于那一代人的共同感受。

彼时刚从"文革"中抽身的中国社会，早已在长期阶级斗争中丧失了有序的公共世界，而要修复被破坏的公共世界，势必要激活大众被囚禁得麻木、僵硬了的情感世界。从这一点来说，邓丽君那软化、溶解情感世界的爱情歌曲早已超越了情爱层面，具有精神启蒙的重大意义。

有人指出，"在我们谈到80年代的'启蒙'时，邓丽君的歌似乎也不妨谈一谈。邓丽君也以自己的方式，对一代人起到了启蒙的作用——这是审美意义上的启蒙，也是情感和人性意义上的启蒙。"

邓丽君对审美的启迪不仅凭借其迥异于革命歌曲的、柔情似水、清丽婉转的独特音乐风格，还凭借其个人魅力。舞台上的邓丽君常常身着中国传统旗袍，笑容亲切、甜美，仪态温柔、大方，将中国女性的传统魅力演绎得淋漓尽致。虽然20世纪80年代前期的中国大陆电视并不普及，观众难以通过电视看到邓丽君的表演，但人们仍从她的海报、照片中体会到了温婉典雅的女性魅力。而此前，大众在电影、文学作品中只能看到男性或者"男性化"的女性。邓丽君以其婉约典雅的形象唤醒了人们对女性美的欣赏意识，拓展了人们对美的认知。

艰难的正名之路

今天，邓丽君早已成为华语乐坛不容置疑的经典，若没有大陆地区歌迷的参与，邓丽君的经典性必然要打一个折扣。但这片让邓丽君获得深刻性的土地，邓丽君本人终其一生也未能踏足，不仅如此，其歌曲也历经波折才获得官方认可。

20世纪70年代中后期，邓丽君歌曲开始进入大陆，80年代在民间逐渐流行开来。但官方对邓丽君的接受和认可却是80年代后期的事，在此之前，国内媒体对邓丽君的消息并未进行宣传，官方甚至长期禁止邓丽君歌曲的传播。

1978年，邓丽君翻唱了《何日君再来》，这首歌原唱为周璇，后经李香兰演唱后广为人知。该曲流传到大陆后引起了当时音乐界的注意。同时期，李谷一为电视片《三峡传说》演唱了歌曲《乡恋》，新的演唱方式和曲风让该曲被认为是新时期第一首流行歌曲。然而，当时的音乐界对流行音乐这样的新鲜事物还未做好思想准备。1980年，音乐界的一些老资格音乐人在北京召开了西山会议，主题就是讨论当时流行音乐的取向问题。会上，以邓丽君为代表的港台流行音乐遭到了批判，被认为是软绵绵、萎靡不振、含低级趣味、反映腐朽颓废情调的乐曲。明显注入了流行因素的《乡恋》也受到了批评。在这次会议上，邓丽君的歌曲被正式冠以"黄色歌曲"和"靡靡之音"的称呼，《何日君再来》更因为被质疑主题有问题而受到严厉批判。1982年，中国大陆官方曾把这首歌视为"不正确的歌曲，带有半封建、半殖民地色彩的东西""黄色歌曲"，同时亦以防止对民众造成精神污染为由禁止输入及播放。

或许是时代大势所趋，官方舆论对邓丽君的批判、讨伐并没有阻止邓丽君歌曲的蔓延。民众用单卡录音机翻录、传唱着邓丽君，边境走私夹带邓丽君磁带、唱片的事也不断发生，有禁愈严而流愈广之态。

拥有录音机的人，悄悄蒙在被子里听邓丽君。条件差一点的，几个人围在一起，紧闭门户、调低音量，小心翼翼地听。因为听邓丽君而受到批评、处分的事例也时有发生，腾格尔在天津音乐学院学习时，就因为听邓丽君而被学校处分。

1983、1984年，邓丽君在香港、台湾等地举行15周年大型演唱会，不仅轰动了亚洲，也引发了世界的关注。《纽约时报》当时专门访问了邓丽君，并用不少篇幅介绍了邓丽君在大陆的惊人影响。合众国际社的报道称，邓丽君的歌曲在中国各地都很受欢迎。

音乐界一批先锋音乐人士也怀着极大的兴趣和热情，偷偷研究邓丽君歌曲的配乐、演唱技法，接受来自邓丽君的流行音乐启蒙。正如许多人指出的那样，大陆的第一批流行歌手基本都是从模仿邓丽君开始的，崔健、唐朝乐队、成方圆、张蔷，这些内地原创流行乐的先驱，均曾翻唱邓丽君的作品。

转眼到了90年代，这时的中国已经进入发展市场经济时期，社会风气早已开放，邓丽君歌曲也完全解禁，再也不是"靡靡之音"。虽然此时的邓丽君已经定居法国，过着半隐的生活，很少进行公开演出，但她的歌依旧广受欢迎，成为卡拉OK的常点曲目。人们终于不必偷偷摸摸与邓丽君"私会"了，可以光明正大地享受港台歌手的各类歌曲。

1995年5月9日，邓丽君逝世，在中国台湾、东南亚、日本等地均引起极大轰动。在大陆，中央电视台在黄金时段的新闻节目里报道了邓丽君病逝的消息，并播放了十多个邓丽君生前演唱会和生活的画面，以高规格的报道向这位歌者表达了崇高敬意。而这也是大陆地区将邓丽君歌曲定性为"靡靡之音"后的首次公开宣示。

如今，改革开放已历40年，中国人的娱乐生活空前丰富，大众的精神世界里早已不止一个邓丽君。然而，邓丽君依然烙印在国人心中，只要有中国人的地方就有邓丽君。歌手腾格尔在《都是邓丽君惹的祸》一文谈道："对我们这代人来说，邓丽君不仅是一位杰出的歌唱家，还是一个文化符号。"邓丽君的歌曲无关家国天下的宏大主题，它歌唱人最私人、最普遍的爱恨情愁，然而，它出现在了呼唤人性回归、思想解放的时代面前，与历史结合开出了散发时代光芒的花朵。每当邓丽君的柔美歌声响起时，我们就能听到中国人一个时代里的"心曲"。

金　庸

为国为民，侠之大者

　　燕云十八飞骑，奔腾如虎风烟举。老魔小丑，岂堪一击，胜之不武。王霸雄图，血海深恨，尽归尘土。念枉求美眷，良缘安在？枯井底，污泥处。

　　酒罢问君三语，为谁开，茶花满路？王孙落魄，怎生消得，杨枝玉露？敝屣荣华，浮云生死，此身何惧！教单于折箭，六军辟易，奋英雄怒！

　　1981年，中国开始实行改革开放政策后的第三年，中国内地亿万读者，第一次读到《天龙八部》这阙《水龙吟》的词，无不为之惊艳。那一年7月18日，应邓小平之约，香港作家金庸在阔别家乡数十年后，首次访问祖国内地，成为邓小平复出后会见的第一位香港人士。会见后不久，金庸武侠小说引进内地，轰动全国。

这一阕《水龙吟》，是其中《天龙八部》第五卷各章回的标题连起来成的词。那时，内地很少见到这种写作技巧。不仅诗词，金庸笔下信手拈来的历史、天文、地理、中医、宗教、琴棋书画种种知识，以及字里行间"为国为民，侠之大者"的英雄气、爱国情，倾倒了亿万读者。

改革开放40年后的今天，金庸早已退隐江湖，但江湖仍述说着他的传奇。

大侠怎能不问出处

"陈家洛到得家门，忽然一呆，他祖居本名'隅园'，这时原匾已除，换上了一个新匾，写着'安澜园'三字，笔致圆柔，认得是乾隆御笔亲题。旧居之旁，又盖着一大片新屋，亭台楼阁，不计其数。心中一怔，跳进围墙。

"一进去便见到一座亭子，亭中有块大石碑。走进亭去，月光照在碑上，见碑文俱新，刻着六首五言律诗，题目是'御制驻陈氏安澜园即事杂咏'，碑文字迹也是乾隆所书……

"由西折入长廊，经'沧波浴景之轩'而至环碧堂，见堂中悬了一块新匾，写着'爱日堂'三字，也是乾隆所书……

"出得堂来，经赤栏曲桥，天香坞，北转至十二楼边……

"便是母亲的旧居筠香馆。只见馆前也换上了新匾，写着'春晖堂'三字，也是乾隆御笔。"

金庸在《书剑恩仇录》中，借主人公陈家洛的眼光，详细描写了皇帝对海宁大家族的恩宠。这种皇帝题匾、题诗，在金庸旧居中随处可见，正是查氏家族曾亲身享受过的荣耀。

金庸本名查良镛，他的武侠处女作《书剑恩仇录》问世时，将自己名字最后一字一分为二，"金庸"由此而来。"查"姓来源于春秋时期。五代十国时期，查氏出现了第一位名人，南唐军事将领查文徽。其弟查文徽一家迁徙到安徽婺源（今江西婺源）定居，直到元末天下大乱，后人查瑜带着妻儿老小，沿新安江、富春江、钱塘江，坐船躲到嘉兴。经朋友介绍，查瑜到海宁袁花镇一户人家当家庭教师，就此定居，一边"勤恳耕作，敦睦乡里"，一边"以儒为业，诗礼传家"。

从迁居海宁的第二代开始，查家便成为有名的"文宦之家"。光明朝一代，查家中进士六人，到清朝康熙年间，查氏家族人丁超过 300 人，进入全盛时期。十余人考取进士，五人进入翰林院，查家因此有了"一门十进士，兄弟五翰林"之誉。其中查昇（音同"鱼"）成为康熙近侍，康熙亲笔题写了"澹远堂"的匾额赐予他，并赐予一副楹联"唐宋以来巨族，江南有数人家"。寥寥十余字，勾勒出康熙对查家的盛赞。此外，康熙还陆续为查家题写了"敬业堂""嘉瑞堂"的匾额，恩宠冠绝一时。

虽然在金庸出生时家道已经有些衰落，但依然有良田三千亩。"文宦之家"的藏书自然丰富，"只要想看，取之不尽"。男孩子都淘气，但金庸不同，整天泡在藏书堆里，读得废寝忘食。父亲怕他读出毛病，便想方设法让他出去玩。有一次，父亲拖他出去放风筝，放着放着，一回头，人不见了。父亲急得不行："怕被别人拐走了。"找了半天没找着，回家一看，"这小子正泡在书房看书呢"。

金庸的童年生活是富足快乐的。查家一家人住在海宁老家一座五进大宅子里，里面有 90 多间房子和一个大花园。镇上有查家开的钱庄、米行和酱园店。祖父查文清还买了几千亩田地，用收到的租金设立了一座义庄，用于资助族中的孤儿寡母。凡是查家子弟，上了中学、大学，每年都可以到义庄领两次津贴。如果有人出国留学，津贴的数额更大。金庸的父亲查枢卿是祖父的小儿子，也领了一笔津贴，早早出去接受了西洋教育。

"侠义"之后，快意"恩仇"

金庸父亲查枢卿有两任妻子，第一任妻子生下五子两女，金庸排行第二。在同胞妹妹查良琇看来，祖父查文清是对二哥影响最大的人。

查文清是海宁查家的最后一位进士，曾任江苏丹阳知县，任上出过一桩轰动一时的"丹阳教案"。当时，不少外国传教士涌入中国，常常依借西方势力欺压百姓。而官府慑于西方列强的淫威，视而不见。百姓与传教士时有摩擦。终于有一天，丹阳数百人围攻了当地教堂，一把火将其烧掉。事发后，查文清的上司为了向列强交代，要求查文清处斩"为首之人"。查文清不忍，决心"力为民请命、不济则以官殉"，秘密差人通知为首两人逃走，又通知其他 37 户参与者赶紧离开丹阳。等所有事情安排妥当，他才向上司汇报，"并无为首之人"，自请辞官。

查文清去世后，37 户人家及丹阳几十位士绅，一起赶到海宁，三步一磕头，跪拜至查家祭奠。见查文清坟地狭小，他们出资买下坟地周围 60 亩土地给查家，以示谢恩。其中一户更是立下家规：凡我子孙，生男者到查家为奴；生女者，到查家为妻妾，如不纳，为婢；如不用，才可另谋职业。金庸大哥查良铿的夫人，就是这户人家的孙女。

金庸出生后不久，祖父就去世了，但这些事迹都写在族谱里。祖父不为官位利禄杀害百姓，敢于反抗外国传教士的侠义精神，深深印在金庸心里。

金庸家的长工和生，原是一个小豆腐店主的儿子，因有人垂涎其未婚妻的美貌，被陷害入狱，打成了半边驼子，当年正是他的祖父，在丹阳重审了"和生冤案"，还了和生清白，还把他带回海宁家里安顿下来。祖父的英雄气，后来被金庸写进了《连城诀》。

金庸曾说："不应当欺压弱小，使得人家没有反抗能力而忍受极大的痛苦，所以我写武侠小说。"

金庸从小就是个书迷，八岁时在家里翻到一本武侠小说《荒江女侠》，粗粗翻了几页，便迷上了，"想不到世上还有这么好看的书！"此后又读了《江湖奇侠传》与《近代侠义英雄传》等书，祖父埋下的侠义的种子开始萌芽。

1939 年 9 月，金庸考入嘉兴中学高中部，他内心深处那颗侠义的种子茁壮成长。高二时，他因为看不惯训导主任"有事没事就辱骂学生"，便仗义执言，用笔来讨伐他。在墙报上发表《阿丽丝漫游记》，生动地描绘了一条眼镜蛇威胁学生"我叫你永远不得超生"，讽刺训导主任的种种行径，被勒令退学。

后来，他转学到衢州中学，继续"行侠仗义"，写文章《一事能狂便少年》批评教导主任欺侮学生，居然还在《东南日报》发表了，不过这次他文字的锋芒收敛了不少，训育主任也只好以"你真是狂得可以"收场，没把他开除。

1943 年，金庸考进了重庆中央政治大学外文系。然而，校园里烽火烛天，特务横行。由于投诉大学里的国民党特务，金庸在大二时再一次被开除。

抗战胜利后，金庸先求学于东吴大学法学院，后供职于《东南日报》和《大公报》，1948 年 3 月，他被派往《大公报》香港分社，从此留港。1957 年冬天，金庸离开《大公报》，开始了创立《明报》的独立报人生涯。

落笔千金，侠客行

1959 年，金庸与他的中学同学沈宝新合资创办了《明报》，当时它还只是一张对开小报。《明报》创办第一年亏空严重，传说有一段时间金庸要靠典当来维持《明报》运转。据老职员回忆："查先生那时候真的很惨，下午工作倦了，叫一杯咖啡，也是跟查太太两人喝。"

小说家倪匡曾说："《明报》不倒闭，全靠金庸的武侠小说。"金庸从《明报》的创刊号开始连载《神雕侠侣》，随着小说情节渐入佳境，读者热情也越来越高。金庸的"御用画师"董培新很多次去报社拜访金庸时，都会看见这样的场景：金庸伏案奋笔疾书，写满半张纸就撕下来，交给等候在桌旁的工人去排版，再埋下头去接着写下半张。而报社外，《明报》的广告客户已在翘首以盼，他们根本等不及报纸印刷，想出了报样就拿来先睹为快。读者更是每天都早早地去报摊上排队，等着《明报》开卖。《明报》就这样站稳了脚跟。

以武侠小说起家的《明报》最初的风格被定位于"声色犬马"，20 世纪 60 年代内地的政治变局为《明报》的转型提供了机会。1962 年，受"大跃进"影响，内地有大批人员偷渡香港，被香港警方堵截于上水梧桐山。由于事件敏感，《大公报》《文汇报》等报都不予报道，《明报》却"莽莽撞撞"，大声疾呼，从是年 5 月 12 日起，几乎每天都围绕"难民潮"事件作头版全版报道。此时，《明报》才开始找到自己的方向和定位。"难民潮"结束之后，《明报》一改报格，从一份侧重武侠小说、煽情新闻和马经的"小市民报章"，提升到一份为读书人、知识分子接受的报纸。

"文革"期间，邓小平被下放到江西农村。金庸在《明报》上为邓小平打抱不平，强烈抨击"文革"的不合理，并且不断地支持彭德怀等人，赞扬周恩来倡导的"四个现代化"。由此，他成了林彪、"四人帮"眼中香港的头号反动文人，甚至上了"左"派的暗杀名单。对此，金庸说："我虽然成为暗杀目标，生命受到威胁，内心不免害怕，但我决不屈服于无理的压力之下，以至被我书中的英雄瞧不起。"

也正因为此，《明报》树立了"言论独立"的形象，成为香港媒体中报道内地消息的权威。当时《明报》还开辟"北望神州"版，每天刊登有关内地的消息，满足了香港人对内地了解的需求。也从此开始，金庸成为香港自由知识分子的偶像。20世纪80年代，《明报》已经被视为一份拥有独立报格的知识分子报刊，赢得很高清誉。

金庸在多年的《明报》社评里，谈到过中国的许多领导人。邓小平在1949年后的政途大起大落，但作为社评家，金庸曾准确预测邓小平将会"东山再起"。1976年春，"四人帮"刮起"反击右倾翻案风"，邓小平第三次被逐出政坛。金庸在社论中不仅坚定地支持邓小平，而且预言邓小平不久就会东山再起。这一预测一年后即得到证实。对此，金庸曾说："我的想象实际代表了中国多数人的愿望，既然是众望，大概事情就可以做到。"

第三次复出后，邓小平主张大力推动中国的经济建设，此主张得到了金庸的极大拥护。他在《明报》热烈支持邓小平主张的改革开放政策，认为"邓小平有魄力，有远见，在中国推行改革开放路线，改革了以前不合理的制度，令人佩服。真正的英雄，并不取决于他打下多少江山，而要看他能不能为百姓带来幸福"。金庸曾不无感慨地说，"几十年了，我最想见的就是邓小平。我一直佩服他的风骨。这样刚强不屈的性格，真像我武侠小说中描写的英雄人物。"

英雄相见，心相惜

事实上，邓小平也是金庸武侠小说在中国内地最早的读者之一。20世纪70年代，当金庸小说在内地尚为禁书之时，恢复工作不久的邓小平从江西返回北京，托人从境外买了一套金庸的小说，读起来爱不释手，看得较多的是《射雕英雄传》，即使是出差到外地，他也不忘带上。

邓小平对于金庸《明报》社论也是十分了解。1978年十一届三中全会后，党的工作重点调整到以经济建设为中心上来。1981年6月29日闭幕的十一届六中全会上，通过了《关于建国以来党的若干历史问题的决议》，完成了指导思想上彻底的拨乱反正。不久，邓小平决定会见金庸，这是他在改革开放后会见的第一位香港人士，他要以此向海内外传递和平统一祖国的新思路。

为何要通过金庸呢？邓小平认为，金庸具有深厚的国学功底，在华人世界颇有号召力。他多年和林彪、江青笔斗，在海外有忠厚正直的好名声，台湾对他也有好感。1973 年春，金庸访问台湾时，尽管蒋介石因重病在身未见他，但蒋经国与他进行了深谈。金庸本人也主张和平统一，他曾在参观杀气腾腾的金门之后感叹道："我一生如能亲眼看见一个统一的中国政府，实在是毕生最大的愿望。"

金庸发出的爱国之音得到了回应。1981 年夏，北京邀请金庸回内地访问。在这次访问中，金庸提出想见邓小平，报告很快送到了邓小平那里，他在报告上批示：愿意见见查良镛先生。

1981 年 7 月 18 日上午，邓小平以中共中央副主席的身份在人民大会堂福建厅会见了金庸。一见到金庸，邓小平就立即走上前去握着他的手，满脸笑容地说："欢迎查先生回来看看。我们已经是老朋友了。你的小说我读过，我这是第三次'重出江湖'啊！你书中的主角大多是历经磨难才终成大事，这是人生的规律。"金庸满面春风，对邓小平微微躬身行礼，握住他的手说："我一直对您很仰慕，今天能够见到您，感到荣幸。"

会谈中，邓小平对金庸说，十一届六中全会后，还有三件大事：一是在国际上继续反对霸权主义、维护世界和平；二是实现台湾回归祖国，完成祖国统一大业；三是搞好经济建设。金庸说："我觉得，在国家统一这件事上，内地的经济发展、人民生活水平的提高是最基本的因素。"邓小平表示赞同：三件大事中，国家的经济建设最重要，我们的经济建设发展得好，其他两件事就有基础，经济建设是根本，目前的经济需要调整。邓小平还表示，世界上有 100 多种社会主义，中国要走中国特色的社会主义。

会谈持续了一个小时后，金庸起身告辞，邓小平亲自送他离开。道别时，邓小平握着金庸的手说："查先生以后可以时常回来，到处看看，最好每年来一次。"

当晚，中央电视台在《新闻联播》中播放了邓小平与金庸会谈的消息，港澳及世界各地的新闻媒介纷纷予以报道，轰动一时。当年 9 月，《明报月刊》发表了金庸和邓小平谈话记录及《中国之旅：查良镛先生访问记》，此书出版后，一时间洛阳纸贵，出版三天后就告罄，连续加印了两次。

金庸回到香港后，立即给邓小平寄去了一套全新的《金庸小说全集》。在邓小平会见金庸后不久，金庸小说在内地"开禁"，并很快成为畅销书。

对金庸而言，这次会见影响巨大，他说："访问内地回来，我心里很乐观，对内地乐观，对台湾乐观，对香港乐观，也就是对整个中国乐观！"

悄然离去，不问江湖

1955 年至 1972 年，17 年间，金庸创作了《书剑恩仇录》《碧血剑》《射雕英雄传》《神雕侠侣》《雪山飞狐》《飞狐外传》《倚天屠龙记》《鸳鸯刀》《白马啸西风》《连城诀》《天龙八部》《侠客行》《笑傲江湖》《越女剑》《鹿鼎记》15 部武侠小说。再经过十年潜心修改，于 1981 年完成了所有小说的修订。这些著作是金庸在华人世界最负盛名的成就，也让他成为中国当代文学史上最有影响力的作家之一。

宋代文坛的奇观是，"凡有井水处，皆能歌柳（永）词"。当代文坛的奇观则是，"凡是有华人的地方，就有金庸"。遍布全球的华人也把金庸的影响带到了世界各地。金庸小说的官方译文有日、韩、越、泰、印度尼西亚等亚洲主要文字和英、法、意、希腊等西方主要文字，而金庸粉丝中流传的各种非官方译本更是多得无法统计。金庸的作品已经成为外国人了解中国文化的一个重要窗口。

在泰国，金庸小说不断推出新的翻译版本，几十年常印常销。印尼前总统瓦希德曾公开将自己比喻为金庸笔下的郭靖，并将书中谋略应用于政治斗争。新加坡从 2006 年起选用金庸武侠小说作为中学教材；初级学院则把《雪山飞狐》作为特定文学教材的作品之一。越南人对金庸小说中的人物都很熟悉，有时开玩笑会说对方是"左冷禅式阴谋家""岳不群式两面派"。加拿大和美国的中文书店都把金庸的《射雕英雄传》《雪山飞狐》《天龙八部》《神雕侠侣》等作品作为"当家"图书陈列于橱窗里和书架上。即使在南非，"金庸迷"也大有人在。在利比里亚、刚果、赞比亚等其他非洲国家，很多懂英语的人都读过金庸小说，有的特别痴迷，甚至给自己的孩子取名"金庸"。

金庸小说之所以会风靡世界，海宁名人研究会会长章景曙说："有人认为金庸是民族化的，其实不然，他的写作手法大量借鉴了西方文学，把真实的历史和传奇的文学虚构结合在一起，描写永恒的人性。同时，他的文字又是英雄主义的，一把琴、一把剑行走江湖，写出了每个人心中的向往。"

喜爱了金庸一辈子的老华侨李伯耀的理解更为感性。他说，金庸的笔下既有神奇瑰丽的想象，又有荡气回肠的爱情；既有博大精深的宗教哲学，又有壮怀激烈的爱国情怀。他的作品是对浩瀚的中华文化的独特诠释，已经成为中华文化的一部分。"金庸小说也时刻激励着所有华人的爱国情怀，提醒我们是中国人，我们有着别人难以望其项背的伟大文化。"

北大严家炎教授称"如果说'五四'文学革命使小说由受人轻视的'闲书'而登上文学的神圣殿堂，那么，金庸的艺术实践又使近代武侠小说第一次进入文学的宫殿。"

1985 年，金庸以新闻工作者的身份出任中华人民共和国香港特别行政区基本法起草委员会委员，次年被任命为该委员会"政治体制"小组港方负责人。1989 年，他宣布辞去该职务，并卸任《明报》社长。1993 年 3 月，金庸再访北京，受到时任国家主席江泽民的接见。回港后，他卸任《明报》企业董事局主席，次年辞去名誉主席职务，正式退出《明报》事业。1995 年，金庸出任香港特别行政区筹备委员会委员。1997 年香港回归后，金庸功成身退。

　　有人曾经问金庸："人生应如何度过？"老先生答："大闹一场，悄然离去。"前半生纵情恣意，后半生心怀敬畏。他所写的武侠小说中的男主角，郭靖、杨过、张无忌、令狐冲、韦小宝，都是大吵大闹一番后悄然归隐的。大侠金庸已然活成了自己眼中处世的最高境界：潇洒来去，能进能退，悄然离去，不问江湖。

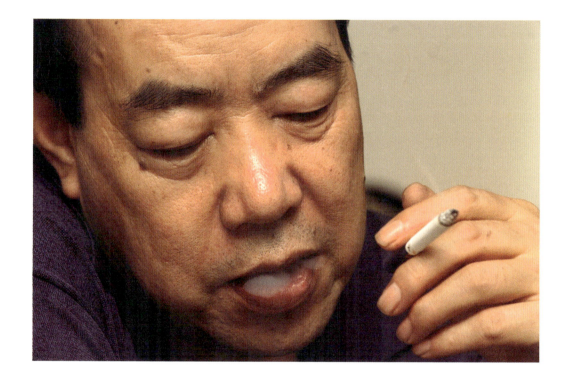

贾平凹

在秦砖汉瓦间写作

王晶晶

南方的才子，北方的将，陕西的黄土埋皇上。

八百里秦川，别看现在黄土飞扬，粗犷苍茫，也曾是一方皇天后土，孕育过十三朝古都，滋养过 71 位帝王，护佑过中国最尊贵的传统与血脉。

文脉至今未绝。写过《创业史》的柳青，打磨出《白鹿原》的陈忠实，以《平凡的世界》传世的路遥，到如今依然活跃于文坛上的贾平凹……不一样的文风与气质，共同书写着黄土高原的深沉与厚重。

他们的笔下，都是一片乡土中国，深藏华夏民族的根与魂。贾平凹则是乡土中国变迁的持续记录者。从 1973 年发表《一双袜子》起，他经历过中国当代文坛的各个时期，贯穿了 80 年代、90 年代、新世纪，也记录着那片乡土在改革开放大潮中的静与动、安守与变幻。

最近十年，更是贾平凹的活跃期。

2005 年，他发表了《秦腔》。2007 年，发表了《高兴》。接下来的十年里,《古炉》《带灯》《老生》……部部都是几十万字的长篇,直写到 2016 年发表的最新作品《极花》。

他写农民剥离乡土的艰难,写进城打工者的痛苦与彷徨,写村镇基层干部与上访,写向往城市却被拐卖回农村的女子。他写树、写草、写天、写地,写山石、写明月……明月山石清隽,苍天黄土无语,却在他的笔下蕴蓄着社会的巨变、人性的悲悯、命运的无常。

还有什么比真刀实枪的作品更能代表文学?

在秦砖汉瓦间写作

数年前,在北京见到贾平凹,认定他是一位内秀之人。心中自有乾坤,却不爱说话,回答问题时总是寥寥数语,惜字如金。后来,看到贾平凹一位同事摘录弗吉尼亚·伍尔夫评价蒙田的话来形容他:“可不是开门见山的人。这位先生眼睑下垂,脸上带着做梦似的迷迷惑惑的神气,一边面带微笑,一边又郁郁不乐,叫人难以捉摸,要是从他嘴里掏出一个明白答案是办不到的。”

也许是“一回生二回熟”,再次见到贾平凹是在他的“主场”西安,他爽快许多。工作室位于顶层 13 楼,临上楼电梯维修,我们扛着摄影、摄像器材哼哧哼哧爬上去,见到贾平凹,他一面惊诧,一面不忘打趣:“古时候拜高人,文官下马,武官下轿,再高的台阶都得爬,这是给你们下马威呢。”

一进门,这个工作室就让我们惊叹不已。它哪里是单纯的写作之地,简直是个微型博物馆。复式的单元房,从玄关处就摆着各种雕像、石刻、秦汉瓦当,一直延伸到整个房子。入内一看,地上摆了一层,多层格的柜子更是里三层外三层,满满当当,天花板也利用起来,该挂的挂,该镶的镶,于是博物馆又进阶成仓库。

再仔细打量,每样东西都摆放讲究。通向阁楼的台阶上,左右两边每层两只小石兽，一左一右，面向客人，夹道相迎。客厅当中台桌上是一块巨大的奇石，中间凹陷进去，似大砚台，又似聚宝盆，正胡乱猜着，主人开口解释了："我名字里有个凹字，这石头正合我的名字。"

贾平凹喜欢这类"不言自喻"的物件。形状如蛙的石头、古董在他家里随处可见，他甚至找到了一块刻着"金"字的瓦当，反过来放着，字形恰巧是"平凹"。

书房里神仙瑞兽相伴，又格外文华毓秀。他被故乡人传说为魁星所点的"商山文曲星"，书桌对面挂的是老家魁星楼上的旧物件。房内一尊何仙姑塑像，手上执的却不是荷花而是笔。

贾平凹特意在书桌前放了一面铜锣，笑说"开工"时也会敲一声。民间俗语里有："锣声一响，好戏登场。"贾平凹的锣声响过，恰如一条分割线，将都市的喧闹隔绝于书桌外，让他自由自在地于纸上刻画一条条山脉、一座座村庄、一位位乡人。

扎在心里十年的故事

《极花》是在这个书桌上写出的最新长篇小说。小说是虚构的，但有原型。整整十年，原型的事都像刀子一样扎在贾平凹的心里，没有跟任何人说过。

十年前，西安的一间出租屋里，贾平凹的老乡向他诉苦：人走了，又回那个地方去了。

话中的人，是老乡的女儿。初中辍学后从老家来西安和收破烂的父母仅生活了一年，便被人拐卖了。父母整整三年都在寻找，靠卖破烂每攒够5000元路费，便出去寻一次。好不容易找到了人，打得头破血流地把人解救回来，半年后，女儿却主动回到了被拐卖的那个地方。

贾平凹当时惊得半天都没说出一句话来，这结局，"鬼都慌乱啊"。

十年里，贾平凹对这件事一个字都没有写，写不出来。正如他在《极花》后记里写的："怎么写呢？写我那个老乡的女儿如何被骗上了车，当她发觉不对时竭力反抗，又如何被殴打，被强暴，被威胁着要毁容，要割去肾脏，以及人贩子当着她的面和买主讨价还价？写她的母亲在三年里如何哭瞎了眼睛，父亲听说山西的一个小镇是人贩子的中转站，为了去打探女儿消息，就在那里的砖瓦窑上干了一年苦力，终于有了线索，连夜跑100里山路，潜藏在那个村口两天三夜？写他终于与女儿相见，为了缓解矛盾，假装认亲，然后再返回西安，给派出所提供了准确地点，派出所又以经费不足的原因让他筹钱，他又如何在收捡破烂时偷卖了三个下水盖被抓去坐了六个月的牢？写解救时全村人如何把他们围住，双方打斗，派出所的人伤了腿，他头破血流，最后还是被夺去了（他女儿的）孩子？写他女儿回到了城市，如何受不了舆论压力，如何思念孩子，又去了被拐卖的那个地方？"

激愤、震惊、悲哀、不解，种种情绪困住了贾平凹的笔，也许只有时间才能帮他脱去束缚。

现实则带给贾平凹种种思索。他是喜欢在现实里追寻的作家。年轻时，贾平凹的采风方式就很豪迈：一座秦岭，西起定西岷县，东到陕西商州，他是沿山走的，走过了横分中国南北的最大的龙脊；一条渭河，源头在定西渭源，入黄河处是陕西潼关，他是溯河走的，走的是最能代表中国文明的血脉。

作家冯骥才曾忍不住夸赞：平常到陕西去，基本上找不着贾平凹，就有一次，他《秦腔》写出来，见了一面，到他家玩玩。（其余时间）他就下去，在什么地方谁也不知道，两年回来，一本长篇拿出来了。长篇正热的时候，找他就又找不着了。这是一个作家最好的状态，作家就应该在生活里，作家不是人前的，是人后的。

这十年里，贾平凹一如既往过着人后的生活。他跑了很多地方，大多是远离公路的偏远农村，包括陕南老家的大深山里，陕西咸阳以北的彬县一带，直到甘肃定西。

感受最深的是农村的衰败。"去了，一个村一个村地没人，从门缝往里看，院子里的草半人深，有的院落从顶上开始裂缝、塌陷，因为一不住人，房屋很快就坏了。好多地方并了乡，因为连乡政府所在的小镇都没有多少人，还要设一套班子，太浪费，几个乡就合并起来。学校并校更早，那是从多少年前就开始了的。"

空巢老人、留守儿童等难题依然在困扰着农村，还有了新的问题——女性的流失。"很多偏远村子去了以后，不光是没人的问题，而是没有女人了。男孩因为赡养父母等问题，总还要回去。女孩不承担撑家的义务，更不想嫁回老家，宁愿找一个一同在城里打工的，或者漂泊在城里，都不想回去。出嫁的人少了，光棍就特别多。媳妇从哪儿来？"

这便与那个老乡女儿的事情衔接上。"拐卖人口这个行为肯定是违法的，买卖婚姻在本质上与旧社会的地主恶霸抢亲没有什么差别，咱必须反对。如果是当时写，肯定也生气得很，咱设身处地，如果是自己家里人，你难受不难受？儿女在外面受罪，你当父母的想不想？但你反过来再想，那些人，找不到媳妇咋弄？为什么她最后又回去了？生了孩子，这是无形的绳索。被解救回来，我老乡他们父女、母女团聚了，可她女儿又母子分离。另外回来后，跟前人都知道她被拐卖了，还给人生了娃，没法说亲，家里想把她远嫁。她可能觉得如果那样，还不如回去。日子过长了以后，那家人可能对她也不错。虽然愚昧，但本性善良，并不是那种恶贯满盈的坏人。"

《极花》中，贾平凹以第一人称的口吻，让这个叫胡蝶的女子唠唠叨叨，一笔笔描摹出她从被拐到获救，再到重回"火坑"的所见所闻和心路历程。"看起来写的是倒卖妇女的问题，但其实不是单纯写故事，而是写目前城镇化背景之下，农村面临的一些困境。"

记录变革中的乡土中国

文学评论家谢有顺曾评价贾平凹："不惜对现实、对日子做着社会学意义的忠实记录——这种写作变化，从《秦腔》就开始了。"在谢有顺的眼里，《秦腔》之后的十年，"贾平凹的写作进入了一个新的旺盛期，同时也创新了乡土文学的写法——《秦腔》仿写了日子的结构，以细节的洪流再现了一种总体性已经消失了的乡村生活；《带灯》貌似新笔记体，介于情节与细节之间，疏密有致，小处清楚，大处浑然，尽显生活中阳刚与阴柔、绝望与希望相交织的双重品质；《老生》则讲述了经验的历史，把物象形态与人事变迁糅合在一起来写，进而呈现一种现实的肉身是从哪里走来的。"

《秦腔》是贾平凹第一次全面写到他的家族和村子。那些年每次回乡，村里的变化离他记忆中的故乡越来越远，传统的乡土文化一步步逝去，他于是冲动着要为归去的故乡竖一块碑。《秦腔》中，有对过去的缅怀、想念，也抒发着农民剥离乡土的艰难。

同《秦腔》类似的作品还有《高兴》。《秦腔》如果是一群人的剥离乡土，《高兴》就是一个人的历程，人物原型是贾平凹的发小，两人从小学到中学一直是同学。贾平凹鲤鱼跃龙门，成了著名作家；"刘高兴"则在当兵复员后回农村，做过泥瓦匠、吊过挂面、磨过豆腐、摆过油条摊，年过半百后进城，靠收破烂为生。他一心想成为城里人，但却注定无法融入城市。

2015年10月，根据贾平凹同名小说改编的商洛花鼓现代剧《带灯》在陕西西安上演。

《带灯》则是从基层干部的角度，写一个被现代化进程裹挟的村镇。单行本出版于2013年。女大学生萤来到位于秦岭地区的樱镇工作，负责综合治理办公室的维稳事宜。她不满"腐草化萤"的说法，把自己的名字改为"带灯"，与形形色色的上访人员打交道，解决最基层的问题，这其中有苦恼，有矛盾，也有担当。

2014 年的《老生》，更是一首 20 世纪中国的"悲怆奏鸣曲"，4 个故事跨越 20 世纪初到当代——李得胜、匡三、老黑们的"革命"；马生、栓劳、白河们的"土改"；老皮、刘学仁、冯蟹们的"大跃进""人民公社化运动""文革"；老余、戏生们的新时代"发展"。每个故事对应着一个时代，20 世纪中国社会的基本问题，几乎全有了对照。

乡土中国在城镇化进程中无可挽回地沦陷着，这是时代的苦痛，也难以否认是时代的进步。贾平凹说："作为一个作家，肯定不能像决策者一样，去从各个方面考虑国家怎么个走法，政策怎么个制定法。作家思考的，可能只占其一点吧，对什么有兴趣就深挖这个东西，别的啥都不管了。当然希望是全面把握，越全面越好，慢慢积累，帮助大家思考这个东西。"

在贾平凹看来，在每一次社会剧变的潮流中，人性都得到了特别充分的表现。"它给了人们表现的机会。于是你可以思考很多问题，体制的、人性的……平常这些都看不出来。人是很复杂的。比如我看到你的善良、优点时，说明我本身也是善良的。如果我看到你身上的丑陋、罪恶，那我本身也是丑陋的、罪恶的。而环境会改变一个人，你在乡下的院子里，随意吐痰，脚蹭点土就能埋了，瞌睡了脱了鞋就上炕，那个环境让人放松，对主人也不用敬畏。到人民大会堂就得西装革履，一举一动表现出高贵。人毕竟是种动物，和其他动物一样有本性，只不过有意识地用文明来调和这个东西，才表现讲礼貌、有秩序等等。但人身上本质性的东西还是一直存在的，到了特定场合、特定情境下，就会显现出来。"

大转型年代，同时伴生着有史以来最大的人口迁徙。"进城去，几乎所有年轻人都往城市涌聚。那些模样端正的，有点本事的，很多确实在都市里扎下了根，过上了好日子。更多的却漂着，他们寻不到能让自己落根的工作，宁愿过一天算一天，每天三顿吃泡面也不愿再回去。这个困境，这些在城市化道路中被牺牲掉的人，或者说这些年里那些你所见到的心里没有办法说哪儿对、哪儿不对的事情，那些纠结的东西，就是我想写的文学。 文学就是触动你心灵的、让你左右为难的那些东西。 你看到好多问题没办法解决，很纠结没办法说清的时候，就把这些很隐秘的东西、很柔软的部分拿出来，就对了。"

文学一贯的大胸怀

《老生》出书时，封底印过贾平凹的一首诗："我有使命不敢怠，站高山兮深谷行。"他是那种心怀冷暖、肩担道义的作家，曾经自述道："'文化大革命'爆发了，只好辍学务农……当教师的父亲被定为历史反革命分子，而我就是'黑五类'子弟，知道了世态炎凉，更经历了农民在无产阶级专政下如何整肃、改造、统一着思想和行为。 再后来，我以偶然的机会到了西安，又在西安生活、工作和写作……又后来是改革开放了，史无前例，天翻地覆，我就在其中扑腾着，扑腾着成了老汉。"

这条命运之路，贾平凹经常回望。"当我从一个山头去到另一个山头，身后都是有着一条路的，但站在了太阳底下，回望命运，能看到的是我脚下的阴影，看不到的是我从哪儿来的又怎么是那样地来的……命运是一条无影的路吧……太多的变数啊，沧海桑田，沉浮无定，有许许多多的事一闭眼就想起，有许许多多的事总不愿去想，有许许多多的事常在讲，有许许多多的事总不愿去讲。 能想的能讲的已差不多都写在了我以往的书里，而不愿想不愿讲的，到我年龄花甲了，却怎能不想不讲啊？！"

这是他写作《老生》的初衷，也是他文学一贯的人格局、大胸怀。

贾平凹生在陕南商洛秦岭边上，恰好是中国南方和北方的分界处，属于"秦头楚尾"。 他有着南方才子的灵秀、浪漫文笔，却一直告诫自己不能堕入纯粹的小巧精致或者轻佻油滑中，时时警惕。 长期生活在关中平原，让他的文风愈显厚重。

他曾说过自己写作时的选材，"既是你的，又不是你的，既要是个人的，又要超乎个人，是大家的，是社会的。"贾平凹称之为"同感"题材，"比如几十个人一起去旅游，中午 12 点你肚子饿了跟司机提议吃饭，同行的人也都饿了也想去吃饭，你的饥饿感就是大家的饥饿感，你的提议就得到大家的响应了。如果在上午 10 点钟你提出去吃饭，我估计没有人响应你。"

从这十年或者一个更长的时间段来说，文学正一步步边缘化，贾平凹称之为"地盘越来越小"。

"'文革'前，文学里虚假的东西多，一篇可以，两篇可以，今年可以，明年可以，十年八年就不行了。为什么在改革开放后这么多年里，中国文学里批判、揭露的成分比重那么大，中国人对批判、揭露式的文学作品渴求度那么高，也有这种历史原因。"

到了 20 世纪 90 年代，报纸、电视等开始"抢夺"地盘。"原来这个事情大家都不知道，某个作家先写出来，人都觉得离奇，就火了。而报纸、电视发达了之后，文学这种揭批现实的功能就弱化了。"

各种流行文化的发展，更是让文学越来越纯粹，"因为娱乐的功能去掉了，甚至连教育、教化的功能都在减退。其实这也是对的，社会慢慢在发展，分工必然越来越细。但文学这东西，也肯定消亡不了，因为它观照内心。就跟信仰一样，再进步、再现代化，都有人需要信仰。"

曾经经历过 20 世纪七八十年代中国文学从保守到开放、从晦暗到斑驳的时期；近十年，又眼见着文学和这个社会一起摸索前行，曲折往复……保守的、先锋的，写实主义、新写实主义，民族的、西方的，一路走来，就有了现在的贾平凹。

谈到中国当代作家，他很谨慎。"话不好说。咱毕竟不是评论家，对某个作家的作品没有全读的话，很难公正地去谈。从目前看，20 世纪 50 年代出生的作家，目前还活跃的人里，我是年纪最大的。这批人都变成老作家了，很成熟了。你看现在，80后与50后同时期活跃着，50后能到啥程度，我看也就现在这种程度了，而人家80后，生命还早着呢，再过50年都能写。其实同年龄段同时期去比较才公平。中间60后70后里，也有很多人，比如迟子建啊、毕飞宇啊，也写得相当好。"

还有个区别，"80后作家的经历更固定一些。我们却是大起大落，小时候很贫困，上了几年学，'文化大革命'又开始，后来又下乡了、又改革了，把中国剧烈变化从开头到现在都经历了。也是个财富，能写的东西多。"

变与不变

十年，对于贾平凹来说，不仅仅是深思一个故事，写几本小说。周围的很多东西都在发生着变化。

对风水的看法在变。"古老的西安为啥能成为十三朝古都，它前有渭河，后有秦岭，历史上灾难少，风沙少，气候好。但现在雾霾一来，反而成了坏事情了。这个风老不得来，雾霾老不得走。"

书法在变。工作室客厅里挂着他自己写的字，总是过一段时间就换了。如今这幅挂了有一年了，"神为"，一切都是神的安排。意境大，字也大，气势磅礴。

写作的境遇在变。他不是没经历过挫折的作家。20世纪80年代，评论家们一度批评他文章变得灰暗、悲观，他吸取批评，躲到陕西的几个小县城里继续创作。20世纪90年代，更大的打击袭来。1993年，他出版了反映城市知识分子生活状态的《废都》，前半年好评如潮，后半年风向突然变了，书成了禁书，省作协、市作协层层开座谈会，处处是批评。加上身体病痛，他一度疲于应对。但他仍丢不下写作，用陕西人骨子里的生冷蹭倔一点点码字，用一页页文章为自己疗伤。长篇小说《高老庄》1998年在《收获》杂志上发表，《怀念狼》出现在《收获》杂志 2000 年第 3 期上，再到 2002 年出版长篇小说《病相报告》，这整整十年，一定也难以忘怀。

之后便是更多的佳作频现。2008 年，贾平凹的《秦腔》获得了茅盾文学奖。听到消息，有记者问他当时的心情，贾平凹只说了四个字：天空晴朗。然后出去吃了一顿羊肉泡馍。次年，《废都》解禁。

不变的更多是内心的东西。

依旧用一支笔纯手写创作，不用电脑。他不信任机器。早些年买过电脑，结果打字关死活过不去：用拼音，一开口就是满嘴的陕西话；用五笔，手指头不听使唤；用写字板，笔画不规范，显示出的多半是错别字。最终还是扔掉电脑用手写，反而更快。

尝试过微博，只在 2010 年年底发过一条简单的"圣诞节快乐"，便引来24.6 万粉丝的关注。他干脆再也不说一句话，只偶尔在博客上发零星文章。

依旧醉心于收藏，且兴趣庞杂。我们捎去的杂志里，附赠一张猴年生肖邮票，他接过很是欢喜："我听人说了，这邮票红火得很。"

依然悲悯。老朋友说他"下脚都怕踩着一只蚂蚁"。我们采访结束，扫罗苹果、点心时，得知他家里有只老鼠，已"养"了 4 年。朋友送他一个带陷阱的笼子，放了一晚上，他一夜担惊受怕把这条小生命"祸害"了，清早起来又把笼子收走。老鼠啃了他最珍贵的拓片，他狠骂一顿，骂完又笑：还是只"文化老鼠"。

最后一个问题谈及写作，他坦率地说："没啥变化。干这行总想不停地突破、提升。但难得很，提升一点点都了不得。随着自己的追求、年龄、阅历，写作肯定也要不停地变化。或许变好了，或许还不如以前了。这几年来、十来年、几十年吧，我还能问心无愧说自己是潜心创作，而不是说三心二意，三天打鱼两天晒网，而且确实是在写作中追求一些东西，写自己想写的一些东西。就这样简单地过来的。"

郎 平

敲响世界的"铁榔头"

郑轶

小小的巧克力派，插上一根蜡烛，这样的生日蛋糕显得有些寒酸。可郎平并不在意，对着镜头露出八颗牙齿，笑得像个孩子。这一天是 2017 年 12 月 10 日，她 57 岁的生日。

庆生照片在郎平微博刚刚发出，数以万计的点赞和评论如潮水般涌来。"郎平生日快乐"话题收获了 2327 万阅读量。在中国，这是一个家喻户晓的名字。从 1978 年进入中国女排，40 年的光阴写下一个传奇——中国体育冠军数不胜数，但郎平只有一个。

1981 年，一篇以中国女排为蓝本的报告文学《中国姑娘》红遍大江南北。其中写道："1979 年末，在香港举行第二届亚洲女子排球锦标赛时，郎平为中国队荣获冠军立下了战功，被人们誉为中国的'铁榔头'。她确实像一把响当当的铁榔头，发挥了振奋人心的威力。"

谁也未曾想到，这把"铁榔头"一敲就是 40 年。从创造"五连冠"神

● 1984 年，中国队主攻手郎平在洛杉矶奥运会女排决赛中大力扣杀

话的运动员郎平，到率领中国女排重返世界之巅的教练员郎平，岁月打磨出一把更坚韧、更有力量的"铁榔头"。《中国排球》刊文评价，郎平是中国排球史上一位划时代的英雄。

"英雄"二字重千钧。在鲜花、掌声与荣耀的背后，注定是负重前行。郎平的身体至今仍残留着老女排时代的"馈赠"。经历了多次手术后，她偶尔开玩笑说："现在境界和追求都没那么高了，能正常走路、正常生活就行。"可是，有些东西她始终放不下。

"我是老女排最后一个在一线的了，应该为中国女排传承一点东西，留下一点东西。"在郎平看来，这东西不只是冠军和金牌。有时候明知道不会赢，也竭尽全力，虽然走得摇摇晃晃，但站起来抖抖身上的尘土，依然目光坚定——郎平花了半辈子时间，讲述着一个"为排球而生"的故事。

把所有"不可能"变成"可能"

时光倒转到 2016 年 8 月 21 日，里约奥运会女排决赛第四局，紧张的气氛令人窒息。主攻手朱婷高高跃起，一个势大力沉的重扣，竟然砸得对手倒地不起，彻底击垮了塞尔维亚队员的信心。"真像当年的'铁榔头'！"观众席上发出惊叹。

远隔万里的神州大地，出现了多年罕见的万人空巷。央视收视率冲破惊人的 70%，无数双眼睛盯着屏幕，为女排姑娘的每一个球而揪心。许多 50后、60 后看得热泪盈眶，仿佛穿越回"学习女排，振兴中华"的年代。

而此时，站在赛场边的郎平目光如炬，所有精力集中在瞬息万变的战局。她并不觉得紧张，即便一时比分落后，依然淡定自若，暂停时鼓励队员们："慢慢来，一分一分拿……"当惠若琪奋力扣下最后一球，奥运金牌时隔 12 年再度挂在中国女排的胸前，郎平已然累得没有力气兴奋了。

"在里约 20 多天，我整整瘦了 14 斤！"纵使久经沙场如郎平，也没想到这条路如此曲折。奥运小组赛只交出 2 胜 3 负的成绩单，从"死亡小组"惊险出线后，东道主巴西队成为无法选择的淘汰赛对手。过往 8 年的 19 次交锋，中国女排只赢过 1 次。绝大多数人预测，中国姑娘要打道回府了。

挫折与磨难，对于郎平并不陌生。重新执教中国女排的三年多来，她一次次被逼到死胡同，又一次次扛了过来。记得上任后的第一堂训练课，一

● 中国女排总教练郎平（中）在训练中指导球员

支人员老化、打法摇摆的"半成品"队伍，让郎平自嘲"就像跳进了一个火坑"。2013年亚锦赛，中国女排遭遇历史最差战绩，质疑与批评铺天盖地。2015年世界杯出征前，三大主力意外因伤病离队，好不容易走上正轨的女排陷入困境，向来坚强的郎平躲进小仓库偷偷哭……难熬的时候，恩师袁伟民的教诲总会浮上心头——是强者，就要面对所有困难。

怕什么，我们还活着呢，那就咬牙拼到底！打巴西队的赛前准备会上，郎平笑着做战前动员："这训练馆咱们订到决赛那天，提前走人家也不退钱了，所以得练够本，对不？"队员们搭起手，齐声回答："我们还想多打几场球呢！"那一刻，郎平把"可以被打败，绝不能被打倒"的血性，灌输到每个人的体内。

在"魔鬼主场"的震天嘘声中，中国女排把整个巴西打哭了，通往冠军的大门从此开启。郎平的临场调度与排兵布阵被赞为"神来之笔"，而这一切力量的来源是信念、意志和勇气。"想赢中国女排没那么容易，输了也得扒对手一层皮。"主教练的气场就是一支队伍的气场，局势再险恶，中国女排的士气不散，先心理崩盘的总是对手。

幸运女神并不慷慨，所谓逆袭或运气，不过是强者的谦辞。在郎平当时的竞聘陈述中，时间表是以2016年里约奥运会倒计时来设计的。为了锻炼队伍，她敢于舍弃一些国际比赛的成绩，敢于自我纠错、临阵换将，大胆起用新人，最终三年上了三个大台阶。从世锦赛亚军、世界杯冠军到奥运会冠军，中国女排捅破了世界三大赛十年无冠的窗户纸，郎平把所有"不可能"变成了"可能"。

"女儿把一生都献给了排球"

2013年郎平决定重新出山时，中国女排正处于教练频换、士气低落的混沌期，有人劝她不要以半世英名犯险。"我一直犹豫不决，后来一咬牙一跺脚，上吧。"郎平最终将所有顾虑放在一边，挺身而出。"我得站好最后一班岗，退休前再为中国女排努力一把。"

其实，这并不是郎平第一次临危受命。1995年初，时任中国排协主席的袁伟民一句"祖国需要你"，女儿只有四岁的郎平毅然回国执教。短短一年半，她把低谷中的中国女排带到亚特兰大奥运会亚军的领奖台。国际排联首次破例把"世界最佳教练员"授予亚军队主教练。听说郎平因为重压和操劳，晕倒在奥运村食堂，父亲落泪了，"女儿把一生都献给了排球啊！"

为排球付出，郎平无怨无悔，而老女排的身份，更是伴随她一生的烙印。1977年，17岁的郎平被"伯乐"袁伟民发掘。袁指导不仅拍板吸收郎平进国家队，进行独创性的严格训练，更敢于把一个没有国际大赛经验的新手推上关键位置，正是这份远见卓识，造就了世界三大主攻手之一的"铁榔头"。

一锤定音的重扣，定格下郎平标志性的镜头。从1981年到1986年，中国女排创造了前无古人的"五连冠"壮举，郎平成了全民偶像。退役后，很多老女排队员都走入安稳的仕途，郎平却做出令人意外的选择——留洋读书。为了赚学费，她一度远赴意大利打球，后来回到美国继续攻读体育管理硕士学位。用她的话说，那会儿虽然穷，还是很快乐。

那段时间，郎平几乎消失在国内媒体的视线，直到1995年回国，人们惊喜地发现"铁榔头"变了。"这八年的海外生活经历，历练了我的心智，我已经把自己这个'世界冠军'一脚一脚踩在地上，踩得很踏实。"郎平在自传中写道。第一次执教国家队的四年，被郎平视为一生的成熟期，锤炼出真正的气概和自信。但超乎想象的工作强度，消耗着郎平的身体，也让丈夫白帆与她渐行渐远。1999年，郎平无奈辞去中国女排主教练一职，重新踏上"漂泊"之路。

在国际排球界，女性教练屈指可数，可郎平硬是闯出了一片天。在意大利，她为摩德纳俱乐部捧回渴盼27年的意大利联赛冠军奖杯，一年后又率队登顶欧洲联赛，俱乐部经理皮尼感慨："有了Jenny，就是到火星上打球，我也不怕。"后来接手美国队，郎平把一支年轻队伍调教成奥运会亚军之师。2009年，她回国执教广东恒大女排，带着一批临近退役的老将拿到了联赛冠军。

从俱乐部到国家队，郎平的人格魅力与执教艺术水乳交融，对手无不心

● 2016 年，郎平率队夺得里约奥运会女排冠军后在颁奖仪式上欢庆

悦诚服："郎平过去是最伟大的排球运动员，现在是最伟大的教练之一。"但无论获得多少胜利和荣耀，她的心底始终有一个牵挂。2012年伦敦奥运会，当中国女排在1/4决赛被日本队淘汰时，担任解说的郎平哭成了泪人。

漫漫长夜，谁能带领中国女排走向黎明？人们呼唤着"铁榔头"。但此时的郎平已不是"初生牛犊"，丰富的执教经验让她意识到，能否最大限度整合优质资源是实现目标的关键。如果说，运动员郎平是凭着一腔热爱为排球事业奋斗，那么教练员郎平则理性地把排球看作一种职业。"只靠精神是不能赢球的，专业技能和科学管理是建起万丈高楼的基石。"

排管中心的诚意最终打动了郎平，给予她选材用人的绝对话语权、自主搭建教练团队等承诺，这几乎是国内其他教练无法企及的工作空间。毕竟在中国排坛，郎平的资历、地位、威信乃至偶像效应，无人能出其右。能力越大，责任越大。她接下了这个挑战，"我要把中国女排带到一条正确的发展道路上。"

"没有完美的个人，只有最好的集体"

中国女排留下过许多"伟大的胜利"：1981年世界杯，中国姑娘以3∶2力克主场作战的日本队，七战七捷第一次捧起世界冠军奖杯；1984年洛杉矶奥运会，张蓉芳一记扣杀，为中国砸出第一个三大球奥运冠军；2004年雅典奥运会决赛，"黄金一代"上演惊天大逆转……但郎平缔造的胜利，不只在赛场上。

排球场上，任何进攻或防守都无法凭借一己之力完成。所以郎平常说，没有完美的个人，只有最好的集体。但她也明白，人是一支球队的根，人活了，队伍才有向上生长的能量。"我刚执教时就想着，不能只盯着一届奥运

● 2017 年，中国队成员在 2017 年女排大冠军杯领奖台上庆祝

会，得让中国女排后继有人。"

郎平的"寻人"与众不同。以往国家队集训人数一般只有 16 到 18 人，依靠几个主力长期配合达到高度黏合的默契，被视为从"五连冠"时期积累的成功经验。但郎平看得长远：世界排球的发展趋势对体能、速度和力量要求越来越高，只有"多人打球"才能使队伍良性循环。

"郎家军"几次撒网式海选后，从联赛调动队员近 40 人，每个位置总保持在三到四人在竞争。郎平力推"大国家队"战略，意在通过大面积轮换主力，抹平一套阵容打天下造成的"板凳差"。这一国际流行做法，给闭塞的中国排坛带来颠覆性冲击。

郎平第一次在集训名单写下"朱婷"的名字，连助理教练赖亚文都不知道这人是谁。"这个小孩特有天赋，但就是特别软。"对于这块璞玉，队里像"国宝"一样呵护。郎平当运动员时，"三从一大""魔鬼训练"是主流，后来她在欧美强队执教，越发意识到科学训练、控制伤病才是生命线。朱婷入队前两年，郎平没有给她上太多力量训练，还亲自从美国背回蛋白粉，让她长肌肉、增体重。身体素质提高后，郎平手把手带朱婷练一传、防守和后排进攻，一点点打磨技术细节。

破格调入朱婷后，国少队的袁心玥、从沙滩排球转项的张常宁、名不见经传的龚翔宇……郎平的"造星名单"不断扩充。新队员有潜力，但基本功差，郎平对训练进行革新性规划，按场上位置分组攻关、恶补短板。一堂五小时的训练课，她常常坐不到20分钟。苦心没有白费，这些"90后"进步速度如同坐上火箭，在国际大赛大放异彩。郎平心里有了底，"这批新人至少能打两到三届国家队"。

在外界看来，如今的"铁榔头"更像一根撬动各方资源的杠杆，做事举重若轻，劲道却越来越大。搭建复合型保障团队，从欧美请来体能师、康复师，设置数据统计和视频分析人员，为每个队员定制训练康复计划……郎平留下的不只是人才财富，更推动着中国排球改革陈旧的观念和机制。她打开了的这扇窗，让国内同行看清了差距，更看到外面的世界。

"我坐在那儿，他们心里都能踏实点儿"

进入东京奥运周期的第一年，郎平的身份角色发生转变——走向幕后，担任中国女排总教练、中国排协副主席。57岁生日那天，她正在美国休假，21个弟子每人拍了一段做生日面的视频，隔空给恩师祝寿。这几年，国家队的队员进进出出，每个人都敬她爱她，舍不得离开这个大家庭。

● 2017 年，中国女排总教练郎平（右）与球员朱婷在 2017 年女排大冠军杯颁奖仪式后捧杯合影

　　对待这些跟自己女儿差不多大的姑娘，郎平是严师，也是慈母。私底下，她习惯称呼队员们"孩子"，对年轻人的想法，尽量去理解和包容。在她的引导下，女排姑娘改变的不只是技术，还有对排球的理解、看问题的视角、做人的态度，更自信、自如地从事这项运动。

　　在许多人的印象里，赢球后满场飞奔，胜利后抱头痛哭，是中国女排的经典画面。而"郎家军"最吸引人的，恰恰是不那么"标签化"的东西。朱婷的三连扣贡献了一波"王之蔑视"表情包；袁心玥赛后给记者们连唱带跳演绎神曲《小苹果》；哪怕登上奥运领奖台，大家都要一起"抖腿"表达兴奋之情……郎平的到来，让中国女排变得真实、开放，不再是揾过血泪与伤痛的苦情，而是永不放弃、我最霸气的热血。

　　这些改变源自郎平的经历和性格。她至今记得，北京奥运会半决赛，她所执教的美国女排"打疯了",将东道主中国女排堵在决赛门外。对结果没有思想准备的郎平很忐忑,"真不知道怎么走出体育馆"。可令人感动的是,没有球迷埋怨她,很多人竖起大拇指称赞"比赛真精彩"。"那时我就想,时代变了,人们看待体育的观念更多元了。"

郎平教给弟子们道理,也潜移默化改变着女排的气质。赛场上,她冷峻犀利、运筹帷幄,很少流露感性的一面。赢下巴西队那场球,媒体报道郎平眼含热泪,事后她郑重地否认了。而熟悉她的人知道,这是一个心思细腻、外刚内柔的女性。每次出席活动,郎平都会精心打扮,浓妆淡抹总相宜。她带着队员们上真人秀节目,穿晚礼服漂漂亮亮出席颁奖礼。正如网友们感慨,女排从道德楷模的高台回到了"人间"。

郎平走过别人没走过的路,也希望弟子能在更广阔的天地增长见识与能力。经她牵线运作、多方斡旋,朱婷得到赴世界顶级土耳其联赛打球的机会。2017 年女排俱乐部欧冠半决赛,郎平到现场给弟子加油,更像是去验收成果,"这一年多,朱婷在场上能做主了,有了领袖气质。"

成功伴随着郎平,忧患意识也一刻未曾离开。当初她顶住压力探索培养新人,但世界排坛的激烈竞争容不得半点松懈。望向国内,职业球员的流动、联赛的商业运作、排球的群众基础,这些都是她关心的问题,但改变岂在一朝一夕?2018 年 4 月,郎平重新坐回中国女排主教练的位置,原因很简单——"我坐在那儿,年轻的教练和运动员心里都能踏实点儿。"有时候她也想歇歇,但只要涉及女排,就没法子停下脚步。

时间是残酷的,分秒不落地向前,无法重来。时间又很深情,如树的年轮,四季变迁都会留下痕迹。一圈又一圈后,时代和个人彼此成就,而"奇迹"之所以在郎平身上反复出现,是用日复一日的坚守、永不言弃的梦想来支撑。

　　中国女排第一次夺得世界冠军后，郎平曾收到过一份礼物：广西一位青年工人用业余时间制作了一把真正的铁榔头，像艺术品一样闪着光芒，小伙儿留言说，希望我们的"铁榔头"百炼成钢。而今，57岁的"铁榔头"跳不了那么高了，皱纹也爬上眼角，但她依然昂首前行，用一场场胜利，向世界敲击出振奋人心的声响，久久回荡……

张艺谋

"英雄"的时代

任姗姗

"我不知道'命运'是什么，也许是人生中某个时机的契合，那是许许多多挣扎和徒劳中一个最意外的结果，无法设计和捕捉。我不能解释'梦想'这个词，虽然我们常常拿它来造美丽的句子。对我来讲，梦想曾经是：能不能有个好出身，能不能大吃一顿肉，能不能不上夜班，能不能去陕西画报社……它是非常入世、非常具体的，甚至俗不可耐，是我生活的某个阶段中非常现实的想法。"

——张艺谋《张艺谋的作业·序》

柏林，金熊！

张艺谋大笑，笑得极开心。

1988 年 2 月 23 日，西安电影制片厂摄制、张艺谋导演、巩俐担任女主角、姜文担任男主角的彩色故事影片《红高粱》，在西柏林国际电影节与美、苏、法、意和联邦德国等21个国家新故事影片比赛中，荣获金熊大奖。1988年2月25日，《人民日报》在头版和7版刊发消息。

一夜之间，张艺谋成了整个电影界的头号明星。星光璀璨的颁奖礼，几百架相机、摄影机瞄准张艺谋，上千双眼睛盯着张艺谋，各种肤色的人们怀着巨大的好奇，试图解开"红高粱"的秘密。当天夜里，西柏林自由电台在影评中说："拍摄《末代皇帝》的贝托鲁奇也要向张艺谋请教。"

这是中国电影也是亚洲电影，第一次在柏林国际电影节获得大奖。《红高粱》响亮地告诉世界："中国人来了！"

这一年，张艺谋38岁。

时隔30年，我们依然忘不掉那张照片里自信的面孔。穿着西装的张艺谋，捧着金熊奖杯，畅怀大笑。他嘴巴张得大大的，眼睛眯成一条线，短粗又浓厚的眉毛拼命向眉心挤，鼻翼两侧的嘴角沟线也越发分明起来。这副面容，让人想起莫言的那句评价："他真像我们村里的生产队长。"

"貌不惊人"，也是陈凯歌对这位老同学的评价。在那篇流传很广的《秦国人》里，陈凯歌写道："艺谋貌不惊人，中等身材，走起路来挺沉重，加上衣帽平常，在人群中显不出他来。要画他的肖像不能再容易了：一个弧线微微向下弯曲的鼻子，两条自鼻翼直奔嘴角的沟线，加上一双深沉的眼睛。"在陈凯歌眼中，张艺谋像极了秦国的兵马俑，冷，硬。要说轮廓和神情，张艺谋与日本演员高仓健确有几分相似，略有不同的是，高仓健的冷是酷，张艺谋则似乎多了些苦味。

谁又能想到，这个"貌不惊人"又天生带有些许苦味儿的年轻人，一登上影坛，就把中国电影搅和得寝食难安呢。

时间拨回1982年，北京电影学院78班的四个年轻人被分配到了广西电影制片厂。北京生源何群、咸阳生源张艺谋、杭州生源萧风、新疆生源张军钊，从新中国的心脏远走广西，充满了被流放的悲壮感。愤怒吗？沮丧吗？这是必然。四个人里年纪最大的张艺谋，"多少次头发丝儿细的可能性抓住了才有了今天"，他的心里最清楚，"先去，在逆境中求生存"。

现在回头看，他们或许要大大感谢这段"逆境"的磨砺。广西厂从北京引进了大学生，也给了他们非常好的机会，成立了全国第一个青年摄影组，这才让四个"被流放"的大学生成了同学中第一批直接掌镜的摄影师和导演。

《一个和八个》，张军钊是导演，张艺谋和萧风联合摄影，何群是美工。血气方刚的年轻人第一次拍片子，心里憋足了一股劲儿，就是要告别过去，颠覆传统。黑白灰的主调，不完整构图，反正跟传统的画面不一样。

被视为"第五代"里程碑式作品的《黄土地》，也带着强烈的挑战意味。《黄土地》对国内电影创作的冲击，首先来自视觉和影像。贾樟柯曾说过，他是一次偶然的机会，走进电影院发现里面在放《黄土地》，看完以后立志要拍电影。作为该片摄影师的张艺谋在摄影阐述中"振臂一呼"："80年代的年轻人，常被呼为'现代青年'。所谓'现代'，摈弃传统也。其实，我们在对未来影片的构思中，从老子这几句话中得益匪浅：'大方无偶，大器晚成，大音希声，大象无形。'"今天我们总结起来，无非就是一句话：标新立异。

在陕北的黄土高原拍摄《黄土地》期间，张艺谋结识了正在拍《人生》的吴天明。他们一见如故。"你什么时候帮我拍一部电影？给我做一次摄影师？"吴天明真诚相邀。拍完《大阅兵》，他们又在北京见面了，提到了《老井》。吴天明说："你得做好思想准备，我这是春夏秋冬四季，一年时间。我知道现在叫你的人挺多的，如果你觉得跟我耗一年太长，你尽管说，我再找别人。咱俩的交情绝对不受影响。"张艺谋也仗义："甭说一年，两年我都跟你干。"两年后《老井》拍成了，张艺谋成了男主角，第一次演戏就拿下了东京国际电影节最佳男主角奖。

　　吴天明曾在多个场合讲过张艺谋塑造孙旺泉的故事。剧组30多人在农民家里住了两个半月，边体验生活边改剧本。张艺谋担任演员组组长，吴天明要求演员每天每人挑十担水，把全村37户人家的用水全包了。挑了两天，他们就把一两里外的那股泉水全挑干了。后来又挑石头，绕着山坡转。张艺谋每天从半山腰上背三块石头，每块都在100多斤，两个半月就把好几家的石板全背回来了。开会讨论剧本时，他总是蹲在地上，用手把沙子堆在身上揉搓，皮肤搓得很粗糙。为了减肥，中午大家午睡，他不睡，砸石头，两个半月下来凿出一个猪食槽子，手上的皮不知道掉了多少层。他后来拍戏时，往镜头前面一站，妥妥就是一个太行山的农民。

　　从北京电影学院毕业五年，张艺谋干了三档子事：摄影、表演、导演，样样出色。舆论一片哗然，有人说他"奇才"，有人说他"怪才"，也有人说他是"天才"。吴天明的评价是："他死用功呀！咬定青山不放松。"

北电 78 班的 "老谋子"

　　张艺谋和吴天明的感情很深。2014年3月，吴天明去世，北京电影学院和中国电影导演协会举办了吴天明追思会。中国的大半个电影圈都惊动了，自然少不了张艺谋。

　　"他改变了我的命运。没有他，就没有《红高粱》。"追思会现场，张艺谋表情凝重，他对我说："'头儿'不仅执着于自己的艺术追求，也真心爱护有才华的人，乐于成全别人。他对电影人的责任矢志不渝。即使生活并不宽裕，他也拒绝为市场放弃艺术操守。"

　　回到北京电影学院，张艺谋的心情并不轻松。如果说张艺谋命运的第一个转机，那一定是在这里。

　　在成为北京电影学院摄影系学生之前，张艺谋的身份是陕西省咸阳市国棉八厂的工人，一开始工资是 36 块，后来涨到了 40 块零 2 毛。偏偏这个工人喜欢上了摄影，这个奢侈的爱好，还成就了卖血买相机的悲情故事。端着海鸥 4 型双镜头反光相机的张艺谋，一有空就在渭河边转悠，搞创作，想的是老摄影家薛子江的话，"用眼睛发现美"。心里别提多美了！

　　自学摄影不容易，尤其在那个年代。张艺谋肯下死功夫。薛子江的《怎样拍摄风景》是他的引路经典。书上说，要搞摄影，最好是自己洗自己放。张艺谋找来很多暗室操作的书，看不懂，索性就把整本抄下来。前后三年，抄了几十万字下来，他似乎懂了一些。

　　1974 年开始拍照，到 1976 年之后才拍出让他有几分得意的照片。加上抄书的三年，前后花了五年功夫。"我经历的失败太多了……所以我大概很早就有了这个创作心态，失败是常事，完美不可得。老失败，也就不怕失败了——薄脸皮干事容易趴下，厚是练出来的，知道不易，知道努力，干砸了，只能说'看下一个，下一个也许好点儿'。"多年之后，张艺谋对作家方希这样剖析自己。

　　1977 年 10 月，高等学校招生的推荐制度废除，恢复文化课考试，择优录取。当年就举行了迄今为止唯一一次冬季高考，考生年龄放得很宽，父子同考不是孤例。可以上大学了？家庭出身问题不是障碍了？张艺谋开始蠢蠢欲动。

　　他天天守着《人民日报》，终于看到了北京电影学院的招生简章。一看年龄限制，心又悬起来。虽然是面向社会招生，电影学院每个系都有一定的年龄限制，导演系可以放到 26 岁，摄影系只有 22 岁。同厂的同事田钧给张艺谋出主意，给文化部部长黄镇写信。

　　一个咸阳的工人给文化部部长写信，自荐上大学。这在今天看来有些天方夜谭，但在那个百废待兴的时代，并没有那么遥不可及。虽然中间的过程颇为波折，但信件几经辗转到了黄镇手里，费了一番周章，张艺谋最终成了北电 78 班的一员。

那年 3 月，郭沫若在全国科学大会闭幕式上发表主题讲话《科学的春天》。1978 年，张艺谋这一代人久久期盼着的，春天的大幕缓缓拉开！

从咸阳到北京，从黄土高原到华北平原，张艺谋被眼前的一切强烈地刺激着。北京的各种大，各种新，各种骄傲，劈头盖脸砸过来。他有点晕，强烈感受到自己的土，自己的老。他比应届同学大十岁，是名副其实的老大哥，"老谋子"的称呼就是这么来的。张艺谋曾特别说明，"跟老奸巨猾没关系"。

最大的刺激来自同学。据张会军的《北京电影学院 78 班回忆录》记载，四年间，他们总共观摩了 514 部电影。开学典礼结束之后，学校放了两部电影招待新生，一部是朝鲜电影《扎根大地》，一部是法国的谍战片《方托马斯》。《方托马斯》是张艺谋看的第一部商业电影。他简直看傻了，上天入地、神出鬼没、香车美女，还有比基尼，完全没见过，"跟我们的《地道战》完全不是一个路子"。这大概在他心里种下了商业电影的种子。

他在北京电影学院的同学里不少出身电影世家，赵丹、于蓝、田芳、华君武、艾青的儿子、白杨的女儿等。导演系的陈凯歌和田壮壮，父辈也是赫赫有名的电影人。这俩是当时的学生头，明摆着将来要大展宏图。同学们也有共识，82 届要出人的话，这俩人先出来。像李少红、彭小莲、胡玫，也是能看出来的才女，谈吐不俗，气度不凡，将来肯定有出息。

一个外地工人，没看过什么禁书，没有任何艺术家庭背景，加上那样一个家庭出身，张艺谋的心里只有四个字：奋起直追。

下苦功夫呗！就像当年自学摄影，他观摩一部电影，看到好的构图，就在黑暗中迅速给画下来，还有一些粗浅的光线、影调，什么都记。一场电影看下来，能记下几十张卡片，回去再整理。这种方式一直到张艺谋大学毕业。四年间几百部电影，都是这么看下来的。

还是吴天明的那句评价："咬定青山不放松。"从自学摄影到上大学，从摄影机后走向幕前，张艺谋似乎从来没有什么高明的主意，就是下笨功夫。抄书、记卡片、砸石头，他用了世上最费力气的办法，终于成了那个改变世界对中国电影看法的大导演。

担得起 13 亿国民的期望吗？

"老天爷保佑！"2008 年 8 月 8 日下午 2 点，鸟巢会议室。在对所有分场导演做最后一次叮嘱之后，张艺谋站起身来，挥着手说。

"老天爷保佑"，这是中国老百姓数千年最朴素的观念。纵使手心冒汗，心里打鼓，腿打哆嗦，你要往前走这一步，只要在心里默念这一句，总会大刺刺地迎上前去。

2008 年 8 月 8 日，为了这一天，张艺谋和他的团队，各个组所有演职员，十几万人，拼了三年，开了 2000 多次大大小小的会议，多少次挖空心思，多少次推翻重来，多少次备受折磨都没有缴械投降。倒计时 100 天里，多少人夜不能寐，那些参加演出的孩子们，还有的是刚刚从汶川地震中死里逃生的孩子，吃了多大的苦，一丝不苟地排练，从动作到表情，就是为了把中国人的面貌展示给全世界几十亿人。

开幕式中心的走廊与外界只有 30 米之隔，每天凌晨的三四点钟，张艺谋从这里走过，足足走了一年。"你一生可以拍很多电影，你一生只有一次奥运会。"这是张艺谋心里巨石般的重负。

问题是，张艺谋能担得起 13 亿国民的期望吗？2008 年 8 月 8 日之前，特别是 2004 年"雅典八分钟"之后，很多人是不看好张艺谋的，或者可以说是"恶评如潮"。"我们所谓圈里一片骂声，骂的级别、骂的场合、骂的次数和人，都相当的多，相当的高"。张艺谋在纪录片《张艺谋的2008》里直言不讳。

于是，有了那次著名的全球竞标。最终，拥有拍大片经验，又经过大型演出场面调动锻炼的张艺谋和他的团队拿出的方案，高票当选。黑泽明说过，你可以征服全世界，但你不可以征服你的家乡。谁都知道，要让13亿中国人满意，太难了。

十年之后，回望2008，每一个中国人的生命里都留下了难以磨灭的奥运记忆。这很大一部分来自于那场"美轮美奂、无与伦比"的开幕式。那一夜的鸟巢，磅礴的击缶声，《论语》吟诵声，澎湃的观众掌声，绚烂的烟火，璀璨的灯光，就是中华民族面向世界无比自信的呼喊，是跃升沸点之上的民族自豪感。再回顾开幕式，哪怕是一小片段，我们总会再度热血沸腾、眼角湿润。中国人太需要这样一个时刻了！

我们很难揣度，8月8日开幕式奥运圣火被点燃时，张艺谋是何种复杂的心境。据说8月9日凌晨三四点钟，张艺谋收到了几个朋友的短信，都是向他表示祝贺的。第二天，外媒如《纽约时报》《华盛顿邮报》《洛杉矶时报》《泰晤士报》等，曾经对张艺谋比较苛刻的国内媒体，乃至一向快言快语的网民，也大都是正面评价。张艺谋有点恍惚：是不是事情太大了，先出来的都是领掌的？

"中国人已经拿奥运会当自己的事情了。我怎么敢设想这件事做坏了会怎么样？中国人都会觉得，张艺谋你辜负了我们，你让中国人丢了脸，你让我们失去了一次珍贵的机会。"张艺谋曾对方希说。

总导演肩上的担子有多重，每个中国人都能想象。作为历史存证的《张艺谋的2008》记录了三年多以来，作为开幕式总导演的张艺谋，种种的面对，种种的死磕，种种的不放弃。团队里跟他合作的都是艺术家，即便有人起先不怎么喜欢他，或者不怎么喜欢他的电影，最后给出的也都是很高的评价。张继刚说，张艺谋精力过人；蔡国强说，不要低估张艺谋的创新力；陈丹青说，开幕式是张艺谋的一雪前耻之作。

张艺谋想起了老导演谢晋。谢晋说，拍电影，就是掬一捧水，哪儿不定就漏下一滴，漏着漏着就漏光了。如果说开幕式是张艺谋人生的光荣时刻，那真的是扎扎实实、一点一滴，穿越了重重现实的阻碍闯出来的。

方希有个比喻很形象。如果把人比作一架车，跑亏了精神，跑脱了气，加点张艺谋牌汽油是个不错的主意，他是 97 号汽油，而且，从各种迹象来看，应该不是 90 号汽油兑点人生导师牌添加剂假装的。

学着拍电影

2008 年奥运会之后，张艺谋在中国网民中有了新称呼：国师。奥运为张艺谋收复了国民的好感和期待，告别奥运，导演的复出之作《三枪拍案惊奇》却收到大面积的恶评，几乎是他此前所有作品恶评的总和。此前文化界大面积的争议始于《红高粱》一系列影片，一些学者认为这些电影向世界贩卖了中国的落后愚昧，换取了国际奖杯。常常身处批判的海洋，张艺谋很少站出来为自己辩解。

《南方周末》曾刊登过一篇报道，标题就是《张艺谋：我是中国争论最多的导演》。这篇被记者整理的文章里，张艺谋的有些陈述仍然值得咂摸。

"回到今天'三枪'的讨论，它在我身上也存在着奥运后时代的某种时代烙印，就是对人创作的一种要求……现在很多关于'三枪'的讨论，其实都不是电影本身，它引发争论的原因其实是知识分子站在一个高度上谈，附加了很多自己的东西，普通人站在另外一个高度谈，每个人又有不同的喜好……"

"现在的事实是，导演锻炼是不可以的，大家会很愤怒，认为这是对观众的一个伤害等等，像这样的批评已经不是在谈电影了。我已经五十而知天命了，还说什么呢？我稍微有一点脆弱、稍微有一点委屈，这些人都把我打趴下了，找不到北了，我就不拍电影了。"

这让我想起那篇《秦国人》，想起秦人的隐忍，冷和硬。

任何作品和任何创作者都无法脱离时代。张艺谋承认，第五代导演的成功必须感恩时代，经历了磨难和反思，整个民族文化呈现厚积薄发的状态，作家提供了优秀的文学作品，一旦你的表现和社会的气氛、情绪有所呼应，就能得到巨大的掌声，而且没有人领掌。当然，他也承认"第五代"有自己的局限和窘迫。但不论遭遇怎样的争议，承担了怎样的荣光，有一点是从《一个和八个》《黄土地》到现在都没有改变的，就是他从来不满足，也不愿意故步自封，他永远要做那个"标新立异"的电影人。

《三枪拍案惊奇》果然没有打趴下张艺谋，后来又有了《山楂树之恋》《金陵十三钗》《归来》《长城》。每一部都没有重复自己。

王朔评价张艺谋：他要拍不成电影，会痛苦而死。张艺谋品尝了做导演的难，做公众人物的难，但他统统咽下了，他不是娇气的人。"名也有了，利也有了，你还想怎么样呢？"

1990年，张艺谋赴美参加奥斯卡颁奖晚会。那年，80岁的黑泽明获得终身成就奖，这也是奥斯卡历史上第一个获得终身成就奖的亚洲电影人。卢卡斯说，《星球大战》的灵感来自黑泽明；斯皮尔伯格则称，黑泽明就是电影界的莎士比亚。黑泽明上台说了第一句话，全场一片笑声。黑泽明说的是，我今天还在学习拍电影。

张艺谋一直记着这句话。

一个导演的艺术生命有多长呢？但愿张艺谋能一直保持着这份学习拍电影的热情。中国电影少了他，总是一份不小的遗憾。

梳理张艺谋前后40年的经历，你很难为它下一个定义。他是，40年前，那个端着相机在渭河边寻找灵感的工人，那个埋头给文化部部长写信要求上大学的年轻人；他是，30 年前，那个在柏林举起金熊奖杯自信大笑的中国人；他是，十年前，那个在奥运会开幕式指挥台大力挥手的总导演；他是，一直坐定在摄影机后面苦苦思索的"手艺人"……他就是张艺谋。他始终是这个大时代标志性的人物，因为他，我们看到了这个时代的辽阔，也看到了人生的多面向度。

姚　明

时代在变，不忘初心

薛原

2018 年春天，中国篮球协会在北京龙潭公园附近找到一处新的办公地点。一排平房，原来是家餐厅，没有写字楼为伴，也没挂个牌子，常在公园里遛弯的街坊似乎也没意识到这里的新主人是谁。坐在简单装修的办公室里，姚明觉得"挺接地气"。他说："我还想把门换了。"现在的办公室是木门，他打算换成玻璃的，里外通透，"感觉更开放，对别人来说有一种'欢迎'的意思。"

2018 年，姚明 38 岁。他是这些年流行语境里的第一代"80 后"。这个"80 后"见过了大场面、经过了大阵仗，如今又挑起了大担子。他是这个时代醒目的人物，不仅因为超拔的身高和球场上那些叱咤风云的时刻。某种意义上，姚明已经成为一个包含着诸多意味的符号——赛场传奇、中外交流、体育改革、社会公益……每个符号于他都不是空泛的概念，不断的角色切换中，每次展开的故事都足够生动。

开放

　　姚明在办公室里喜欢放点音乐，有一阵子单曲循环着《速度与激情7》里传唱最广的那首片尾曲《See You Again》。听歌放松，这是球员时代留下的习惯。音乐已经成为他工作和生活中自然融入的背景，他则是中国运动员里将中国和美国两种文化背景妥帖融合的典范。

　　今年的美国职业篮球联赛（NBA），休斯顿火箭队一路杀进西部决赛。尽管姚明已经离开这支球队七年了，但他的影响力从未远离。2017年年初，火箭队还为他举行了盛大的球衣退役仪式，在球队历史上，迄今只有六个球员拥有这个殊荣。当年，他为这支球队赢得了无数中国球迷，至今，中国球迷还对火箭队抱有一份特别的情感和关注。

　　同样，在美国人看来，姚明带有中国文化背景的性格和他在球场上的高光时刻一样充满魅力，他在球场上的一举一动，球场外的一言一行，潜移默化间都传递着中国形象和中国文化的内涵，成为中美文化沟通的一个标志性人物。在NBA打球时，姚明两次登上《时代周刊》亚洲封面，两次被美国《时代周刊》评选为年度"世界最具影响力的100人"。美国前总统克林顿将他称作"中国对美国最大的单笔出口"，显然，这个大个子属于"软实力"的出口范围。另一位美国前总统奥巴马则在中美战略与经济对话中说："我想借用中国篮球明星姚明的一句话，无论是球队新队员还是老队员，都需要时间彼此适应。这次对话，我相信通过我们的努力，能够达到姚明的标准。"

　　姚明征战NBA的九个赛季，正是新世纪头十年。中国加入WTO，加速了与世界在经济层面的交流。但即便人们已生活在地球村中，不同文化间的交流与理解，依然比经贸交流更富挑战性和多样性。因此，当普通美国老百姓看着这个中国大个子在他们最熟悉的NBA赛场上搏杀，文化间的阻隔在一种彼此都能欣赏的方式中被消减。他们还看到了这个中国小伙子带来的幽默、谦虚、克制和宽容，这在"肌肉丛林"的 NBA 中犹如一股清流，获得了特别的好感。

借助篮球这样的"国际语言"，姚明在走向世界的过程中，也在将他的母体文化向世界推广。所以，即便他已从 NBA 退役多年，依然是人们关注的焦点，这来自于他在文化层面产生的影响——超越了比赛的胜负，成为时代的注脚。

2011 年，姚明在上海举行退役发布会时曾由衷感慨："感谢这个伟大进步的时代，使我有机会去实现自己的梦想和价值。"以姚明为代表的优秀中国运动员登上广为世人认可的舞台，展现的正是一个开放中国的形象与气度。

而越是向世界出发，姚明内心的根也扎得越发坚实。"中国不是哪个个体去代表的。我们每个人身上都有闪光点，应该发掘更多的闪光点去完成中国这个词。"在大洋彼岸闯荡多年的经历，越发催生了姚明这样的意识。开放与宽容的力量成就了他，更是这个改革的时代孕育出的力量。

坚韧

虽然少年时最早练习的不是篮球，但姚明的家庭背景和个人条件，注定他最终要与篮球结缘。虽然他除了身高超群外，其他身体条件难言有多少天赋，但他用不懈、坚韧、自律去提升自己，成为中国篮球史上迄今成就最高的球员，开创了属于他的篮球时代。17 岁他初登中国男篮联赛（CBA）赛场时，一场球被撞了 15 个跟头。最终，他带领上海东方队在 2002 年拿下了冠军。22 岁初登 NBA 赛场时，第一场球只得了零分两个篮板，在旁人等着看"状元秀"笑话的眼光中，他最终让不看好自己的 NBA 前球星巴克利亲了驴屁股。2008 年奥运会上，他又带领中国男篮杀入八强……

赛场的风云激荡，都被封存在记忆中。2017年2月，姚明回到休斯敦参加了自己球衣的退役仪式，他的11号球衣从此高悬于球场上空。上一次休斯敦举办盛大的球衣退役仪式时，他还是新秀，那是刚刚参加新秀赛季的第七场球，火箭对阵西雅图超音速，巴克利在电视上说姚明这辈子单场恐怕永远得不了19分。那时的姚明再有心气也不会想到，有一天自己的11号会和火箭队史上最著名的几位球星并排挂在一起。

球衣退役仪式上的演讲依然不乏幽默，开场就是"我再也不可能和火箭签个10天的短合同了"。但姚明的内心澎湃万千，以致语带哽咽，红了眼眶。这份充满了细节又满溢情感的演讲稿是他自己写的，就在飞往休斯敦的航班上，"大概写了半个小时吧。用中文写的，写完了又在脑子里用英文过了一遍"。

所以，他站在球场中央拿的那张纸，是一张中文演讲稿。他自己做自己的同声传译，无缝对接。如今这种自然流畅的转换，就像他在中国和美国两种完全不同的文化环境中游刃有余那样。可是现在有多自如，你就能忆起当初他在两个遥远的国度、两种截然不同的文化里奔走得有多辛苦。

姚明是个念旧的人。2011年他在上海举行退役仪式时，特意将当年刚到美国时的翻译潘克伦请来担任同声传译，他说那是为了给大家带来一些温暖的回忆。在休斯敦的球衣退役仪式最后，他也讲了一桩旧事。新秀赛季，他第一次在海外过春节，队友们知道了中国有发红包的传统习俗，每人给他准备了一个红包。但姚明发现每个红包里只有两美元（在美国文化里，两美元寓意幸运）。他跟总经理道森开玩笑说，"你应该放十美元，不应该只有两美元。"道森也打趣回应，"你知道球队有工资帽吧。"姚明的钱包里一直有曾经的一张两美元，"因为我知道无论我去到哪儿，只要有它陪伴，我的家就在那里。"

很多人好奇，姚明还真带着那时的两美元？

　　这时，姚明就会从他的钱包里拿出一张折得皱巴巴的两美元，展开来，很认真地说："看，这就是其中的一张。"

公益

　　很多人都记得 2008 年北京奥运会开幕式的那个场景，姚明高举国旗走在中国体育代表团的前方，他的身边，是来自汶川灾区的 9 岁小男孩林浩。一个民族经历的苦难和辉煌都烙印在记忆中，成为生生不息的力量。汶川地震后，姚明是捐款最多的体育明星，他始终惦记着汶川的孩子并持续不断地施以援手。对他来说，做公益慈善已成为生活中必不可少的内容。

　　"我去 NBA 的第一年，第一个圣诞节。赶上了球队做公益活动，用咱们的话说就是送温暖"，对于姚明来说，这还是一件比较新鲜的事，"我记得很清楚，去一个贫困家庭，男主人是个盲人。有人对他说，姚明来了。他说，噢！是真的姚明？我说，是。他说，能让我摸一摸吗？他摸我的时候，手在发抖，他真的很高兴。那个时候我觉得，原来我的价值这么大，可以让他们一家过一个很开心的圣诞节。"

　　用公益事业去温暖别人，哪怕只是一个家庭，也有别样的快乐和满足。这让姚明对生活的色彩多了份理解。"其实对于心灵来说，这是一种互补。"

　　2010 年，姚基金慈善赛在北京举行时，姚明还未退役，他坐在一群来自四川的孩子中间。场上，中国男篮和美国明星队正在较量，虽然他不用出现在比赛中，但依然是这场比赛真正的主人。"慈善活动这些事，无论是哪里的球员，不论是谁参加，都会有回报。"这是姚明的感慨。如今，已经有数万名青少年在姚基金援建的希望小学中学习成长。2012 年，姚基金又开启了"姚基金希望小学篮球季"项目，为数十万名青少年提供学习篮球的机会，让篮球为孩子们的成长带去快乐和健康，"从这个角度看，篮球只是个载体，公益才是主体"。

现在，姚基金慈善赛已经成为中国体坛最大最规范的慈善活动，"十年前由我和纳什发起的这一比赛，更多的是一种激情。十年之后，更多的是基于一种理性和责任。"2017年，在香港红磡体育馆举行的比赛中，姚明这样表达他对公益事业的理解。

成就、名声、社会形象……无论从哪个方面衡量，姚明都是中国体育界屈指可数的人物。而如何运用自己的影响力去回报社会，姚明的做法表明了他的价值观和人生态度。姚明的成功，固然是通过篮球去体现和发扬，但从某种意义上说，他首先实现的，是一个将爱装在心间的普通人的成功。

改革

姚明有一种特别的亲和力。初见他的人自然会惊叹他的身高，但很快会为他的谈吐和见识所折服。球商和情商同样出类拔萃，姚明的这种能力，奠定了他"姚式风格"的基础。

"如果有了成绩，我愿意退后一点；出了问题，当然我来面对。"体育改革风云际会，2017年3月，姚明担任新一届中国篮协主席，篮球的接力棒交到了他的手上。"成人达己"是他的施政策略之一，"改革是增量改革，先把蛋糕做大，而不是急着重新分蛋糕。"

从CBA到NBA再回归中国篮球，从运动员到管理者，这些年，姚明的身份在变化中更为多元，他的视野更广，思考更深，他对体育改革有强烈的期待。2013年当选全国政协委员后，他的新身份也帮助他为体育改革发出更有力的声音。取消赛事审批等改革举措，就与他的呼吁有着直接关联。

姚明懂得尊重历史，也更愿意去探索如何创造未来。

比如，如何看待体育举国体制，他说："过去举国体制对我们的一些项目拿到金牌帮助很大。但在发展方式上，有些项目并不是那么适合。其实过去的方法、现在的方法，都是在探索。哪一种方法更适合未来的潮流，要看新形势下如何处理社会和政府之间的关系，怎样能调动各自最有效、最具优势的一面。"

姚明喜欢用比喻去阐明自己的想法。

比如，怎么理解政社分开这个听着很"官气"的概念，他说："政府是整个社会最后一道保险。就像银行的保险柜，如果每一次都用最后一道保险来处理事情，时间一长社会就有可能失去活力。钱全部锁在保险柜里肯定不是办法，所以要流动起来。"

"再进一步说，政社分工，政府要做的是保留最核心的东西，就像是外汇储备负责兜底，也像个人理财，一部分钱放在银行里不动，一部分拿出去'冒冒险'，我理解这就是政府和社会的关系。具体到篮球改革上，有了一刚（政府）一柔（社会）这两样东西，我们的战略回旋就会更大，可以有不同的方法去面对不同的问题。过去是一套人马两套牌子，时间长了就变成一个办法，一个思路了。现在我们则要去协调一种协会自治、善治的模式，形成新的良性循环。"

不管向哪个角色转换，姚明不变的是保持一种学习的状态，"最近在看的是弗格森（英超曼联俱乐部功勋教练）的《领导力》。"2011年退役时，他说，不管转型是从政从商，首先都应该"从学"。他自己认认真真开始在上海交通大学念经济学本科。上学不只是为了拿个文凭，"我有强烈的愿望去学习，不断充实自己"。

人生在不断充实与收获中前行，姚明对"获得感"也有很深的感触。

"改革是让更多人有获得感。有些人追求金钱，也有些人更高一些，马斯洛不是说人生有五层需求，你也不能说谁更高尚，只是不一样吧。而且，我们如果只追求高层次需求而忽略了低层次，高层次也是空中楼阁，长久不了。回到改革的现实技术问题上，光有热情是不够的，还得踏踏实实分析问题，解决问题。改革是没有尽头的，现在我们在推动改革，可能再过十年二十年我们又需要被推动，这也有可能，因为时代在变化。"

初心

时代在变，不忘初心。

球场上，他曾和队友们并肩拼杀，留下许多让球迷难忘的激情时刻。现在，他要为中国篮球的未来下一盘大棋，不似赛场面对面的较量，更多事情需要在"举轻若重"和"举重若轻"之间拿捏。挑战换了种形式，依然无处不在。

"1978年改革开放刚起步的时候，什么都没有。发展市场经济让生产资料流动起来，去激发人的积极性和创造性，我们才能走到今天。同样，小到一个联赛，要发展也要在流动性上做文章。找外援是通过增强同外部的流动性来弥补内部人才的不足，根本之道还要激活内生动力。"

姚明爱琢磨问题，探讨概念，从一些人们习以为常的表述里看出点新的意思。说起改革聚力，人们爱用"聚沙成塔"这个词来形容，姚明却说，沙子还是沙子，聚起来也是一盘散沙。一个庞大的金字塔，应该是无数"小金字塔"垒起来的。每个"小金字塔"都是一个独立结构，内部都能良性循环，整体才能真正坚固。

很多时候，姚明还喜欢通过讲故事来表达自己的观点。中国篮协每天中午的盒饭时间，也是交流的好机会。

有一回，他借着吃饭的话题，和同事们讲了一个"螃蟹投资人"的故事——有个投资人想去江苏做螃蟹生意，考察了好几家，每家都请他吃螃蟹。一般人都知道，吃螃蟹时旁边会放一碗洗手水，用来去腥。这个投资人却故意端起碗来就喝，显得不明就里，旁人却不好意思或不敢提醒他。直到有一家的老板说，这水是用来洗手的。最后，投资人就选定了这家。

故事说完，大家听得都很开心。回到办公室，姚明嘿嘿一笑，"这个故事也不是随便讲的"。

"俄罗斯方块很多人都玩过吧，每个方块都不一样，最后组合到一起。我觉得有点像选人用人，一个组织，人要多元化一点，关键是怎么组合，要多看长处。"

"制度和人的关系要辩证看。制度是让人不要犯大错误，管的是底线，把事干好就是把人选好，激发每个人的投入意愿。说到底，我们大家都是中国篮球的人，不是姚明的人。现在我带着大家干事，最重要的是发展推广这项运动。这个活我姚明能干，后来的人也能干。当然，现阶段我承认自己有些优势。"

"用什么衡量我的成功？我们大家努力干，有一天中国篮球出现新的标志性人物时，大家忘了我。我觉得就是最大的成功。"

姚明常说，感谢这个伟大进步的时代。其实，我们更应该说，感谢无数个姚明推动这个时代不断走向伟大和进步。

国际篇

基辛格

重建世界秩序怎能没有中国？

温宪

中国 40 年的改革开放进程与中美关系的发展相辅相成。这是不少美国政要和专家、学者的共识。

1979 年 1 月 1 日中美正式建交，中国领导人邓小平和时任美国总统卡特共同促成了这一历史性时刻。为此，卡特于 2013 年 11 月 10 日下午在位于亚特兰大的卡特中心接受了中国记者的采访。卡特在回答"您对于中美正式建交 35 周年有何感受？"这一问题时说：

"1949 年 10 月 1 日中华人民共和国成立时，那一天正是我的生日。当我成为总统时，我被美中两国之间没有外交关系所困扰。我认为是改变这一情况的时候了。我认为如果美国和中国能够合作，将使西太平洋及亚洲国家的未来受益。当时，做出与中国建交的决定在美国是很不受欢迎的，因为当时美国已与台湾形成同盟关系。我通过中间人与邓小平进行了秘密谈判。

我们开始取得进展，因为我可以感到在地球的另一端邓小平决定改变中国与外部世界的关系，而不仅仅是改变与美国的关系。因此，我们于 1978 年 12 月 15 日发表《中美建交公报》，宣布两国自 1979 年 1 月 1 日起互相承认并建立外交关系。在此三天之后，中共十一届三中全会在北京开幕，邓小平宣布改革开放。所以我一直感到，中美两国建交与中国改革开放相得益彰。"

1972 年，中美两国老一辈领导人以非凡的战略眼光和卓越的政治智慧，打破两国多年相互隔绝的坚冰，用跨越太平洋的握手开启了中美关系发展的新篇章。时任美国国务卿基辛格博士在这一进程中做出了重大的历史性贡献。此后，中美关系的发展虽饱经风雨，但一路前行。波涛起伏间，基辛格博士一直以其战略眼光和政治智慧推动中美两国关系良性发展。

作为人民日报北美中心分社首席记者，我在美国工作期间曾三次专访基辛格，面对面感受到这位战略家的友好、睿智与机敏。

初次访问

自 2012 年 2 月 13 日起，时任中国国家副主席习近平开始对美国进行正式访问。美国东部当地时间 2 月 13 日晚，习近平在美国首都华盛顿会见了包括前国务卿基辛格在内的多位美国前政要。2012 年正值尼克松总统访华和《上海公报》发表 40 周年。2012 年又是美国总统大选年，美国对华关系成了意料之中的竞选话题。

以这些事情为由头，我于 2013 年 2 月 14 日下午对基辛格进行了专访。

基辛格在华盛顿的办公室位于西北 K 街 1800 号 302 房间。基辛格的秘书安请我稍等一下，"博士马上就到"。

借此机会，我打量了一下基辛格的这间办公室。他的办公室内到处可见

"中国元素"：大门把手处悬挂着有着长长红穗的"中国结"，茶几上摆着厚厚的英文版图书《中国文化与文明》。办公桌左侧墙上悬挂着四幅已经有些发黄的老照片，分别是40年前基辛格与毛泽东、周恩来等中国老一辈领导人的合影。

基辛格笑眯眯地走进来，先脱去身上米黄色博柏利牌风衣，一番寒暄后，专访很快进入正题。

习近平副主席此次来访是最新鲜的话题。"我知道您昨天晚上会见了中国国家副主席。我们也都知道这一中美关系始于40年前。从历史角度来看，您如何看待习近平副主席此访？"我开始向基辛格提问。

自德国移民美国的基辛格自称他的英语带有德语口音，声音浑厚低沉。他想了一下后说，"目前时机非常重要。美国处于大选年，中国也将有新的领导人。目前，世界发生着诸多变化，我的意思是说整个世界。因此，对于中美两国领导人而言，理解其所面临的挑战和两国如何进行合作非常重要"。

我接着问："您曾评述道，'历史眼光是中国领导人常常显现出来的一个文化特质。实际上，不仅中国领导人，中国人民也有着很强的历史感。我们向历史学习。'2012年是尼克松总统访华和《上海公报》发表40周年。作为中美关系的设计师和尼克松访华的见证者，回顾40年前，什么给您留下了最深的印象？"

基辛格回答说："给我留下印象最深的是中国领导人的历史眼光和战略决策。其次，是中国领导人平衡好客与外交的非凡能力。所有相互关心的话题自然而然地得到讨论，这是一场不断进行的对话。"

我又问道："正如您所言，中美关系的建立始于一个冷战策略，但其最终发展成为全球新秩序演变进程中的重心。您能否具体阐述中美关系对于新的全球秩序和 21 世纪国际社会有着怎样的影响？"

对于这样一个贯穿着历史与现实的宏观国际问题，基辛格这样说："我认为这样说是正确的，当美中关系开始时，双方都有着最为关注的策略考虑。毛泽东极为关注苏联日益增长的威胁，我们对于冷战局势非常关切，也非常关切在东南亚局势中的介入。因此，美中双方都存在着最低限度的策略自由空间。我们进而讨论对于世界的看法，双方立场有很多相似之处。这反映在后来发表的《上海公报》中。

"在世界外交史上，《上海公报》的独特之处在于，公报明确列入双方的分歧之处。一般的外交公报从未如此。与此同时，《上海公报》又具体列入双方的共同立场。因此，考虑到整个历史背景，双方的共同立场变得更加富有意义。在此后的时期内，美中双方根据《上海公报》政策协调行动，特别是在亚洲。

"那时，中国还是一个很贫穷的国家。随着中国的改革开放，中国不断融入外部世界，在国际社会中愈发积极地发挥作用，一直发展到今天。目前，中国和美国共同努力解决朝鲜半岛等国际热点问题和环境等全球性问题。中国开始解决问题，并对整个世界产生影响。"

基辛格说："进入 2012 年后，更为融合的世界面临着重建，也需要中国向前迈进。美中两国都面临着挑战，即如何联手构建新的全球秩序，这是一个重任。"很明显，基辛格在这里对中国的改革开放及其深远影响给予了积极评价。

与基辛格的对话不能不论及中美关系。我接着问道："习近平副主席说，中美关系 40 年来的发展历程，给了我们许多经验和教训，给了我们多方面的重要启迪，其中之一是双方应始终坚持三个联合公报。回首过去 40 年，您认为中美两国从双边关系历史中得到的最重要启迪是什么？"

基辛格说："我同意三个联合公报。双方确实存在一些困难问题，但令人惊异的是，尽管存在着困难问题，双方一直致力于改善关系，推动两国进入一个更大的空间。因为，我认为这一模式应该成为今后两国关系发展的准则。"

基辛格说："在我看来，问题在于，美中两国都是伟大国家，有着不同的历史。中国有着悠久历史，美国历史则很短。美国人认为每一个问题都有解决办法，中国人认为每一个解决办法都会引发新问题。这是看问题的不同角度，并在所有全球问题上都有着相互影响。首先，我们必须要解决全球所面临的问题；其次，我们必须寻求如何解决这些问题。我们很清楚的一件事是，在此之前的历史时期，处于敌对状态的美中两国在一些问题上势必引发关系紧张，而这一紧张关系会使别人乘虚而入，并因此得利。了解了这一点，我们就有责任努力合作。美国领导人表示欢迎一个不断强大的中国，中国领导人也重申欢迎美国作为亚太地区大家庭的一员。在这些重要问题上，美中两国有着不断增多的共识。"

我问："40年前，在与毛主席会见时，尼克松总统说，使美中两国走到一起的是变化了的世界形势。现在我们又处于一个新的世界形势下，您如何界定前后40年的'新形势'？"

基辛格说："40年前，美中两国有着共同对手。那时，中国还很贫穷，经济发展没有融入世界。40年后的新形势是，美中两国没有共同敌人，但我们有着共同问题，如环境、核扩散等。当今世界还存在着严重的金融危机，进而影响着世界经济，这是我们的挑战。40年前，当我们会见时还有一个有利之处，那就是我们之间没有外交关系，因而也没有由此产生的问题和需要进行讨论的日常事务，我们可以从最为基本的问题谈起。今天，美中两国在日常事务中面临着很多问题。现在我们需要回到最为基本的问题。"

这时，基辛格的秘书开门进屋，与基辛格耳语了一下。基辛格随即转身回到里屋接了一个电话。回身坐定后，基辛格突然有些俏皮地盯着我说："这是白宫来的电话。你不会说出去吧？"

我笑了笑，随即抓紧时间就当时人们谈论很多的中美之间缺乏战略信任的问题向基辛格请教："最近，很多人在谈论中美两国间的战略信任问题，还有人称中美间有着'信任赤字'。您认为如何加强两国间的战略信任？"

基辛格的回答是："战略信任问题之所以被提出来，是因为如果你想要掌握自己的命运，你不应该依赖别的国家。如果你不依赖所有外国，你就必须拥有支配优势。然而，美中两国没有任何一方处于可以支配对方的位置，也不应支配对方。所以，在一定程度上，我们必须相互依赖。我们必须与对方坦率、经常地进行对话。我们必须避免发生采取某种行动但不向对方解释的情况。我们必须切记，当发生完全出乎意料的局势或一些国家处境艰难时，谁都无法确知局势走向，因此只要可能，我们必须坚持不断对话，尽管不可能在所有问题上取得一致，但相互间要彼此尊重，尽可能取得谅解。"

在此之前，中国领导人提出了中美两国应建立新型大国关系的命题。我就此问道："您认为中美两国能否可以走出一条和平相处、共同发展的新型大国关系之路？"

基辛格答道："我两周前写过一篇文章。我注意到美国国内有一些批评声音，在中国国内也有一些批评声音。但两国领导人必须努力克服分歧，推动两国关系继续前行。这是两国目前所面临的很大挑战。美中两国应视对方为伙伴和朋友。走出一条新型大国关系之路是我们的责任，我们必须为此努力，我认为我们可以做到。"

对话至此，我特别想挖掘更多有基辛格"个人色彩"的问题，于是问道："您的人生与中国紧密相连。中国最初是怎样引起您的关注的？"

基辛格笑答:"坦率地说,当我第一次到中国时,我对中国了解甚少。我对于与苏联打交道很有经验。最初我以为中国与苏联会有许多相似之处,因为都是共产党国家。随着我与中国和中国人民接触增多,我开始钦慕中国的历史和中国人民强烈的家庭观念、忠诚等美德和机智的思维。我对中国人民充满深情。然而,在谈到外交政策时,我并不感情用事。但我认为我们具有共同利益和共同命运,我们应该更多地看到这一点。"

专访结束后,基辛格应我的请求为《人民日报》读者题词:

致《人民日报》读者:

我们两国在过去 40 年间一直有着良好的关系。让我们在本世纪今后时期更加巩固这一关系。

致以所有良好祝愿。

亨利·A. 基辛格

"美中应该合作维护和平"

2015 年 9 月 22 日至 25 日,应美国总统奥巴马邀请,中国国家主席习近平对美国进行国事访问。为此,我和同事于当年 9 月 10 日赴纽约专访基辛格。

那天上午 11 时,我们如约来到基辛格在纽约的办公室。到了进行专访的房间以后,基辛格的助手说他还在忙着,需要等他一会儿。

那个房间不大,但四面墙上有三面挂着、摆着的东西与中国有关。一进门左手墙上是一张巨幅四只仙鹤中国画,对面墙上挂着一排奔马形象的中国画。办公室周围的走廊内的书架上摆着不少有关中国的书籍,其中不少是中文书。

我一边观察，一边在脑子里高速运转着，考虑以什么样的开场白让这次采访气氛立即轻松起来。显然这也是基辛格想要做到的事情。他进到房间后，我们相互问候。基辛格说，他又胖了，最近长了 20 磅，因为吃了太多的中餐。我指着墙上那一排马的中国画问基辛格："您喜欢马么？"基辛格回答说："南希喜欢马。"南希是基辛格夫人。基辛格一提南希，我脑子里立即浮现出 20 世纪 70 年代毛泽东主席在北京会见基辛格和他夫人的情景。南希的个子很高，在那次会见中，毛泽东指着南希对基辛格开玩笑，说"她试图使你望而生畏"。于是我就向基辛格说，"我还记得当年毛主席指着南希说她比你高。"提到这个话题，基辛格一下子笑了起来，"毛主席对南希非常友好。当时我还反问说，是她的身材比我高还是智商比我高？"

这样一个开场白，一下子拉近了我们双方的距离，现场气氛很快轻松起来。

气氛虽然轻松了，但整个采访如同行军一样紧张。因为还有另一场活动，原定 30 分钟的采访只能缩短到 15 分钟。根据这一变化，我将原来问题单子上一些铺垫部分立即跳过去，直接从他对习近平主席的评价、习主席此次国事访问的意义、中美关系发展及问题、美国大选、中美关系是否真到了"临界点"、他对世界反法西斯战争和抗日战争胜利七十周年、习主席赴纽约参加联合国成立七十周年纪念活动的看法等提出问题。已经 92 岁高龄的基辛格博士依旧思维敏捷，神情专注。每个问题他都回答得行云流水般流畅，逻辑清晰，没有废话。

基辛格说："我与习近平主席有过多次交谈，他是一个很有决断力的人，有着丰富的人生经验，我认为他是最杰出的中国领导人之一。"

基辛格认为，美中是两个大国。美中两国最重要的是将政策的制定基

● 基辛格接受本文作者采访

于两国需要合作而非对抗的共识之上，并用这个结论去处理一些具体问题，"我很希望双方在一些事务上的合作能有所进展。"他接着补充说，"我与奥巴马总统并不同属一个党派，但我非常支持奥巴马总统与中国合作的努力。"

他说，他对每一位美国总统的对华政策建议都一样，就是坦诚地与中方交流，关注中方的关切，努力解决双边关系中出现的明显问题，这是他们需要做的事情。"我对此抱有信心。"他说。

"习近平主席访美之际，中美关系中仍有不少棘手难题。在新的形势下如何管控分歧？"目睹了中美关系充满风风雨雨发展历程的基辛格认为，合作仍为关键词。他说，美中两国准备开始交往时正值中国经济发展的初期，如果1971年有人给他看如今北京和上海的照片，他会觉得那是天方夜谭，是不可能发生的事情。中国克服了很多经济发展的困难，取得了今天的成就。当他瞩目今日中国时，他的脑中常常浮现出中国在1971年时的情景。美中开始交往时，双方有着共同的诉求，而今天，美中面临共同的机遇。如果双方不合作，许多事情就不能做成。一些问题单靠中国或者美国也是无法解决的，例如气候、环境、防核扩散、防止大规模武器扩散和网络安全问题等等，这些都是需要双方合作的议题。一些问题，例如网络安全问题，是美中面临的全新问题，在他当年第一次访问中国的时候这些问题还不存在。"我很希望习主席的访美能够推动双方解决这些问题的进程，通过会谈取得重要成果。"基辛格说。在这里，基辛格再次用亲身经历对中国改革开放所取得的成就给予了积极评价。

"我经常读一些美国对中国崛起的争论。让我们问问自己，事实是什么？事实就是中国还会发展，不管美国接受还是不接受，这是事实。我们应该接受中国与其资源和人口规模等量齐观的发展，有关美国是否能接受中国发展的讨论根本就不应该存在，因为双方除了合作别无选择。"他接着说，"至于有说法称美中关系到了'临界点'，我想美中若发生冲突，对双方都是不幸，没有哪一方能够承受冲突的代价。在我观察美中关系发展的近50年中，有关'临界点'的说法就出现过好多次，但事实上我所经历的八任美国总统、五任中国领导人都采取了同样的政策，所以我们必须合作。"他建议中美双方领导人通过建立专人或专门小组联系的方式进一步保持密切沟通。

2015年是世界反法西斯战争和抗日战争胜利七十周年。习近平主席也赴纽约参加了联合国成立七十周年纪念活动。提及这个话题，基辛格说："我对二战有着切身感受。二战中我作为美国士兵被派往欧洲，先是前往英国，后被派去法国、比利时和德国。我的兄弟也在二战中被派往太平洋战场，去过冲绳和韩国。我们家族有战争的经历。所以我的观点一直都是，美中应该合作保持世界和平，特别在亚洲地区，美中应该合作维护和平。"

专访结束后，我再次对基辛格搞了个"突然袭击"，拿出事先准备好的笔和纸，请他为《人民日报》读者题词。尽管后面的活动时间压得很紧，但基辛格还是欣然题词：

致《人民日报》读者：

我期待着习主席的访问将为世界和平做出重大贡献。

亨利·A.基辛格

2015年9月10日

相互学习，协商合作

时隔不到一个月后，我于2015年10月7日再次对基辛格进行了一次专访。这次专访的由头是受中信出版社委托当面向基辛格赠送他所撰写的著作《世界秩序》中文版。此时正值习近平主席刚刚结束对美国的国事访问，我也想利用这个机会听听基辛格对这次访问的看法。

这次专访地点仍在基辛格纽约的那间办公室。已是中午时分，基辛格一直紧张工作着，我又被告知需要等一会儿。

基辛格进门后连声表示："对不起，刚才还在接几个电话。""您每天工作多长时间？"我笑问。"15个小时。"基辛格博士答。

"您的头脑仍然如此敏捷，每天工作这么长时间，有什么秘密吗？"我接着问道。

"基因。"基辛格答道。他见我一愣，又接着说了两遍："基因，基因。我的母亲活了98岁，父亲95岁。"

我当场向他呈递了由中信出版社出版的《世界秩序》一书的简体中文

版。基辛格高兴地说，"太好了！非常感谢！"随即将书捧起翻看起来，表情相当愉悦。

2015年9月22日，在西雅图举行的联合欢迎习主席来访的宴会上，作为嘉宾的基辛格在讲话中专门介绍了习近平主席。习主席在随后的讲话中说，"基辛格博士总能说出一些新颖的观点，他的介绍让我对自己也有了一个新的认识角度"。

基辛格就此表示，习主席的讲话深深地感动了他。习近平主席势必成为中国历史上一位伟大的领导人，"我很看重他的讲话"。他看到，习近平主席在西雅图面对美国公众时，极有胆略地做出了一系列论述。他希望美中两国关系得到新的发展。当然，这并不是说两国关系没有困难，而是表明，美中两国已经做出和平解决困难的重要决定，共同为世界和平做出贡献，这是世界上最大发达国家和最大发展中国家所做出的重大决策。

关于习主席的国事访问，基辛格说，他认为这一访问非常重要。美中两国领导人能够借助这一访问处理诸多问题，双方都对这一访问感到满意。通过交流，更为了解对方的关切。最近他有机会与奥巴马总统交谈。在谈到这一访问时，奥巴马总统说，这一访问消除了两国关系发展中的一些障碍。当然不是每一个问题都得到了解决，其中一些挑战与双方关系发展演变进程有关。基辛格说，双方对于对方都有了更好的了解。以网络安全为例，他认为双方对此问题都有了更好的相互了解。但这又是一个如此复杂的问题，双方还需要时间应对这一问题。

在《世界秩序》这一新著中，基辛格博士以宏大的历史视野，梳理了近400年的世界历史和国际政治变迁，审视了欧洲、亚洲、中东和美国对"世界秩序"的不同认识。基辛格指出，西方秩序正走向崩溃，美国已经失去领导者地位。新秩序的建立，不是一个国家能够主导和完成的，美国需要重新审视自己的位置。随着中国融入世界秩序步伐的加快，它也正在重新塑造国际关系。

　　话题转向这一新著时，被誉为"坐于室而见四海，处于今而论久远"的基辛格博士告诉我，《世界秩序》一书意在"教导"美国领导人和美国公众，美国在其建国历程中，与外部世界接触不多，因为美国位于两大洋保护之间。美国遇事有着一种解决麻烦本身的务实思维。中国有数千年的历史，周边环境要复杂得多。中国人更关注事态的发展演变，而美国人则更关心麻烦本身，双方进行真正的对话并不容易。"所以我试图告诉美国领导人，你们要看一看外部世界，你们必须理解不同的文化和不同的历史经历，所有这些因素都必须在决策考量当中，进而考虑建立何种世界秩序。否则，你不可能将一国主张的世界秩序强加于整个外部世界。这就是我这本书的最基本观点。"基辛格说。

　　习近平主席在9月22日讲话中引用了基辛格博士在《世界秩序》一书中的一句话："评判每一代人时，要看他们是否正视了人类社会最宏大和最重要的问题。""什么是我们所处时代人类社会最宏大和最重要的问题呢？"我向基辛格发问。

　　基辛格沉默片刻后说，他们这一代人在这一历史时期最重要的经历便是学会如何使不同文明和平相处，以及如何通过不同文明间的共同努力将争端变为共识。但在当今世界中，不同文明间多多少少还是各行其是。中华文明与罗马文明间相互了解不多。在19世纪，欧洲殖民主义主宰世界。现在世界各地区有着各自的认知。"如何创建一种将争端变为共识的新秩序，这是一个前所未有的重大挑战。"他说。

　　"中美两国具有不同的文化和历史经历，面对一些困难与挑战，形成有着共识的发展秩序要旨何在？"我接着问道。

基辛格说："首先，我们必须学习各自的文化；其次，我们必须尊重对方的文化；第三，现代技术发展"强制"推动着我们进行合作。因为我们都知道，否则的话，现代技术发展会给我们带来巨大伤害，会摧毁现存的一切，并极难得以恢复。因此，我们有机遇，也有责任进行合作。""这也是我从《习近平谈治国理政》一书中读到的思想。"

基辛格接着说，他"逐字逐句"地通读了《习近平谈治国理政》一书英文版。他说，有着十几亿人口的中国的发展是人类社会的伟大实践活动，中国未来走向关乎整个世界。他亲眼看到中国已经取得令人难以相信的成就。"现在中国正在计划着又一次飞跃，这将是又一个有着深远意义的事件。中国的'两个一百年'计划将是对人类社会的发展、和平做出的伟大贡献。"基辛格说。在这里，基辛格又一次对中国的改革开放给予了高度评价。

在《世界秩序》一书中，基辛格认为，"无论按何种标准来看，中国都已恢复了它在世界上影响最为广泛的那几个世纪中的地位。现在的问题是，它在目前寻求新的世界秩序的努力中如何自处，特别是如何处理和美国的关系。"就此，我询问基辛格对中国"一带一路"倡议和创建亚投行等举措的看法。

基辛格说，他注意到了这些举措。通过这些举措，中国可以利用自身的工业能力帮助相关地区经济发展。他认为这与美国的目标并不矛盾。因此，他可以想象美国应在这些举措上与中国进行合作。对于刚刚谈判成功的跨太平洋战略经济伙伴关系协定，基辛格说，就在昨天，他在一个活动上谈及了这个话题，当时在场的既有中国外交官，也有越南大使和俄罗斯大使。他公开表示，支持这一协定，也希望中国成为其中一部分。这个有关太平洋地区相关国家的协定应该包括中国。

他补充说，同美国一样，在事关全球利益的问题上，不可避免地应有中国参与。对于世界上的问题，比如中东地区的问题，美中之间可能有不同的解读，但美国应就此与中国进行协商，并应相互学习。

此时早已过了预定的采访时间，但我仍问出了一个更有难度的开放式问题，"从一个更为广阔的视野来看，我们仍然在世界各地看到叙利亚等战乱和冲突，您对于一个更好的世界秩序有什么解决办法？"相当机敏的基辛格笑答，"这是咱们下一次采访的话题。"

临别时，基辛格特意拉住我的手说，"我喜欢同中国人交谈。我喜欢中国独立自主的外交政策。"

傅高义

"中国先生"的"中国雄心"

张健

    1979 年 1 月,华盛顿美国国家美术馆里,一场庆祝中美两国正式建交的招待酒会正在举行。中国领导人邓小平于现场使用扩音器演讲,距离他不远处,站着一位斯斯文文的美国学者,正安静地聆听他的发言。这人就是美国哈佛大学学者傅高义。在傅高义的生命里,这是在物理空间上最接近邓小平的一次。当时的傅高义肯定不会想到,在 21 年之后,他会因缘巧合,投身到一项浩繁的写作当中,这场写作会花掉他十多年的时间,而书写的对象,就是此刻站在他面前演讲的邓小平。

对理解改革开放时代的一次严肃尝试

    说起来,傅高义与中国结缘,要归功于哈佛大学的费正清先生。费正清曾于二战前,在清华大学短暂地学习了一年中文,回到美国之后,费正清主张美国大学要培养出更多专门研究中国的学者。傅高义是费正清亲自物色并着力培养的学者之一。在1961年至1964年的三年间，傅高义被要求集中学习中国历史。而实际上，傅高义对20世纪二三十年代的中国现代文学和一些传统的中国小说比如《三国演义》《西游记》，似乎更感兴趣。

傅高义第一次来中国是在1973年，此后，几乎每年他都会来中国一两次。除了身临其境，傅高义对中国的了解还有很多途径，比如哈佛大学有很多中国人，包括中国学生与访问学者，这些人都成为傅高义的交流对象，在与他们的聊天中，傅高义不断地"抵近"中国。在中国之外，傅高义对日本也拥有浓厚的研究兴趣，他曾出版了《日本第一》《日本新中产阶级》等著作。

2000年，在韩国的济州岛，傅高义问他的一位朋友，如果要帮助美国人理解亚洲的未来发展，应该做点什么？这位朋友告诉他，那就应该认真地研究中国，研究邓小平。那次谈话后不久，傅高义下定决心不辞劳苦，要以70岁的高龄，写一本关于邓小平的书。

他花掉了十多年时间，终于写出来一本《邓小平时代》。2013年年初，《邓小平时代》的中文版由北京三联书店出版。在这本厚厚的书里，傅高义表达了对于邓小平的钦佩之情。他写道："我尽力客观地对待邓小平的言行，也没有掩饰我对于邓小平的钦佩。我认为他对世界有着巨大的影响，改变了一个当时还承受着'大跃进'与'文革'后果的国家的前进方向。我希望中国人民认可这本书是对理解改革开放时代的一次严肃的尝试。"

在新书发布会的当晚，我作为记者，对傅高义做了一次采访。那次采访是在傅高义下榻的宾馆房间，邻近北京三联书店。当我们推门而入的时候，一个瘦小的美国老头从沙发上起身迎接。他西装革履，面容清瘦，头发已经花白。他的眼睛很小，脸廓狭长而线条分明。他用流利的中文与我们打招呼，声音很轻，语调舒缓。

那次访谈之前，我其实并不了解傅高义，而且我猜测，国内熟悉他的人可能也不会很多。但是没有谁会想到，这位美国老头会随着《邓小平时代》的出版而在中国变得声名鹊起，同时，也成为哈佛大学鼎鼎有名的"中国先生"。他在北京的世界汉学大会上面对听众与学者潇洒陈词，在高校的礼堂里与教授及学生谈笑风生，在飞来飞去的间隙里，接受一家又一家媒体的邀约采访……如果你仔细阅读那本砖头似的《邓小平时代》，你可能会产生与我一样的感觉：傅高义是实至名归，他对中国人的心理特征与处世方式，对中国的政治、文化、风俗、民情，显得如此富有心得。

傅高义谈吐严谨，常常会在交谈中停下来思索，这个时候的他，两只手习惯不停地搓动。说到中国的改革开放，他说："改革开放后的中国，发展变化非常了不起，只用了 32 年时间，就超越日本、德国，成为世界第二大经济体，这种发展速度举世罕见。如果按照这个速度，中国会在未来不久，在国民生产总值上超越美国，成为世界第一。有的美国人认为这是自然而然的事，但也有人很担心这种超越，但不管是哪一种人，他们都开始关注中国。"

这种巨大变化，源于中国的改革开放。但是，傅高义谈到，当下的美国学者，对中国启动的这场改革、对于启动这场改革的领导者邓小平，认识有些不足。这也是傅高义写作《邓小平时代》的一个缘由，他想告诉美国读者：需要重新认识邓小平。傅高义评价说："一个拥有十几亿人口的大国，坚定地搞改革开放，没有前路可循，一切只能摸着石头过河，一边实验一边推进，这是需要胆略的。中国面对的是一项苛刻的、史无前例的任务，在此之前，没有哪个共产党国家成功完成了经济体制改革，走上持续发展的道路。"

● 傅高义接受采访

展现中国大地上的这场波澜壮阔的改革

在写作之初，傅高义翻阅了不少别人写的关于邓小平的书。但到后来，他感到，历史事件容易梳理，而了解邓小平的想法却最为困难，因为邓小平没有留下任何笔记，傅高义又无缘与他当面交谈，所以一切只能依靠间接的材料与采访。《邓小平年谱》的出版，曾给傅高义的写作带来不少方便，但也仅限于帮助他了解到，邓小平在某个时间做了什么事情。至于邓小平为什么那么做，当时的考虑是什么，却不容易搞清楚。

为了解决这个问题，2000年以后，70多岁的傅高义开始频频奔波于中国大地。他去过邓小平留下了足迹的很多地方，包括四川广安、江西瑞金、太行山，还多次奔赴成都与重庆——那里是邓小平任西南局领导人时的办公场所。每到一个地方，傅高义都尽量去参观那里的历史博物馆，从中找寻过往年代的气息。他还通过种种渠道，与那些熟悉历史情况的人交谈，这些人包括一些历史人物的家人、秘书，也包括研究历史的学者。十年来，受访者粗略估计有 300 多位，这个名单里还有李光耀等中外政要。

有时候，被采访者会言说各异，但这正是令傅高义着迷的地方，他会兼听并蓄，然后自己慢慢去揣摩产生差异的原因。写作的过程，也是研究的过程，他不断地发现新课题，反过来又促使他去了解更多的人。比如，在开始写作的一两年，他发现陈云对于邓小平的作用很重大，他们有着奇妙的互补关系。于是，傅高义花了一年多的时间，专门研究陈云，阅读关于陈云的资料，并且采访了他的秘书朱佳木。这本书虽然命名为《邓小平时代》，但傅高义要写的远远不止一个人，而是一群人，是一个伟大的时代。傅高义要展示给读者的是，1978 年发生在中国大地上的这场波澜壮阔的变革，到底是如何发生的，由谁主导的，影响又如何。

那是一次将近三个小时的访谈，傅高义坦诚，平易，充满学者风范，谈话也不艰涩难懂。他对"邓小平时代"有着深入的研究与探索，因此一当话题进入到他的研究领域，就尤其显得健谈。有的时候，他甚至不满足于我们提出的问题，因而主动地设置话题，以便于阐述自己的看法。临结束时，傅高义显得意犹未尽："那就最后再问两个问题？"——然后，他却一口气回答了我们五六个问题。

再一次见到傅高义，是在那次采访的一年之后，在中国人民大学举行的第四届世界汉学大会上。那是一次规模盛大的学术会议，云集了世界各国各地区优秀的专家学者，可谓星光熠熠，高朋满座。在开幕式之后，傅高义作为最先发言的专家，登上了演讲台。那一天的傅高义西装革履，步伐矫健，比一年前在宾馆接受采访时，更显得神采奕奕。他脱稿用流利的中文侃侃而

● 傅高义在思考中

谈，言辞依旧谦谨，却又充满智慧，既表达了对中国发展的祝福，也从一个学者的角度，提出了自己的期望。

他还谈到，从古典中国到当代中国，欧洲汉学和美国中国学的转向，也代表着汉学研究范式的转变。"我认为我们外国汉学家，基本的工作、基本的责任是让外国人能够了解中国，我认为我们应该用我们能用的努力，跟很多的学者一起向中国学习。"傅高义表示，外国学者研究中国，难免会有误会和错误，暂时也可能会有一些困难，但长期的方向是好的。他说："我认为我们的交流有好处，现在世界上的问题太多了，但是没有基本的互相了解就没办法解决。我觉得外国汉学家在中国也好，中国学者在外国也好，都有责任去实现这个梦。"

那次汉学大会之后，傅高义还专程去了一趟清华大学，与清华的教授展开了一场对谈。那确实是一场精彩的智慧交流，赢得了清华学子的热烈掌声。傅高义在那次讲座里，从一个研究者的角度，品评中国历史。但是，在对新中国一些历史的评价上，他们有共鸣也不乏分歧。一年多来，曾看到媒体上关于傅高义的不少访谈，他的看法被不断重复。这一次清华对谈却颇有新意，因为傅高义要现场应对不同观点的碰撞与交流。

帮助人们了解这个改革时代，了解这个时代的中国

最近一次采访傅高义，是在北京的当代中国研究所。那天傅高义一身浅灰色的短袖衬衫，下摆扎在了裤腰里。他冲我友好地微笑，神情一如既往的谦和。这一次聊了更多生活中的事情。生活中的傅高义十分珍爱他的家人与朋友，他认为自己最为享受的事情，就是与家人一起共进晚餐，以及与老同学们聊天。除此之外，他的时间依然给予了工作。从哈佛大学费正清东亚研究中心退休以后，除了每周几次的骑行锻炼，他把大量的精力投入到邓小平的研究中。他的太太艾华慈为此埋怨说，傅高义就是一个地地道道的工作狂，退而不休，对家务从来不搭不理。说到这里，傅高义的脸上涌起了幸福的笑容——他显然并不为这种埋怨而感到烦恼，反倒似乎自得其乐。

从交谈中，基本上可以判断，傅高义属于那类比较传统的学者，他并不喜欢那些花花绿绿的新理论与新概念，也比较反感过于琐碎地开展学术研究。他所秉持的研究方法，有些类似于中国古人所说的"知人论世"，讲究从经济、政治、历史、文化，甚至山川地理等各个因素切入，逐步地接近研究对象。这也是他所强调的"全面的眼光""对历史背景与时代氛围的充分了解"。正因为如此，傅高义的写作并不过分依赖纸上的材料，而是倚重实地的采访与面对面的交谈。这样的研究方式使他的写作充满了艰辛，因为他得满世界去寻找那些可以为他提供有效信息的交谈者，但同时又充满了收获，因为他总可以在这个过程中捕捉到令他耳目一新的信息。

"对于这本《邓小平时代》，您心中的第一读者是什么人？"我问他。

"我心中的第一读者，是那些受过一般教育的美国普通老百姓。我出生在美国中西部的一个小镇，当时跟我一起念书的小镇上的同学，后来大多并没有成为专家，也没有成为知识分子。但是我从来没有忘记他们，我希望他们能有兴趣来阅读我的书，并且喜欢它。因此，我不大使用过于专业的术语，也不想把一件简单的事情说得太复杂，因为我必须保证如我小镇同学一样的读者能够读懂这本书。我曾经把《邓小平时代》拿给我的那些同学们看，他们读了以后告诉我：'你写得太精彩了！'这样的反馈令我感到非常幸福。我自信比其他的大学教授更为了解美国社会的底层，如果他们不乐意为这些底层人士写一点东西，那么，我却非常乐意。"

《邓小平时代》在美国出版以后，傅高义说，社会评论方面，90%以上都是积极的评价，当然也有一些人提出了批评意见——而这些都是正常的现象。至于一些美国的中国问题专家，他们之中既有人对这本书并不"感冒"，也有人真诚地认为这本书写得不错。2012年，《邓小平时代》获得加拿大多伦多大学莱昂内尔·盖尔伯奖，这个奖专门授予那些以英文写作的非虚构类著作。在颁奖典礼上，携《论中国》参与角逐的基辛格博士对傅高义说："你赢得这个奖是对的，你写这本书不容易。祝贺你！"

无疑，傅高义对他的《邓小平时代》十分看重。他说，哈佛大学同年出版的100多本书中，《邓小平时代》在销售业绩方面也是表现最好的。按照傅高义所言，这本书本来是写给美国读者看的，但事实上却让他在中国变得知名。谈到这里，傅高义笑了起来："有更多中国读者喜欢我的书，我当然更高兴了！"

《邓小平时代》因为涵盖了丰富的中外资料与研究成果，为数众多的独家访谈，以及对中国历史的深入分析与精当评论，被认为是国外邓小平研究的重要著作。除了摘得莱昂内尔·盖尔伯奖之外，2013 年，在上海第五届世界中国学论坛上，傅高义又被授予了"世界中国学贡献奖"。

对于这本书，傅高义坦承："我的看法在未来几年里，可能不会有大的改变。但是如果以后能够采访到更多的人，了解到更多的信息，我将要不断修订与补充这本书。我的一个愿望是，几十年后，那时的人们如果想要了解这个改革时代，了解这个时代的中国，他们会觉得阅读我的书是个不错的选择。"

——这就是"中国先生"傅高义的写作雄心，他对于中国的求索与书写显然不会停止，他与中国的缘分仿佛是一条汩汩清流，将随着漫长的时间一起流淌。

大平正芳

"中国人民会记住他的名字"

周飞亚

第一次听说大平正芳这个名字，是源于一家书店。一位在日本进修的长辈送了我一本书作为礼物，大概是为了表示鼓励，又告诉我，那家书店，据说曾经是日本首相最爱光顾的。

这个首相，指的便是大平正芳。

那时候，我只是对这个名字留下了一点印象，却不知道，原来他与中国之间还发生过那么多故事。

很久以后，偶然看到一篇趣文：当年中国小康社会目标的提出，不仅因为有小平，也因为有大平，"小康社会""翻两番""中国式的现代化"这些概念，是在小平和大平的谈话中形成的。中国的改革开放，由小平主持，有大平援助。

小平当然就是邓小平同志，大平即大平正芳。"二平"的奇妙碰撞，影响了历史的走向，仿佛是冥冥中注定的缘分。

由此，我开始对这位日本首相产生了兴趣。从历史文献资料中，从他的回忆录和生平著作中，从他的外孙女所写的他的传记中……无数文字堆积起来，在我眼前，慢慢勾勒出他的轮廓。

从"和而不同"到"椭圆哲学"

1910年春天，大平正芳出生在日本香川县三丰郡丰滨村一户普通的农家。这个家庭因为要养活六个孩子，日子过得比较拮据。正如大平正芳在回忆录《我的履历书》中所写的，他从记事时起，"总是穿着袖口油光光的衣服和稻草编的草鞋"，每顿饭只有"一汤一小菜"。上中学时，父亲去世，生活变得艰难起来，他不得不一边读书，一边种田，同时还要编织草帽以补贴家用，常常连完成作业的时间都没有。

农家出身在大平正芳身上打下了深深的烙印，童年磨砺更铸成了他坚韧、沉稳、讷言的品性。于是，才有了后来政坛上大名鼎鼎的"钝牛"，不善言辞，却有着"一事既决，宁死不回"的劲头。曾任大平内阁建设大臣的渡边荣一，赞扬他如同"农家的石磨"，形态朴实，质地坚固，行动稳重，"毫无豪华做作之感"……

大平正芳对中国，有一份特别的感情。他对中国文化的熟悉，是从小便被父亲种在心里的。在他的记忆中，父亲虽然"说不上有学历"，但竟也"擅书法，颇通和汉古典"。受父亲影响，大平正芳也就从小擅长书法、熟悉汉文。在小学升初中的入学考试中，他的汉文成绩仅比日语成绩低了两分，是考得最好的科目之一。中学时期，父亲去世，但这种学习并未中断。青年时代的大平正芳阅读了大量汉学著作。也许，除了兴趣，在他心里，汉语也寄托着对父亲的一种怀念吧！

他似乎对中国古典哲学尤其喜爱，《老子》《庄子》《论语》等都读得很熟。在他留下的书法字帖中，有不少都是深得其中精髓的词句，比如"天道无亲、大巧若拙""真味是淡、至人是常"……莫不如是。

因此，人们常常能感受到他"深沉透彻"的东方哲学气质。田中角荣就曾经评价："与其说大平是政治家，不如说更像哲学家或宗教家。""宗教"二字，是指他看待事物以及施政方针中的宽容态度，而这种态度，不正与中国传统文化中的"兼容并包""和而不同"的精神内核相一致么？

更有甚者，他还据此发展出自己的一套政治哲学——"椭圆哲学"。他认为矛盾的对立面正如椭圆的两个焦点，应强调它们之间的平衡和制衡，而非一味地对抗。在后来的党派斗争、内政外交中，他都能抓住两个焦点，在两者之间巧妙地斡旋。这套哲学，成为大平正芳最重要的政治遗产。

不吝生命为中日友好架桥

大平正芳的一生，曾四次踏足中国。在隔着书册，如雾里看花一般观望了多年之后，第一次真正触摸到中国，是在他 29 岁的那一年。

1936 年，大平正芳从东京商科大学毕业，进入大藏省——那是日本当时主管财政、金融、税收的中央政府机关。三年后，他被派往兴亚院蒙疆联络部。兴业院是日本在发动全面侵华之后设立的，主要负责制定和执行占领区的对华政策，蒙疆联络部便位于沟通北京和内蒙古的要冲地带——张家口。

这次"见面"，中国的满目疮痍、贫穷落后让大平正芳既震惊，又失落。日本军队的野蛮行径，也令他深感厌恶。同时，他还看到了中国的资源和市场对于日本经济的重要性，在他看来，战时日本对华政策的设计与制定都是

● 1979 年，邓小平（左）访问日本时与大平正芳的合影

十分短视的。可以说，在那时，他已经预见了日本将要战败的结局。

一别 30 多年。再次踏上这片土地，当年那个初出茅庐的青年，已经成为身居高位的政坛领袖。

1972 年 9 月，大平正芳作为外务大臣，随田中角荣访华，拉开了中日关系正常化的序幕。

如果问当时接触过日本高层政治家的中国人，谁对改善和发展中日关系的贡献最大，大多数人一定会答曰：大平正芳。在恢复邦交的谈判过程中，大平正芳的真诚努力，起到了极为关键的推动作用。

当时，双方争议的焦点，一是台湾问题，二是日本侵略中国的那段历史。田中角荣到达北京当晚，在欢迎宴会上发表演说，其中有一句是："过去我国给中国国民添了很大的麻烦，对此，我再次表示深切的反省之意。"听到如此轻描淡写的致歉辞，在战争中饱受伤害的中国人感情上无法接受。在随后的两次会谈中，周恩来总理都表示对这句话非常不满，双方起了争执。

眼看这次访问就要无功而返，大平正芳心急如焚，他提出，去长城参观的路上想与姬鹏飞外长同车，再争取一次深谈的机会。

当时车中情形，担任翻译的周斌在《大平正芳印象》一文中有详细的记述。车一发动，大平正芳就发表了一通恳切的长谈：

"姬部长，我和你同岁，都在为自己的政府不断争论。我们双方首先看重的，都是维护自己国家和国民的利益。想来想去，我觉得，现在问题的焦点和要害，在于如何看待那场战争。坦率地说，我个人是同意贵方观点的。我大学毕业进大藏省工作后，曾受命到张家口及其附近地区做过社会、经济调查，为期一年十个月。那是战争最惨烈的时期。我亲眼所见的战争，明明白白是日本对中国的侵略战争，可以说不存在任何辩解的理由。但是，我现在只能站在日本政府外务大臣的立场上说话。考虑到日本当前面临的世界形势，加上又与美国结成的同盟关系，两国政府的联合声明，完全按照中方要求来表述，实在是太难太难了。这一点如果得不到贵方理解，那我们只能收拾行李回日本了。

"田中首相在战争后期也被征兵，到过牡丹江，不久就患病被送进了陆军医院治疗，他没有打过一枪战争便结束了。但他也熟知那场战争，观点同我一样。

"虽然不能全部满足中方要求，但我们愿意做出最大限度让步。没有这种思想准备，我们是不会来中国的。既然来了，我们就会豁出自己的政治生命，以至肉身生命来干的。如果这次谈判达不成协议，田中和我都难于返回日本。右派会大吵大闹，兴风作浪，党内也会出现反对呼声。田中和我都是下了决心的，这些都请你如实报告周总理。"

不同于圆滑的外交辞令，大平正芳这段话，句句真诚，惊人的坦率，几乎可以说是"剖心之语"。我读到这段文字时，都不禁为之触动。

周斌写道："大平在诉说上述内容时，看上去眼睛里有泪花。"

这番表态，起到了决定性的作用。最后，大平正芳提议的"日本国政府对过去日本通过战争给中国人民造成的重大灾难，痛感责任，深刻反省"这句话，被中方接受，写进了两国政府的联合声明。

大平正芳对姬外长说的"豁出自己的政治生命，以至肉身生命"，并非夸大其词。

当时，日本政坛派阀林立，斗争不断，首相更迭如家常便饭。大平正芳的表态，让日本的反对派势力极度不满，他们千方百计阻挠各项合作协议的落实，各种攻击谩骂也向他袭来，大平正芳承担着巨大的压力。1974年，他决定再次亲赴北京，进行对合作十分关键的航空协定的谈判。临行前，家里不断接到恐吓信，台湾方面也放出风声，扬言要击落他的专机。无奈之下，大平正芳不得不隐匿行踪，乘坐普通航班绕道香港，总算平安抵达。

后来，人们才知道，他当时是抱了殉职之决心的。他曾对一位朋友说，这可能是他们俩最后一次一起旅行，"我预感随时都有可能被人杀掉，只有老天有眼，帮我一把，访华谈判才会成功。"走之前，又给妻子留下了遗嘱。

好一头"钝牛"！好一个"一事既决，宁死不回"！

这样一位不吝以生命来为中日友好架桥的人，怎能不让两国人民怀念至今呢？

几个跳梁小丑，终究挡不住历史的洪流。

等到大平正芳最后一次来中国时，一切已云开雾散，再没遇到什么阻力。那是在 1979 年 12 月，这一次，他是作为日本的首相，来商量如何加强两国多方面的合作。

在抵达北京的第二天，他见到了小平同志，并询问起中国的现代化蓝图。大平正芳对这个话题很感兴趣。他有着经济学专业的教育背景，又在主管经济领域的政府部门工作了 15 年之久；在他跻身政界高层之后，还曾经协助池田勇人首相实施"国民收入倍增计划"，计划在十年内实现的收入翻番，七年内就顺利达成了。

很多年后，小平同志在会见日本领导人时，还不止一次地提起这次谈话。

"自从 1978 年我们党的十一届三中全会以来，我们重点搞经济建设，一心一意搞四化，但是实际上达到什么程度，步子怎么走，心中还没有数。大平先生提出的这个问题，把我问住了。我有一分钟没有答复。"

"提到这件事，我怀念大平先生。我们提出在本世纪内翻两番，是在他的启发下确定的。"

"翻两番、小康社会、中国式的现代化，这些都是我们的新概念，是在这次谈话中形成的。"

怀念之情，溢于言表。

这次北京会谈之后，大平正芳还兴致勃勃地游览了西安，以示对中日文化渊源的重视。回想千年前遣唐使走过的道路，他写下了意味深长的四个字——"温故知新"。面对西安民众的鼓掌欢迎，他开心地对妻子开起了玩笑："应该把选区搬到西安来，不用拼命竞选也能赢了。"

然而，他并不知道，自己的生命只剩下半年时光了。

大平正芳任首相，仅短短一年半。好不容易实现了自己的理想，攀登上事业的顶峰，可以放开手脚大干一番，上天却那么残忍，不肯多给他一些时间。他的心里，应该有很多遗憾吧？大平正芳去世后，邓小平会见日本外相伊东正义时曾说："大平正芳先生的去世，使中国失去了一位很好的朋友，对我个人来说，也是失掉了一位很好的朋友。感到非常惋惜。尽管他去世了，中国人民还会记住他的名字。"

大力推动中日关系发展

在他掌权期间，一直在大力推动中日关系的发展。

他从未疏于反省战争责任，时时不忘引导日本国内舆论。1978年，经济评论家田中洋之助向他反映，民间出现了一种声音，认为日本如今"反省过了头，对中国过于卑躬屈膝"。大平正芳立刻反驳说："最近日本的潮流不是进行反省，反而是连必要的反省都还没有做够，没有从加害者的立场和被害者的角度出发，公正地看待日本是加害者和中国是受害者这样的一种日中关系。"

由于意识形态的偏见和西方历史的狭隘经验，美国一直担心中国变得强大之后会搞对外扩张，在当时的日本也出现了同样的担忧。大平正芳却公开表示：中国的共产主义和苏联的共产主义是不一样的，美国把中国看成和苏联一样具有对外扩张的威胁，值得商榷；面对日本这个给自己造成那样大危害的国家，中国都没有要求赔偿，遑论搞对外扩张了。

更令人叹服的是，大平正芳仿佛已经以他敏锐的目光看到了未来，不时流露出隐隐担忧："现在都是友好气氛，好像很热闹，当30年、40年后中国实现经济高速增长的时候，一定会有难题发生啊……"

● 1979 年 12 月，大正平芳（左五）一行访华

　　预言果然应验。只不过，连大平正芳也没有料到的是，中国经济腾飞的速度如此之快，而日本又因为房地产泡沫，陷入了长达十年的大萧条时期。两相对比之下，担心自己"区域主导地位"被取代的恐惧开始滋生，对中国的敌对情绪愈演愈烈；而随着日本政治右倾化趋势的发展，两国也一度摩擦不断。

　　日本的政治家一定也意识到了这种失衡，也许想起了大平正芳的预言。近年来，对于他"椭圆哲学"的研究开始流行起来，正是出于这种"觉醒"。

　　每次读到这些，我都忍不住幻想，假如大平正芳在首相的职位上能干得长久一些，推出更多的政策，用他的政治理念影响更多的人，今天的中日关系，会不会更上一层楼？像美化侵略历史、篡改教科书之类的举动，是否就可能不会出现呢?

当年, 为了支持中国的经济建设, 日本每年向中国提供长期低息贷款和一定金额的无偿援助。 第一笔贷款, 也是在大平正芳任首相期间落实发放的。 这是中国改革开放后接受的首笔双边政府间贷款, 时间长、利率低、数额大、没有附加条件, 对于当时百废待兴、资金短缺的中国来说, 是一笔至关重要的外汇来源。 贷款活动直到 2008 年才结束, 持续长达近 30 年, 一直伴随着改革开放的历程。

无偿援助则全部花在了改善民生的一些中小项目上。 比如中日友好医院, 至今仍是北京著名的三甲医院之一。 其中, 大平正芳亲自过问、十分关心的一个项目, 便是在北京外语学院(现在的北京外国语大学)创办的"日语研修中心", 学员们亲切地称之为"大平班"。 我的那位长辈去日本进修之前, 便在"大平班"学习过日语——难怪他会对大平正芳那么关注, 连他曾经爱去的书店都有所耳闻呢!

又回到书店了。 我在心中勾勒出的大平, 从书店落下第一笔, 那就从书店结束最后一笔吧。

大平正芳是日本公认的"文人首相""政界第一读书家"。 他曾在随笔里写道:"无论身边事务有多繁忙, 我每周也会有一两次信步去逛逛书店……读书是一种灵魂的食粮, 特别是对那些经常俗事缠身的政治家而言, 是净化精神、与时俱进和敏锐洞察时世所不可或缺的。"因为爱逛书店这个习惯, 还闹出过一场虚惊——某一个周日的午后, 警卫突然报告"首相不见了", 引发了一场疯狂寻找, 最终发现他正在新书架前, 看得津津有味。 后来, 身边的人都摸出了"门道"——只要首相"失踪", 十之八九是在书店里。

他的外孙女渡边满子回忆, 在她的高中时代, 外祖父有时会来家里, 走进她的房间, 然后静静地看一下书架就回去了。 满子说, "我想, 他是想通

国际篇　　379

过书架来确认我在思考些什么吧。不知道映入外祖父眼帘的那些书是否合他心意。"她在回忆录里留下了这样的文字：

　　　　"'到死为止我还能再读多少本书啊……'
　　　　"这是在生命的最后一个正月，外祖父嘀咕的话。父亲听到后不知道该如何回应，就选择了缄默。"

　　我在心里默默记下"虎之门书房"的名字。下一次，去东京的时候，我想我会到那里的街道徘徊，寻找一场我与书店，与大平，与时光的不期而遇。

李光耀

"旧家"与"新家"

冯庆

　　"不用捡,不用捡……"尽管刚刚搬入总理官邸的李光耀夫妻一再劝阻,官邸的服务人员还是奔跑了几十米,把年幼的李显龙不慎滚下坡的皮球捡了回来。 显龙稚嫩的脸上满是笑容,可他那即将引领新加坡未来数十年改革发展历程的伟大父亲,却陷入了沉思……

　　时隔多年,在回忆录中,新加坡总理李光耀这样写道:"如果在那里住上五年,孩子会把如此舒适的生活当成理所当然,这是我们不愿意看到的。我们后来决定住在自己的旧家。""旧家"是一个非同小可的比喻。 祖上三代早已旅居南洋的李光耀,或许仍然在怀念着一个印象朦胧、但亲切万分的"旧家"?

在"西潮"与"东风"间灵活变通的华人政治家

李光耀的祖先是来自于中国大陆沿海地区的华人，这批华人在清朝远渡重洋，四海为家，李光耀的祖先移居到今天的新加坡。继承了漂泊他乡的复杂记忆，在英国的殖民管理之下主动剖析西方文明的优劣，还在日本军国主义的残暴统治之下养成了坚忍不拔的抗争人格——这一切使得李光耀后来成长为志向远大的政治家。"二战"之后毅然领导新加坡人民独立建国，树立了这片大海上的"新家"独立自主的国际形象，并用30多年的时间，将其从资源匮乏、地域狭窄的第三世界岛国，发展为举世闻名、富裕安定的国家。

尽管新加坡已经取得了世界公认的成绩，李光耀却从来未曾忘记漂泊他乡的祖辈曾经的叮咛，在风云变幻的20世纪时刻保持"居安思危"的意识。这种意识，在李光耀饱含"回家"情愫的回忆录里时刻浮现："受英文教育的人，过享乐舒服的生活，日子过得比华校生好得多。但他们失去了自己的语言自己的文化，没有自信心，这个差别是很明显的。"可以说，李光耀的"回家"不仅有着具体的所指，更多地则呈现出他开辟"新家"的决心和审慎。复杂的地缘政治、经济、历史与民族环境，让新加坡自建国以来就纠缠在各种文化话语的旋涡当中。曾经沉浸在西方文明的摇篮中，新加坡这个商业城邦国家毕竟属于东南亚地区，是马来人、印度人和华人共同的家园，而不是中国、马来西亚或印度在南洋的自然延伸。唯有通过稳健的政治制度设计和审慎的治理来实现这种认同，新加坡才能保证其国际地位，发挥独特的地缘政治作用，进而确保本国人的福祉。

这种政治任务远比想象的要艰巨。李光耀和他的人民行动党，虽然能够凭借"父亲"般的威严，纵横星岛政坛多年，但仍然无法彻底平息西化殖民地背景和复杂的地缘政治因素给这片土地带来的压力与纷争。为了在政治和文化上树立开放自由且独立自主的形象，即便骨子里崇尚儒家思想，政治家李光耀也不得不与他祖先居住过的那片广袤的土地划清界限，以便在"冷战"的政治风暴中，维持新兴国家来之不易的发展空间。但是，这并不意味着自然的情感纽带会被沉重的现实理性一刀切断。在李光耀执政的漫长岁月里，华人与其他民族的关系一直得到微妙的平衡，新加坡的"双语"教育得以延续，既能与国际世界直接对接，也能维护以 80% 华人为主导的国民内在的精神文化认同。可以说，那颗南洋上的明珠之所以能够凭借狭小的国土和单薄的人口一跃成为"亚洲四小龙"，全赖李光耀在"西潮"与"东风"之间灵活变通、交织应对的政治智慧。

　　要在风雨飘摇之中，打造一片足以让流离海外多年的华裔、马来裔和印度裔国民都满意的"家园"，对于这位"家长"来说，是非同寻常的挑战。在现代化的语境当中，"旧家"或许太过遥远，但并不意味着就此揖别这片土地。当初离开泉州、潮汕、大埔等地的清秀山水，远渡重洋来到星岛的华人们，希冀的当然是一片乌托邦般的"新家"，但他们的心中却无时无刻不缅怀着"大地恩情"。大海磨砺了他们的斗志，赋予了他们精明果敢的性格，而从古老大陆携带而来的对儒家教诲、祖辈言行恪守不二的忠良品质，则让他们的血脉节奏与长江黄河的惊涛拍岸重叠。在心中的陆地和眼前的大海之间，"旧家"和"新家"的共鸣得以产生。流浪天涯，失却了土地和血缘的保护后，华人们为了能够与其他族裔竞争，也就必然会团结起来，增强力量。因此，"旧家"的遗训和礼法在新加坡的海港上再度振兴。从华人自发的结社，到成立正式的企业乃至于政党，新加坡的历史不仅是海外华人的努力拼搏史，还是中华政治思想在现代生存处境中不断焕发出新鲜活力的历史。

　　在李光耀的执政时期，这种新鲜的活力体现为对礼义廉耻的分明，体现为用威严的家长制治理国家的决断，体现为用严刑峻法约束社会，让各民族与阶层维持良好关系的新式法制。作为一个现代国家的首脑，李光耀微妙地处理好了世界先进治理技术和本土传统文明智慧之间的关系，既从原则上保证了国家在市场经济的导向中日趋繁荣，也通过社会文化教育的手段，保证了社会的稳定和政府的威信。正是这种实用主义的思维，促使了新加坡这个由移民组成的多民族国家维持发展势头的同时，还能够奉行公义和良俗，并成为整个亚太地区国家治理的模范。

许多年后，当"笞刑"成为法制教育的正面案例时，人们也许早已经淡忘了其最初遭遇的不解和质疑。曾经，不少打着"文明"和"民主"旗号的批评家认为，李光耀是一个独裁者，是一个披上民选外衣的野蛮、封建的家长，有着成为南洋华人世界"皇帝"的野心。新加坡用其卓越的建设成绩和开放多元的生活氛围，驳回了这种论调。可以用一个例子来把握、理解这种政治智慧：新加坡为国内大多数居民提供公共住房，保障其用水用电，但不供应天然气。这就促使居民必须出外觅食，也就滋生了餐饮业和公共服务业的发展。在保障人民拥有私人的"旧家"的同时，也敦促社会空间的"新家"得以逐渐生成，这就是李光耀奉行的辩证思维。把"旧家"搬进"新家"——或者说，让"新家"的稳健繁荣和"旧家"的居安思危融合在一起，这是超越西式现代性进程的伟大发明。

改革开放改变了东南亚政界对中国的看法

许多年后，当中国搭乘改革开放的巨轮扬帆起航时，新加坡的先行经验提供着可贵的借鉴。稳定、法治和繁荣、发展的两条线索，"旧家"和"新家"、传统古国与现代共和国的政治智慧，或许将为世界和平发展提供思路。

在其晚年的政治观察中，李光耀看到了海洋彼岸的华夏故土，正在这条超越现代性、开创新时代的伟大航道上远航：

　　"中国能以一个重要大国再现国际舞台，是我们这个时代最引人注目的事件之一。它的经济取得了不寻常的发展。其增长速度之快在 40 年前是不可想象的，也是人类历史上前所未有的，而且在今后几十年内还可能继续。……在今后 20 年至 30 年内，中国将希望与强国平起平坐。它毕竟不是一个新的强国，而是一个正在复兴的古老强国。"

　　1976 年，首次登上中国的土地，李光耀注意到，"街上的普通中国人穿着蓝色或黑色服装，看上去几乎一个样。"这深深地影响到他对中国的理解，以至于到了晚年，他也依然相信，中国本质上是一个趋同的、一体化的民族共同体。尽管仍有不解，李光耀作为华人的后裔，是少数能够精确意识到中国人对"一个强大的中央"的诉求具有现代竞争力的智者。只要这种中央性的集体思维能够得到参与式政府工作方式和党内民主的协调，只要腐败能够得到法制的有效控制，那么，中国也就有可能上升为现代化的一流强国。

　　改革开放改变了中国，也改变了以李光耀为代表的东南亚政界对中国的看法。"我亲眼看到中国戏剧性的变化。实体建设已将基础设施很差、破旧的城市，建成具有高速铁路、高速公路和机场的城市。你可以去访问北京、上海、广东或深圳，它们现在可以与世界上的任何一个城市媲美。"意识到中国的改革开放正在改变社会的整体面貌，这位南洋的"严父"嗅到了和平共处、共同发展的甜蜜气息。1988 年，李光耀再次访华，在钓鱼台国宾馆受到了热情的接待，中国方面为这位刚满 65 岁的长者安排了寿宴。李光耀动情地对随团记者说，从此两国的关系不再那么不自然了。很快地，于 1990 年，中国与新加坡正式建交。

　　与巨龙握手之后，李光耀退居二线，担任内阁资政，活跃于海峡两岸，为缔造和平发展的东南亚立下了汗马功劳。无论是在蒋经国的别墅打高尔夫球，还是在北京聆听故国的乡音，李光耀都把和平与发展视为政治游说的基本前提。长久以来，中新两国的友谊建立在亚洲乃至于世界外交格局的基础上，然而，不同于和其他国家与地区的关系，李光耀一再强调，中国有特殊的国情，是未来亚洲的领军力量，也是新加坡必须永远珍惜的兄弟友邦。

外交生涯见证中国巨大变化

李光耀的友善与诚挚，透过新加坡实际上的繁荣映射到中国。可以说，在中国改革开放经济建设如火如荼的关头，是李光耀的外交智慧及其打造的新加坡制度，为我们提供着可供参考的重要模板，并用实际行动，给予刚刚从"一穷二白"处境中走来的中国以启发。最早与他多有共识的，当属改革开放的总设计师。时隔多年，李光耀还会想起当初邓小平来访新加坡后的感叹："啊！这才是成功的模式。"在南方谈话中，邓小平明确指出中国"向世界学习，特别要向新加坡学习"，并且要做得更好。20多年过去了，如今的中国已经不逊色于新加坡，甚至的的确确在很多方面做得更好。而我们会记得，如果不是南洋华裔在李光耀的领导下做出了辉煌示范，祖国大陆许许多多同样黄皮肤、黑眼睛的同胞们或许还会固守本土和世界的僵化对立思维，在现代化大潮前艰难行进。李光耀用自己的行动证实，华人可以凭借智慧和勤劳打入世界市场，可以在威胁与危机面前转危为安，这给予了中国支持和推动，也给全球华人提供了精彩的励志故事。

李光耀用自己的外交生涯见证了中国改革开放的巨大变化。作为冷静的政治观察者，他能够客观认识到改革开放的历史意义；作为一国首脑，他更多地关注到领导人在推动时势发展过程中扮演的决定性角色。

新加坡这颗由李光耀一手缔造的南方明珠，一度为腾飞中的中国巨龙提供借鉴。世殊时异，随着中国的崛起，中新两国之间又将保持什么样的关系，使得双方在合作中实现共赢互利的美好格局呢？可惜的是，2015 年，李光耀撒手人寰，我们再也听不到他对世界局势的预判。幸好，他一手打造的"新家"的港湾依然开放，依然继承着他卓绝的政治智慧，在这一基础之上，我们可以期待炎黄子孙、亚洲兄弟间的伟大航道能够超越历史与民族的歧见，保持长久的畅通。甚至，我们可以进一步展望更加遥远的海域与大地，让"新家"的梦想四处生根、发芽……

费正清

心系中国

任姗姗

1932 年，夏夜。费正清牵着妻子费慰梅，爬上胡同尽头的东城墙。这是他们最爱的北平的夜。眺望远远的地平线，费正清的眼前有点模糊，仿佛回到了大洋彼岸的家乡。

美国南达科他州平原，费正清的家乡。小时候，费正清喜欢站在玉米地的一侧，踮起脚尖，眺望另一侧的摇曳生姿。那喜悦，仿佛发现了新大陆。爬上广阔平原的制高点，他用双手拢作望远镜，圆圆的远方是成片的农田，世世代代居住此地的人们，以及他们与这个世界相处的生存智慧。

埋头耕种，孜孜以求，朴素的故乡哲学影响了费正清的一生。若干年后，当他准备谋求一份职业时，故乡哲学显影了。回忆起中国问题研究的选择，费正清曾说，"研究中国就像一块处女地，等待被探索和耕种，能够为我提供无限的机会。"

立志研究中国，还与费正清的家族有着不解的渊源。费正清的祖父约翰·班纳德·费尔班克是一位牧师，终其一生在伊利诺伊州、密歇根州、印第安纳州以及明尼苏达州的一些大小城镇布道。若干年后，当费正清在皮奥瑞亚、明尼阿波利斯、布鲁金斯等处做关于中国的演讲时，他突然意识到自己走上了祖父的那条道路，他愿意"通过对中国的研究来救赎美国"。

费正清的父亲亚瑟·博伊斯·费尔班克以律师作为职业，同时是当地活跃的社会活动领袖。母亲罗蕾娜·金·费尔班克对他的影响最深。母亲有严格的自律精神，无论在哪里总能找到志趣相投的人们，特别是在年轻人中间。她对原始美国中部从欧洲获取先进文化的历史抱有浓厚的兴趣，这种兴趣指引着费正清走出美国，走向东方。

近一个世纪的波澜壮阔，让这个生于美国长于美国、享誉世界的"头号中国通"发现，他之所以始终心系中国，源于母亲传递的信念：面对挑战要有信心。

1932 年，辗转半个地球，费正清第一次站在中国的土地上。半个多世纪里，先后五次来到中国，他与中国再也无法分离。

友谊升温

费正清这个中文名字，出自梁思成。意指"费氏正直清白"，"正清"二字又与约翰·金（John King）谐音。"使用这样的名字，你可以算是一个真正的中国人了。"梁思成颇为得意地对费正清说。

梁思成和林徽因是费正清夫妇在中国最好的朋友。梁家居住在北总布胡同，与费家只隔了一条胡同。费氏夫妇常常受邀去梁家吃顿"便饭"，席间少不了聊起北京大学、清华大学、燕京大学里种种掌故。兴致浓处，总会吟诵起中国古典诗词，还会被要求与济慈、丁尼生或是林赛的诗歌做比较。远至宋朝的诗画，近至北平当地传说，这里的谈笑让费氏夫妇兴致盎然、意犹

● 1972 年，北京，费正清（左二）、费慰梅（右一）与周恩来总理（右二）、乔冠华副外长在一起

未尽。当然，他们也会谈起哈佛广场、纽约的艺术家和展览，谈起柏拉图、托马斯·阿奎那，梁思成和林徽因的眼中同样闪烁着光芒。

　　那时，费正清建立起一个观察中国的视角。他开始考虑中国文化与西方文化融合的问题，并意识到"关键在于取其精华、去其糟粕"。当时的汉学研究尚未有人关注到这一点。"这是一种尚未开辟的双重文化领域，没有多少人曾如此深入、自发地去钻研，需要智慧、毅力和勇气"。即便在半个世纪之后的今天，文化融合依然是诸多汉学家、文化学者关注的热点。

　　友谊的升温，来自一次以苦作甜的旅途。1934 年夏，两家人来到山西滹沱河做实地考察。沿着汾河山谷南下，每到达一座寺院，梁思成就取出莱卡相机对建筑物进行全方位拍照，费正清和费慰梅则帮助林徽因测量，绘制比例图。拍照和测量之后，梁思成和林徽因会搜寻铭刻碑文。每次测量都是

● 1977 年费正清退休后，为了纪念他的杰出贡献，哈佛大学东亚研究中心更名为费正清东亚研究中心

早出晚归，只有午饭时间才能稍作休息。艰苦的劳作，总有收获的惊喜做报偿。在太原东北的五台山，他们发现了一座真正的唐代建筑，也是当时所知最古老的建筑。

战时可用的交通工具少得可怜。他们有时乘坐汽车，如果既没有汽车也没有火车，就只好带着寝具和口粮靠着马车和人力车赶路。一次从灵寿县到赵城，他们在四个人力车夫的运载下居然走了整整三天。有时为了避免轰炸或者绕开沼泽地，他们只能选择沿着铁路线赶路。

"中国的现状让我大开眼界，人力车夫出卖苦力也是其中一部分。同样，在美国这片自由的土地上也曾有过黑奴制的时代。但是这些罪恶早晚都会被消灭。"一路所见让费正清真正走近了旧中国，他萌发了深切的同情心，对现代中国的变革充满期待。

1942 年到 1946 年，费正清夫妇第二次和第三次来到中国，在西部与梁思成夫妇再次相见。在四川李庄，费正清夫妇见到了与当地农民过着一样生活的中国知识分子。"林徽因非常瘦弱，但是目前看起来充满活力……这里没有电话，倒是有一个唱片机，有几张贝多芬和莫扎特的唱片；有热水瓶，但没有咖啡；有许多件羊毛衫，但合身的没有几件；有床单，但没有太多肥皂进行清洗；有钢笔铅笔，但没有足够的纸张书写；有报纸，但总是过期的。这样的生活就像在墙壁上挖一个洞，拿到什么用什么，如同守株待兔，结果就要碰运气了。"

窘迫的生活和恶劣的条件，让费正清更新了对中国知识分子的认识。"换作美国人，我想大家一定早已丢下书本转而去寻求如何改善生活条件了。"在民族危难之时，中国知识分子没有像费正清在书本上看到的那样选择归隐田园，而是将学者的角色植根在家国命运中。

1947 年，梁思成在美国与费正清夫妇再次相聚。1981 年，当费正清着手整理自己的回忆录时，费慰梅也正在准备整理梁思成夫妇建筑史方面的著作。回忆这段跨国友谊，费正清感慨，"这是对抗苦难取得成功的故事，而灾难已经被英勇战胜。"

中国的大门随时向他敞开

1935 年，费正清不得不返回牛津大学完成他的博士论文。如果不是世事大变，他也许不会再到中国，也许一辈子钻进象牙塔。然而，第二次世界大战的爆发改变了他的人生。

1941 年夏天，作为哈佛大学历史系讲师的费正清突然接到通知，要他去华盛顿美国国务院新成立的情报协调局报到。美国隐隐感到日本威胁逼近，需要借助学术界的力量加强情报工作，于是从大学和研究机构征召熟悉东亚情况的人，费正清就在名单上。这一工作变动，为他随后赴华埋下了伏笔。

仅仅四个月，预感变成了现实。珍珠港事件爆发，华盛顿各机构都感觉有必要在中国重庆设立前哨站。在这一大背景下，1942年6月，费正清作为情报协调局驻华首席代表，第二次来到中国。他的公开身份，是美国国务院文化关系司对华关系处文官、美国驻华大使特别助理。这一次，他在中国待了一年多，不仅更进一步了解中国，而且在很大程度上改变了他对中国政治的态度，注意到了共产党的力量不可小觑。

"在战时的重庆又待了一年后，我最终确信我们的盟友国民政府正在腐化堕落并逐渐失去权势。国民党逐步走向衰落，我也是逐渐得出上述结论的。"当年3月，费正清在日记中写道：

> "随着通货膨胀造成的消耗仍在继续，政府似乎越来越不得不专注于紧握实权。思想、改革以及各类项目都退居次位。……处于危机的国民党会发现自己在党外没有朋友，党内却充斥着变节的投机主义者。"

此时，远方的延安正在散发着光芒。延安共产党人蓬勃的朝气和朴素的平均主义，早就因埃德加·斯诺的《红星照耀中国》而为世人所知。每一位去过延安的旅行者都可以证明书中的情景，包括从1943年开始接触左翼的费正清。

费正清接触最多的中共领导人是周恩来。当时，周恩来是中共南方局书记。费正清结识周恩来的过程有些曲折：先是通过自己在哈佛的学生、《时代》周刊著名记者白修德牵线搭桥，认识《大公报》女记者杨刚，又通过杨刚认识周恩来的新闻发言人龚澎，又通过龚澎才认识了周恩来。

初次见面，费正清就被周恩来非凡的领导能力折服。他曾这样回顾在重庆八路军办事处与周恩来的第一次见面："他英俊帅气，眉毛浓密，智力超群，直觉敏锐。他代表着人民群众，并为共产主义事业奋斗。"这次见面，费正清还仔细观察了周公馆，发现臭虫或许会从顶棚上掉下来，甚至雨水会打湿床铺，但"他们的信仰热情与理想依然如旧，好像他们能够唤醒这个国家。"

费正清第二次见到周恩来，是抗战胜利初期。鉴于重庆谈判即将取得成果，共产党重庆代表团宴请美国新闻处。1946年1月上旬，答谢宴安排在当地最豪华的胜利酒店。费正清的回忆现场感十足："晚宴分为两桌，周恩来坐在其中一桌，叶剑英将军坐在另一桌。大家都显得兴奋而充满活力。周恩来摇头晃脑地唱起了歌，我们也跟着哼唱起来，而叶剑英用筷子敲着桌子和玻璃杯进行伴奏。他们唱起了延安歌谣。"随后，美国人也唱起了同样鼓舞人心的美国内战时期歌曲。费正清看到的周恩来，代表了充满自信的共产党。

最后一次见到周恩来是26年之后。1972年，费正清受周恩来邀请，率历史学家代表团访问中国。他这样描述近距离观察到的周恩来："一双威严的光芒四射的眼睛，在其和蔼友善的外表下掩藏的是久经磨炼的犹如钢铁一般的意志。"

临别时，周恩来用英语对费正清说："明年或晚些时候再见。"对于费正清来说，这意味着中国的大门随时向他敞开。

心系中国

1972年重返北京，如同毕业40年的同窗聚会。费正清和费慰梅一面发现和欣赏新一代的面貌，一面寻访旧日的梦。

当然不得不提到尼克松总统。"理查德·尼克松是以反对共产主义开始

　●　费正清和费慰梅在龙门石窟的一座佛像脚下

他的政治生涯的，他支持美国对华冷战，支持与台湾结盟。然而 1960 年后，他开始了解中苏关系破裂的真相，于是 1968 年当选总统时，他希望恢复中美邦交作为影响莫斯科强权的政治行动。"费正清在回忆录中这样写道。

尼克松和基辛格开始精心安排并发出了一系列信号。一次偶然的机会，让费正清成了给出信号的一个人。一次，费正清从纽约到波士顿的列车上遇见了亨利·基辛格，并就如何恢复中美邦交的问题进行了讨论。他的看法是，毛泽东能够会见任何国家元首，尽管他本人极少出国访问，而美国总统却能毫不费力地前往世界各地。他还将自己写的一篇题为《中国的世界秩序：中国的外交传统》的文章送给了基辛格。在后来基辛格的回忆中，这次谈话被誉为"改变了世界"。

1972 年 2 月 21 日，尼克松总统到达北京时，费正清通过北京的现场直播见证了这一历史时刻。即使作为历史学家的费正清，也无法完全预测这将对两个大国产生怎样深刻的影响。1972 年，应邀参观新中国的费正清不无感慨："要理解中国 40 年的巨大变化，在智力上面临巨大挑战。"

1979 年 1 月 1 日，卡特政府最终实现了中美关系正常化。邓小平访问美国期间，30 年来一直呼吁中美关系正常化的费正清，受邀出席总统卡特在白宫举行的国宴，而且被安排在贵宾桌主桌，与卡特和邓小平一桌。"这真是莫大的荣幸！"多年以后，再回忆这段经历，费正清依然掩饰不住欣喜之情。令他印象深刻的是，即使是经历了"文化大革命"那样严峻的考验，中国领导人和中国人民对自己的发展道路依然充满了自信。吃饭时聊天，费正清与邓小平问起对方年龄。当费正清得知邓小平比自己大两岁（74 岁）时，感叹道："但您还有头发，我却没有了。"邓小平幽默地回应："显然您用脑过度了。"

中美两国的正式建交，让费正清发自内心地感叹："1979 年是美国与中国之间的 30 年隔离状态彻底结束的一年，也是我 50 年来成为中国问题专家所作的种种努力的总结之时。"

令费正清想不到的是，那次见面不到一年，中国就发生了不可思议的变化——1978 年 12 月，中国开始进入改革开放的时期。中美关系也不免受到改革开放大潮的影响。改革开放，无疑让两个大国走得更近了。作为"头号中国通"，他密切关注着中国的变化，甚至为中国改革的速度而大为惊讶，还曾发出一种担忧：中国改革是否应该放慢其节奏。

1980 年，翻译家冯亦代应美国哥伦比亚大学翻译中心的邀请访美期间，特地去剑桥看望了老友费正清。席间宾主都不免聊到中国的发展，据冯亦代回忆，费正清对中国的前途表示十分乐观，他同时提醒要在短期内培养出足够的训练有素的人才，以满足国家现代化的需要，因为改革开放与大规模的技术革新都需要人才。在费正清看来，新加坡是个小国家，在新儒教的影响下得到革新，从而走上现代化的道路。作为儒教发源地的中国，必将通过革新，恢复泱泱大国的地位。

尽管"费正清东亚研究中心"在哈佛大学挂牌后，费正清宣布正式退休，但关于他的传奇仍然在被人们传说，他的名字和他的学术成就也从未在地平线消失。

他主编的"剑桥中国史"系列丛书在中国如雷贯耳；美国现在的"中国通"都免不了受到他的影响，包括被誉为"汉学三杰"之一的孔飞力；冷战时期，美国《生活》杂志骂他是"中共的长期的辩护士"；1972 年尼克松访华，把他的《美国与中国》作为了解中国最重要的参考书之一；作为傅高义和史景迁的老师和前辈，费正清的民国中国、史景迁的明清近代中国、傅高义的现代中国，一脉相承地对大洋彼岸这个体量同等、文化迥异的大国持续观照，构成了另一种关于中国的呈现……

费正清，生于 1907 年，逝于 1991 年，几乎完整经历波澜壮阔的 20世纪。

"山间总是有泉水的，你只要用心就会找到"，这是新罕布什尔州的一句名言。当我们回忆这个传奇人物的中国缘时，他的一些判断跨越时空，依然闪烁着智慧的光芒。

"未来美国应该将面对在中国地区的巨大风险，因为美国已经参与了中国现代化的建设。"

"美国人和中国人都不会改变我们根深蒂固的行事方式、价值观念以及民族形式，尤其是不可能适应对方的需求。尽管如此，由于严酷现实的需要，我们之间也会产生相似性。我们共同分担着全球性的问题。不幸的是，由于科技发展与公民权利不可避免地产生冲突，美国与中国也可能会面临误解的危机。"

"如今的中国和美国是未来世界竞争的主要地区。这种竞争更多的是发生在两国内部的竞争，而非两国之间的竞争，是机械主义与人文主义的对抗……是物质力量与知识力量的强强联合。"

……

在改革开放 40 年的今天，尽管费正清已经离去近 30 年，他对于中美关系的这些判断依然闪耀着智慧的光芒。

拉法兰

与中国同行

李永群

"自从在工业革命期间消失后，中国人重返世界一流强国之列。"法语被誉为世界上最动听的语言之一，当这句话被法国前总理拉法兰富有磁性、自带节奏感的男中音说出时，更为悦耳。

拉法兰的声音回荡在金碧辉煌的卢森堡宫，这里是法国参议院所在地。2018 年 3 月 21 日上午 9 点 35 分，法国参议院举行"一带一路"听证会，拉法兰就此接受法国参议员的问询。拉法兰此言虽简短，但内涵丰富，前一句含义即为英国著名学者李约瑟的论断，"中国在近现代之前是世界上最先进的国家之一，但在 18 世纪下半叶英国爆发工业革命之后，中国迅速落后于西方国家"。因此有了著名的"李约瑟之谜"：尽管中国古代对人类科技发展做出了很多贡献，但为什么科学和工业革命没有在近代的中国发生？而后一句则是对中国改革开放 40 年成就的高度评价，这是令包括李约瑟在内的西方人都不曾预料的全新景象：中国已经成为世界第二大经济体，到 2016

年为止，按购买力平价计算，中国经济规模从 1978 年占世界 GDP 的 4.9%
恢复到 18.6%，以这么高的速度持续这么长时间的增长是人类经济史上不曾
有过的奇迹。

作为中国改革开放 40 年的见证者、研究者、推动者，拉法兰以他对中
国的认知，启发法国参议员们应该从中国复兴的全面战略来理解"一带一
路"倡议。"丝绸之路上的历史总是激发人们无尽的想象。法国作家玛格丽
特·尤瑟纳尔笔下的古罗马皇帝哈德良就曾对古丝绸之路上繁忙的商贸充满
向往。如今，当中国重新将丝绸之路带进现实，欧洲却仍在抱着好奇心打
量，还未充分意识到'一带一路'倡议的重要性。"

我们需要到中国去

我与拉法兰的初次结识是在他领导的"展望与创新基金会"于 2014 年
初举办的新年招待会上。招待会场地狭小，略显拥挤，来宾大都是法中各
界著名人士。也许我是第一次来，他很快就注意到我，远远地定睛看着
我。这是一种长辈般专注的、友好的眼神，受到鼓舞的我趋前主动向他表示
问候、自我介绍，并抓住时机约他专访。他随即大声喊他的秘书过来，说：
"人民日报记者要采访我，你看看我的日程安排，定个约会。"第一次专访拉
法兰就这样愉快地商定了。后来在多个场合，听到拉法兰告诫法国人，"与
中国打交道，你首先得喜欢中国、喜欢中国人"。

1971 年，23 岁的拉法兰首次踏足中国的香港、澳门，没有进入内地，
只是拿着望远镜远眺了对面的深圳、珠海，"对我而言，中国内地充满神
秘"。也许是法国人骨子里流淌的"伏尔泰意识"，即异国情结，促使拉法
兰对这个遥远的东方国度心驰神往。五年后，拉法兰如愿以偿，相继考察了
北京、哈尔滨、上海和广州等地，"我对中国一见钟情""兴致盎然中我朦胧

感觉到中国未来发展的潜在力量"。多年后，拉法兰回忆此次中国之旅给他留下的深刻印象，"我记得当时的生活条件没有现在那么好，但年轻人都非常热情、充满活力，他们还跟我打乒乓球，我觉得这些年轻人长大以后肯定非常棒"。

"广东是向世界展示中国改革开放成绩的一个窗口，我就是一个最好的见证者。我已经见证了广东 40 年的发展，我热爱广东。"2018 年 4 月 7 日，在广州图书馆举行的《国际政要见证广东改革开放 40 年》纪录片开机仪式上，拉法兰如是说。

说到深圳——中国改革的第一块试验田、中国开放的第一个窗口，拉法兰曾对我讲述一桩趣事，20 世纪 70 年代，法国夏岱勒罗市欲与深圳结为友好城市，当时前者有常住居民 3.2 万，深圳则只有 3 万。其时夏岱勒罗市的友城事务谈判官员勒内·蒙诺里非常有远见地预期了中国的发展，他建议深圳更适合与当时有 38 万人口的维埃纳省建立友城关系。如今 40 年过去了，夏岱勒罗居民增至 4.5 万，而深圳已经超过 700 万。拉法兰为此感慨万分："这段友城轶事足以反映出近 40 年来中法两国截然不同的变迁。因此，我们需要到中国去。"

到中国去，风雨无阻。2003 年中国那场非典疫情依然历历在目，出于对疫病的恐惧，一些国家政要纷纷取消访华，但时任法国总理拉法兰坚持于当年 4 月疫情尚未得到完全控制期间对中国进行了访问，展现了法方对中国政府抗击非典行动的坚定支持，更体现了拉法兰本人对中国人民的真挚友好情感。"患难见真情"，从此拉法兰成了"中国人民的好朋友"。之后，中国政府启动 P4 实验室的建设，引进法国里昂 P4 实验室技术和装备，2015 年初亚洲首个 P4 实验室在武汉建成。实验室用于烈性传染病研究与利用，是人类迄今为止能建造的生物安全防护等级最高的实验室。

到中国去，更在辞官后。2005 年由于欧盟宪法条约在法国全民公投中未获通过，引发法国政坛震荡，时任总理拉法兰被迫辞职。"我离开总理府马提翁宫以后，不愿像在职时那样从政。而我对中国则投入很多精力。这种投入基于两个信念：一是我始终认为，即使在野也可以在国外毫无争议地代表法国；二是从政时间是短暂的，但外交生涯可以长久，尤其是与中国的交往。"

中国之外看中国

卸任法国总理后，拉法兰担任"法国展望与创新基金会"主席。了解中国、研究中国、介绍中国，推动中国和法国关系稳定发展，是该基金会的主要工作之一。从2006年起，每年8月底或9月初，这个基金会都要在拉法兰老家普瓦捷召开一次有关中国的高级别大型研讨会，出席研讨会的有法国政府内阁成员、议员、驻外大使、前政要、专家、学者和企业高层领导。

2016年9月初，我和同事受邀从巴黎坐高铁赴普瓦捷参加一年一度的中国主题研讨会，当年的主题为"中国之外看中国"，吸引了500多名政商学界人士的参与。这个由拉法兰亲手打造的中国主题论坛，已经迎来第十一个年头。十年间，法国及欧洲各界精英人士定期齐聚一堂，见证中国发展、讲述中国故事、寻找中国机遇，探讨中法关系未来。"中法新型伙伴关系""2020年后的中国与世界""中国与金砖国家共同命运体""中国在全球治理中的表现""中国的绿色增长"……从这些历年的主题可见论坛既饱含对中国自改革开放以来日新月异发展的关注，又怀有增进中法两国了解与合作的良好愿望。

法国展望与创新基金会总干事塞尔日·德加莱是拉法兰的得力助手，他深有感触地表示，十年里中国变化巨大，中国正朝着新型的发展模式迈进，同时深刻影响着世界。

午餐后，拉法兰在饭桌上像拉家常一样接受了我们采访。他总结说，十年来论坛营造了一个欧洲的中国之友网络，通过论坛的交流，与会者更好地认识了中国在世界的作用和法中两国关系。其核心价值是成为一个分享观点的"思想极"，让所有人都畅所欲言，在彼此尊重的条件下进行碰撞和交流。与此同时，2010 年至 2018 年拉法兰担任博鳌亚洲论坛理事期间，每年都率领法国乃至欧洲高级经贸代表团与会，并有机会获得中国领导人接见，为法中两国政经高层的沟通与交流牵线搭桥。

卸任总理后，法国政坛左右更替，但无论是右派总统萨科齐、左派总统奥朗德、还是自称"非左非右"的马克龙总统，他们每次访华都爱邀请拉法兰随行。马克龙当选总统后不久，还任命拉法兰为总统中国事务特别代表。拉法兰利用每次来中国的机会，除了倾听中国领导人的真知灼见，也还愿意与中国的官员专家进行交流，他对中国的了解主要是通过耳闻目睹和学习研究。

2015 年 7 月，展望与创新基金会出版了拉法兰撰写的一本书，名为《与中国同行》。书中拉法兰谈到："如果我们认为中国目前的转变只是仿照从前，自以前的朝代从零开始，再次出发，每 30 年一变，那我们就错了。事实上，我们现在所处的情况，如同 1978 年中国那场同样无声无息的改革。当下的这场变革是会把中国带向整个人类体量中一个新的平衡点。自然涉及不同方面的延续，现阶段的成果也将引出下一个阶段的新需求。这本来是很容易理解的，但西方始终沉浸在以自身现状作为中国理想坐标的想法中，很难去想象正在发生的改变不仅仅为着缩短两者间的差距。这就是为什么西方没有办法全面洞悉 1978 年的改革在历史中的关联性。"

拉法兰在书中还大声疾呼："是时候来调整我们的既有思维模式了，当我们不再居高临下，我们的思想也能得到喘息。中国人的思维更复杂，更适宜于应对当今世界。我们不要再犯不研究、不深入、不理解的错误了。要从我们自身在世界的管理中总结经验教训，找到解读中国的最佳方式。"

法国政治家让－雅克·塞尔旺－施莱贝尔于 1965 年出版的畅销书《世界面临挑战》曾风靡一时，该书系统地阐释了美国模式。50 年过去了，拉法兰认为如今也是时候来了解引领未来世界的中国模式了。

认真研读习近平著作

拉法兰确实下了大功夫来了解中国、解读中国，在他看来，最佳方式便是研读中国领导人的真知灼见。《习近平谈治国理政》法语版 2015 年 1 月 13 日由法国百年出版社在法国正式发行，2 月 13 日百年出版社在巴黎举办了《习近平谈治国理政》一书研讨会。当时拉法兰对我说，"我认真阅读了此书。习主席的这本书是值得研究的信息宝库，汇总了他对中国的各种期待，他的演讲帮助我们梳理出不断强调的主题和始终如一的基准，使我们可以分清主次。一个国家元首用白纸黑字的方式，记录下他的治国理念、远大抱负和总体计划，这是很少见的。我认为直接阅读习近平的著作是很重要的。"

6 月 8 日，我正在国际奥委会总部洛桑报道北京申冬奥代表团的活动，收到了拉法兰关于《习近平谈治国理政》的读后感，希望刊登在《人民日报》。一口气读完拉法兰精辟深刻、饱含深情的读后感，我深深被这位睿智老人的研究精神与认真态度所打动，很快将文章传回人民日报国际部。7 月 16 日，拉法兰的读后感《清晰的目标激励着整个民族》在"国际论坛"栏目发表，引起很大反响。

拉法兰在文中说："我抱着极大的兴趣拜读了《习近平谈治国理政》一书。这部著作全面系统回答了新的时代条件下，中国发展的重大理论和现实问题，字里行间流露出一位国家领导人的政治抱负、治国理念、宏大规划和真情实感。对其丰富内容进行归纳提炼是一项浩大工程，我只能择其要而述之"。

　　"作为一个历史悠久的伟大国家，中国有自己独特的文化和传统。在这块土地上从事改革开放事业，这本身就决定了中国特色社会主义的原创性……'两个一百年'的清晰目标，激励着整个民族。当前中国经济发展进入新常态，带来许多变化与挑战。中国要实现有质量的经济增长，离不开创新和技术含量的提高。习近平在书中引用法国作家雨果的话说，'已经创造出来的东西比起有待创造的东西来说，是微不足道的'，意在号召中国年轻一代发挥其创造力。中国的发展寄希望于民族智慧和创造力。"

　　"总之，《习近平谈治国理政》谈中国、论世界，为国际社会更加全面地了解中国、更加客观地看待中国、更加理性地读懂中国，开启了一扇重要窗口，提供了一把重要钥匙，是一部值得认真反复品读的好书。"

　　此文的发表，助推了国内外学习《习近平谈治国理政》的新热潮。一位常驻非洲的同行当时兴奋地表示，"如果要给《清晰的目标激励着整个民族》一文开稿费的话，它价值百万"。

　　在接受采访时，拉法兰强调，"习近平主席的新理念中最让人印象深刻的是，选择创新作为发展的主要杠杆。他呼吁中国人民尤其是年轻学生用聪明才智结出创新的果实。研究中心、实验室、孵化器、产业竞争力集群……这些机构在全国各地成倍增长，没有任何一个省份被排除在这个战略之外。伟大的中国人民重获了民族创造力，而这个创造力曾经一直辉煌到18世纪。如今中国又位列世界创新国家的前茅"。

　　拉法兰说："习主席是一位伟大的世界领袖，他根植于中国土地与文化，善于很快适应国际形势，并能领导中国在世界舞台发挥重要作用。关于他的外交思想，我马上想到他的多边主义及发挥联合国作用等主张，这对世界平衡至关重要。习主席提出的'一带一路'倡议表明他非常重视欧亚战略，这为世界的发展带来了活力，凸显他具有全球视野。"

陆克文

"我是中国改革开放的见证者"

李锋

　　1972 年的一天，一名生活在澳大利亚昆士兰州的普通家庭妇女把一张报纸递给上中学的儿子，告诉他报纸上的这个国家将来对澳大利亚至关重要，而且有一天将改变世界。报纸上是此前一年中国加入联合国的内容。几十年后当这个男孩再次回忆起这段往事时，仍然对自己只有初中文化水平的母亲心怀感激。母亲的远见使他立志学习中文和了解中国的愿望更加强烈，而他对中国的痴迷也成为其后来政治和学术生涯中最重要的标签。这名叫凯文·路德的男孩后来有了一个响亮的中文名字陆克文，2007 至 2013 年期间他曾两度出任澳大利亚总理。

七亿人脱贫是中国改革开放取得的最大成就

中学毕业后，陆克文前往首都堪培拉，就读于澳大利亚国立大学，开始系统学习中国历史和语言文化。"我依然记得 1978 年还在读本科的时候，努力阅读《人民日报》关于十一届三中全会报道的情景。从那时起，每一届中国共产党代表大会我都会学习。所以，我在某种程度上见证了改革开放以来中国发生的巨大变化。"尽管时光已经过去了近 40 年，但陆克文在 2017 年 10 月接受笔者采访时，回忆起当年的情景，仍然历历在目。

六年后，也就是 1984 年的夏天，陆克文接受澳大利亚外交部的派遣，携妻女从香港前往北京，开始了其在澳大利亚驻华大使馆的外交官生涯，也开始了他与中国大陆的实质性接触。很快，陆克文和他的家人在北京注意到，一些非同寻常的变化正在这个刚刚开启国门不久的国家内部悄悄发生。陆克文的夫人特丽莎回忆说，"我们还在那儿的时候，邓小平讲话了，他说人们可以卖掉丰产物资，并自得其利。一夜之间，街上有了小摊贩；一夜之间，你突然可以花很少的钱买一件丝绸睡袍；一夜之间，你可以买到不带伤的苹果。到我们离开中国的时候，那儿已经有了一些私家车，虽然不是很多。50% 的人不再穿中山装了，产品变得逐渐丰富起来。我想就是从那时开始，这种变化一直持续到了今天"。

改革开放到底给中国和世界带来了什么？不同的人有不同的解读。作为一名长期观察中国的西方国家领导人，陆克文告诉笔者："当我开始学习中文时，中国的经济总量仅几乎和澳大利亚相当，如今以购买力平价计算，中国经济已经超越美国，而在下一个十年内，以市场汇率计算的中国经济同样会超越美国。与此同时，中国的人均收入也实现了跨越式增长，七亿人脱离了贫困。所以，单凭中国取得的成就，联合国在 2015 年就基本上实现了其千年发展目标。这就是中国改革开放取得的最大成就，也是对人类的巨大贡献。"

2017 年底，陆克文在堪培拉举行的新书签售会上，面对大批从四面八方赶来的澳大利亚拥趸，再次重申了他对中国改革开放和中国执政党的评价。"中国打开国门之后仅 30 多年，就使七亿人脱贫，这是判断改革开放政策利弊得失和对中国共产党进行评价时无论如何也无法和不能绕过的道德门槛。"

作为一名在贫困家庭长大的孩子，陆克文对贫穷有着深刻的体会，对中国人民脱贫致富后进入小康生活的喜悦之情感同身受。他说："贫穷没有尊严，能从贫困的屈辱中解放出来是天大的事。所有中国人都应该为国家取得的成就感到自豪，这种成就无论以何种方式评估都是令人震惊的。这是几代中国领导人持之以恒，坚持对内实施以市场为导向的改革、对外顺应经济全球化的成果。这种政策上的连续性同样是中国在未来取得成功的关键。"

研究中国世界观对当今世界来说很重要

2013 年 11 月，陆克文离开澳大利亚政坛，随后前往纽约担任美国亚洲社会政策研究院院长，开始了其学术生涯，关注的重点依然是改革开放中的中国。

陆克文说，他到过中国一百多次。对世界来说，中国在各个方面所起的作用越来越重要，中国在提供国际公共产品方面的贡献越来越大、效果越来越好。这也是他决定在学术机构里"用一些时间来研究中国现在、未来的世界观是什么"的重要原因。

作为一名曾经的政要，陆克文与改革开放以来历届中国政府领导人都有密切接触，中国领导人的开放胸襟和深谋远虑让他印象深刻。"多年来，我有幸参加了与多名中国领导人的会谈，包括江泽民、朱镕基、胡锦涛、温家宝以及现任的习近平主席和李克强总理，还有许多政治局委员和国务院官员，从中我受益良多。"

陆克文2017年10月接受英国广播公司采访，谈到了对习近平的印象。在陆克文眼里，习近平自信，既有渊博的学识，又有极强的使命感。陆克文说："因此，我认为在这个框架下，习近平意识到自己与中国重拾国际大国地位密切相连，他对中国未来的构想不只关乎国家财富和国力，更关乎每个人的财富以及每个人追求自己未来的能力。"

陆克文在2017年接受采访时说："这也是为什么我要在牛津大学从事一个关于习近平世界观的新研究项目的原因。了解中国在未来如何参与国际事务对当今整个世界来说很重要，就像中国了解世界如何看待其在21世纪的全球角色一样重要。要做到这一点就不能纸上谈兵，这对我们所有人来说都是现实的。我觉得习近平为我们提供了一个必要的和迫切的全球对话的良好起点，从而维护世界人民在21世纪的繁荣和安全。"

陆克文认为，中国的领导人具备两大素质，一是在制定战略性政策时，无论面临什么样的障碍和挑战，都表现得相当有韧性和耐性。二是中国的领导人往往具有前瞻性的远见，善于制定长远的计划，从邓小平到江泽民、到胡锦涛、到习近平，莫不如此。

陆克文深知，作为中国的执政党，改革开放后中共每一届党代会都是中国历史上浓墨重彩的一笔，都决定了今后一段时期中国政府的政策走向。"无论是作为一名学者、驻华大使馆的外交人员、商人、议员、外长、总理还是设在纽约的美国智库亚洲社会政策研究院的创始人，我对中共党代会的关注都没有停止过。"

改变经济增长模式的时候到了

当前，反全球化思潮抬头，中国在维护多边主义国际秩序及推动国际合作方面发挥着越来越重要的作用。陆克文对"一带一路"倡议、亚投行的建立等中国在新时期出台的重大外交和经济举措给予高度肯定。

谈及中国未来经济发展时，陆克文表示，希望在十九大之后，中国经济继续实现稳步增长，并对世界经济增长做出更大贡献。

对于十九大，陆克文给予了不同寻常的特别关注。"重温习近平在十九大所做的重要报告是令人深感鼓舞的。习近平表示将继续致力于执行下一阶段的经济改革。对国际社会来说，过去五年全球经济面临不利因素，美国和欧洲表现均不佳。幸运的是，我们已经看到了全球经济强劲复苏的成果，允许改革生根发芽，并适时开花结果的国际环境已经成熟。"

中国当前的经济模式运行了 40 年，这种模式虽然确保了高增速，但随着中国经济社会的发展变化，如今到了改变的时候了。陆克文告诉笔者，近年来，中国领导人已经认识到，必须实施新的经济改革蓝图，改变中国的经济增长模式以适应未来的发展需要。这个决策让西方人印象深刻，它反映了中国对经济挑战的理性分析：中国要从低工资、劳动密集、污染环境的出口导向型经济转变为高收入、高技能、科技和创新驱动生产力增长以及环境可持续发展的新模式，这需要大量培植服务业和国内消费需求，私营企业也必须越来越有创业精神。这又是一次严峻的政策挑战，就像以前改革计划经济体制时邓小平提出要打破"铁饭碗"一样，此轮改革也要在相当大程度上破除既有的东西。而一旦改革议程全面实施，从长远看中国和世界获得的经济效益都将更加巨大。

陆克文认为，中国经济转型的实质是从伴随国家大量基础设施投资的劳动密集型和出口导向型模式，向拉动内需、服务行业占比更大和以民营企业为主导的模式转变。迄今，中国在转型方面取得了长足的进步。

在陆克文看来，许多改革措施在推行过程中会充满争议，邓小平刚提出改革开放理念时如此，现在改革的挑战更加具有根本性。在国企改革、私企定位、财政管理、外国投资、外贸和竞争政策以及金融体制、劳动力市场和土地问题等一系列决策上都要求中央政府出台新的灵活政策。"这些都是大刀阔斧的革新，需要在中国领导人选择的社会主义全面发展模式下，制定崭新的意识形态框架。"

"人类命运共同体"体现了中国的远见

在中国崛起过程中还有一个被国际社会经常提起的问题，那就是一旦中国变得富有和强大，中国将如何在世界上使用它的财富和力量？陆克文说，习近平在十九大会议报告中有关建立"人类命运共同体"的倡议为此提供了答案。

"十多年前，作为澳大利亚政府总理，我首先提出了建立亚太共同体的设想。目的就是将区域内所有国家，包括中国和美国在内，纳入共同的地区框架，就算在某些关键的安全政策问题上两国仍然存在战略分歧。"陆克文告诉我，这样一种区域性的安排应该以扩大东亚首脑会议的任务为基础，从而维护"为我们的共同繁荣奠定了基础的亚太地区和平"。而且陆克文还坚信，无论国家间的鸿沟有多深，假以时日，"我们能够建立对亚太地区未来命运负责的区域机构"。

陆克文说："这就是我支持习近平建立'人类命运共同体'构想的原因之一。如果我们都陷入冷战思维，那么政治和战略分歧就会加深、外交行动就会失效，合作机制就会空转，热战就越来越有可能发生。当然，要实现习近平的构想，需要我们做大量工作，如果我们不朝那个方向努力，那将是极为不负责任的。"

在陆克文眼里，中国是维护世界和平的重要力量，"人类命运共同体"也不是一种遥远的理想主义，而是体现出了中国的远见，有识之士应该认真研究全球共同利益及共同价值，来改善已有的国际秩序。

● 陆克文发言，中国改革开放 40 年成绩骄人，其中最了不起的是使 7 亿中国人成功脱贫

"中国不愿参与任何形式的全球对抗，看看中国的核力量，其规模远小于美俄，而且中国并未试图赶上它们。中国领导人认为，与其依靠自己的力量打造全球安全架构，不如成为世界经济体系中不可替代的一部分。"

陆克文认为，在现有的多边体制下，中国很可能会越来越积极主动。西方应欢迎中国的多边行动，而不再对其进行攻击。这将有助于巩固已经受到极大挑战的诸如联合国、国际货币基金组织、世界银行、世贸组织及二十国集团等现有全球治理体系。

在陆克文的构想中，"人类命运共同体"可以先从"亚太命运共同体"开始一步步实现。他认为，历史不会重演，但却有迹可循。"我们从欧洲学到的最重要经验是，区域一体化必须要迈出第一步。尽管欧洲现在面临困难，但欧洲已经形成命运共同体，欧盟在欧洲和世界的和平与发展中扮演不可或缺的角色。在亚太地区我们也要加紧建立我们自己的命运共同体，以应对越来越复杂的地区和国际形势"，而这也与习近平主席所提出的"坚持亚太大家庭精神和命运共同体意识创造和实现亚太梦想"一脉相承。

"一带一路"，中国走出去新长征

近年来，陆克文在多个场合发表演说时均指出，习近平主席提出的"一带一路"倡议是中国有所作为的主要外交战略之一，是中国进一步推动对外开放的新举措，是中国走出去的新长征。如果"一带一路"推动顺利，可以成为东西方交融合作的新桥梁。

陆克文表示，目前世界经济增长处于历史较低水平，如果部分发展中国家加快基础设施建设，能够支持全球经济发展，从而有利于实现联合国可持续发展议程。

他认为，在基建领域，中国有经验、有比较优势、有资金支持，能够从政策沟通、设施联通、贸易畅通、资金融通、民心相通五个方面为亚欧非大陆以及周边国家和地区提供国际合作公共产品，连接起东亚经济圈和欧洲经济圈，并且带动东亚和欧洲之间地区的经济发展，解决欧亚大陆地区发展不平衡的问题。"如果中国能到那些地区去投资基础设施建设，那是再好不过了。"

谈到对于"一带一路"倡议的理解，陆克文表示，"一带一路"可以成为一个很好的中国品牌故事。中国正在改变着世界，世界需要了解中国，中国需要了解世界，每个好的中国品牌，都是一个讲好中国故事的机会，希望中国讲好"一带一路"的好故事。首先，中国应建立国际多边机构，把利益相关方纳入"一带一路"建设的决策和执行过程中来，能够避免不必要的误解和矛盾。第二，将"一带一路"和其他国家的发展战略相对接是有必要的。比如将来的澳大利亚北部大开发，韩国欧亚倡议，东盟互联互通规划，欧盟融合计划，俄罗斯欧亚经济联盟等，和"一带一路"都很有可能合作，从而使相关国家都从"一带一路"建设中受益。

2017 年 5 月，陆克文在中国举行的"一带一路"国际合作高峰论坛上表示，"国际社会对'一带一路'也有高标准的期待，环境保护的高标准、可持续发展的高标准、劳工保护的高标准等"。

陆克文认为，"一带一路"带来通商和文化交流，有助于推进国际秩序健康发展，未来还可以帮助数十亿人脱贫。而"一带一路"建设中肯定会遇到问题，但中国有"摸着石头过河"的历史经验，这种方式也会反映在"一带一路"的建设中。他这位"中国通"建议，在"一带一路"建设中一定要保持透明，要把项目真正作为全球性项目来经营。中国可推出一个"行为指南"作为中国在全球范围内项目建设的通行标准。在这方面，亚投行是个非常成功的范例。

萨马兰奇

"我为什么爱中国，尊重中国？"

王琦

1978 年的春天乍暖还寒，萨马兰奇作为国际奥委会第一副主席首次访问中国，入住北京当时一家涉外宾馆——北京饭店老店。此后 30 年，萨马兰奇 29 次访问中国，在推动第 29 届奥运会落户北京的同时，也从如今中国数百家的涉外饭店中，见证了日新月异的进步，"北京简直是一个梦，一个令人眼花缭乱的梦"。

筚路蓝缕启山林，栉风沐雨砥砺行。作为坚定的改革者，萨马兰奇与开放的中国一见钟情。在中国改革"摸着石头过河"的过程中，萨马兰奇不离不弃，如影随形。1979 年中国回归奥林匹克大家庭，这与改革开放几乎同步。此后 40 年，在以经济建设为中心的社会变革时期，中国通过参与奥运、主办奥运的方式消弭分歧，广结善缘，凝聚民心。与此同时，1980 年履新国际奥委会主席的萨马兰奇在 21 年任期内持续改革，令国奥会成为全球成员最多的国际组织，也让奥运会走出低谷，生机盎然。

2001 年 7 月 16 日，在萨马兰奇亲口宣布北京胜出三天后，也是其当选国奥会第七任主席整整 21 年后，他欣然交出权槌。何振梁在当天的国奥会全会上深情发言："中国人民热爱和尊敬萨马兰奇。对中国少年儿童，萨马兰奇是他们的爷爷；对中国的成年人，萨马兰奇是全天候的忠诚朋友；对我和另外两个中国委员来说，萨马兰奇是关心备至的兄长。萨马兰奇有一次访华时，问我他中文译名的含义，我答是'手持奇异兰花、骑在马上的菩萨'，你就是传播和平、团结、互相尊重和人民间谅解的使者。"

"我最好的朋友在中国。在这个温馨博大的国度里，我有一种回家的感觉。"萨马兰奇选择了中国，中国也厚馈了萨马兰奇。亲口宣布拥有五千年历史，全球人口最多的国家首次主办奥运会，这是萨翁生涯的巅峰，而夙愿得偿，急流勇退，何尝不是奥林匹克传说中最完美的谢幕方式。

中国可信赖的朋友

1958 年 8 月 19 日，由于国际奥委会坚持承认台湾奥委会，中国奥委会对外宣布，中断同国奥会的一切关系。这一断，便是 20 年。

1978 年的中国之行，萨马兰奇肩负着让中国早日回归奥林匹克大家庭的使命。六天的访问中，他没有热衷于游览古都北京的名胜，取而代之的是紧锣密鼓的会议讨论、倾听。临别之际，在首都机场贵宾厅，萨马兰奇对何振梁说："我现在更加清楚中国被排除在国际奥委会之外的历史真相，我一定全力促成中国早日回归。"登机时间到了，已经走上舷梯的萨马兰奇忽然转身下来，在何振梁耳边叮嘱，"根据我们得到的可靠消息，中国和美国的关系将会发生重大改变，这对中国返回奥林匹克大家庭极为有利。不过在恢复中国席位问题上，一番唇枪舌剑是免不了的，你们要做好准备……"

1979 年 1 月 1 日，中国和美国正式建立外交关系。美国承认中华人民共和国是中国的唯一合法政府，同时宣布结束同中国台湾的一切外交关系。当年 4 月 6 日，在蒙特维地亚举行的国际奥委会第八次全会上，萨马兰奇向委员们介绍了中国之行的所见所闻，同时呼吁："国奥会应尽一切努力，使中国尽快回到奥林匹克大家庭中来。我认为下一步的工作是要求'中华民国奥委会'改名，因为台湾不能代表中国。我不相信那些反对中国的人会不明白这样一个浅显的道理——如果占世界人口 23% 的中国被排斥在外，奥运会还是真正意义上的奥运会吗？"

同年 10 月 25 日，经过国际奥委会第六任主席基拉宁、萨马兰奇等人的轮番游说和多方努力，国奥会执委会在名古屋通过决议，恢复中国合法席位。2008 年，萨马兰奇在《我为什么爱中国，尊重中国？》一文中写道："在国奥会内部号召承认中国体育在奥林匹克运动中的地位，让中国开始渐渐视我为可信赖的朋友。"

洛杉矶的无数第一

1982 年 3 月，萨马兰奇第二次访华，也是就任国际奥委会主席后对中国的首次访问。这一次，他见到了邓小平，改革开放的总设计师给他留下了深刻印象，"虽然他个头不高，却是位历史伟人。是他的慷慨邀请让我得以在 1984 年参观了毛主席纪念堂。当得知我和我夫人是当时唯一受邀参观纪念堂的西方人时，我非常惊讶"。

萨马兰奇此行的主要目的是动员中国参加两年后的洛杉矶奥运会。中国首度参加奥运会是 1932 年，恢复国奥会合法席位后参加的第一届奥运会是 1984 年，两次都在洛杉矶。"苏联挑动其势力范围内的国家一同抵制 1984 年奥运会，但中国、南斯拉夫和罗马尼亚却抵制了苏联，依然出现在奥运会赛场上。我至今还记得中国代表团步入洛杉矶纪念体育场时的情景——雷鸣般的掌声向他们表示欢迎。"萨马兰奇 2008 年回忆道。

洛杉矶见证了中国奥运第一金，萨马兰奇也亲自为许海峰颁奖，"我一直记得在洛杉矶奥运会上颁发第一枚金牌的时刻，因为那是授予中国运动员的，这是中国奥运史上的第一枚金牌，也是我当选国奥会主席后颁发的第一枚夏季奥运会金牌。"

除许海峰外，萨马兰奇在洛杉矶奥运会的另一次颁奖同样意义深远。在60 公斤举重决赛时，萨马兰奇临时决定亲自颁奖，因为来自中国的金牌得主陈伟强与来自中国台北的铜牌得主蔡温义同时出现在领奖台上。颁奖仪式后，萨马兰奇兴奋地告诉媒体："中国和中国台湾运动员站在同一个颁奖台上，向世界宣告了一个时代的结束。国际奥委会是中华人民共和国和中国台北两个会员唯一并存的国际组织。"

两票输给悉尼

中国在国奥会恢复合法席位，并于洛杉矶一举斩获 32 枚奖牌后，开始认真考虑举办一届奥运会的可能。

1984 年 10 月，应邀参加中华人民共和国成立 35 周年庆典的萨马兰奇，第一次向邓小平提起中国申办奥运会的可能性。

1990 年 7 月，在参观国家奥林匹克体育中心时，小平同志说："办完亚运会就要办奥运会。举办奥运会对振奋民族精神、振奋经济都有好处，你们下决心了没有？为什么不敢干这件事呢？建设了这样的体育设施，如果不办奥运会，就等于浪费了一半。"他这一番话，为一直酝酿申奥，却不知何时该向中央请示的北京市及国家体委负责人点亮了绿灯。

1991 年 12 月 3 日，北京市常务副市长张百发带领的三人代表团到国际奥委会总部递交申请书，正式申办 2000 年奥运会。萨马兰奇对张百发说：

"你们从此将开始一段很艰难的历程，你们面临着很多竞争对手，祝你们好运。"

正像萨马兰奇说的，北京的对手，远不止悉尼、柏林、曼彻斯特、伊斯坦布尔。西方世界对中国的政治围攻一直没有停止过。毫不夸张地说，在奥运会申办历史上，没有一届像这次这样，有如此多的敌对情绪，如此多的政治干涉。

美国众议院人权小组通过一项议案：反对在中国北京或其他城市举办2000年奥运会，同时要求国奥会美国委员投票反对北京。《纽约时报》也发表社论，鼓吹美国参议院也应迅速行动，不让北京举办奥运会，还说政治从来就是干预体育的。

在激烈的政治围攻中，萨马兰奇对中国的维护是坚定的，无条件的。1990年9月，在他的动员下，有60多名国奥会委员应邀出席北京亚运会开幕式，这么多委员出席一个洲际运动会是前所未有的事。1993年5月，萨马兰奇应邀参加上海首届东亚运动会，他的随行阵容是就任以来绝无仅有的：三名国奥会副主席、九名国奥会委员、两名国奥会名誉委员及夫人，再加上秘书、工作人员等，共50多人乘专机抵达北京。萨马兰奇要利用这次中国之行向世界表明一个态度：坚决支持北京申办2000年奥运会。

而针对美国的反华浪潮，萨马兰奇曾不止一次在公开场合批评美国的双重标准。在洛桑，萨马兰奇发表讲话："美国应该尊重国际奥委会的独立性，放弃发动反对北京申办的活动。国际奥委会将排除任何外界干扰独立决定选择2000年奥运会的举办城市。"

遗憾的是，1993年9月23日的蒙特卡洛，北京以43∶45两票之差输给悉尼。

纠正第二个错误

1995年5月，亚洲奥林匹克理事会在首尔选举2002年亚运会举办城市。台湾方面推出高雄参与申办。考虑到此事可能造成的严重后果，萨马兰奇推掉原定日程，出席本次会议。5月22日，亚奥理事会第14次会议开幕，萨马兰奇在开幕式上脱稿即兴演讲："明天大会将决定2002年亚运会的举办城市，作为国际奥委会主席，我对你们有一个忠告，在做决定前要考虑维护亚洲奥林匹克运动的团结。"次日，萨马兰奇邀请国奥会亚洲委员共进早餐，他再次强调："我参加这次大会的目的很明确。我再次提醒大家，台湾与任何亚洲国家都没有外交关系，如果在高雄举办亚运会，亚洲国家将如何参加？"

萨马兰奇坚定的表态改变了很多委员的态度，在最后的表决中，韩国釜山获得47票，高雄仅得4票。对于萨马兰奇亲自出面阻止高雄申办亚运，中国奥委会表示感谢。何振梁说："您的到来使局面发生逆转，我代表中国奥委会对您为了维护亚洲奥林匹克运动的团结所做的一切表示感谢。""仅仅是感谢吗？中国该给我一个奖励！"很少开玩笑的萨马兰奇说。"您需要什么样的奖励？""那就是中国再次申办奥运会！"

"北京仅以两票之差败给悉尼。此后我依然坚持我的看法，那就是北京不应该放弃继续申办。我有一个坚定的信念：21世纪的奥林匹克运动不能没有伟大的中国，奥林匹克大家庭也不能没有13亿中国人民，因为这将使我们变得更加强大。"

1997年10月，萨马兰奇应邀来到上海出席中国第八届全国运动会。开幕式后他对何振梁说："在我任主席期间，国际奥委会犯了两个错误，一是1996年奥运百年华诞没有回到奥运会的发源地希腊，而是选择了亚特兰大；二是2000年跨世纪奥运会给了悉尼而不是北京。第一个错误我们已经纠正了，希望在我离任前，能够纠正第二个错误。"此前一个月，萨马兰奇在国奥会第 106 次全会上全票当选主席，这是他第四次连任，也是最后一个任期。在萨马兰奇看来，2001 年主席任期结束时，如果能宣布 2008 年奥运会在世界人口最多的国家举行，将是他 21 年国奥会主席生涯最为圆满的句号。

把自己的事情办好

1998 年 11 月，中央批准由北京申办 2008 年奥运会。

蒙特卡洛申奥失利后，邓小平语重心长地说："关键还是把我们自己的事情办好。"1998 年的北京，相比 1993 年第一次申奥时的北京焕然一新。改革开放令中国经济迅速发展，综合国力大大增强，中国的基础设施有了惊人的变化，人民生活水平大幅提高，到处是一片繁荣兴旺的景象。

令萨马兰奇和各位国奥会委员动容的，还有这个占世界人口近四分之一的国家对奥运会的强烈渴望——96% 的中国人支持北京申办奥运会！2001 年 1 月，国际奥委会评估委员会主席维尔布鲁根致函萨马兰奇，说他受到一些政府的强大压力，有人提出要求评估委员会对北京的考察包括人权问题在内的政治内容。对此，萨马兰奇一再重申，申奥与政治必须分开。

历史前进的车轮是无法阻挡的。2001 年 7 月 13 日，莫斯科俄罗斯国家大剧院，何振梁最后一个代表北京陈述："无论你们今天做出什么样的决定，都将载入历史。但是，有一个决定必将创造历史。你们今天这个决定将通过运动促进世界和中国的友谊，从而为全人类造福。如果你们把举办 2008 年奥运会的荣誉授予北京，我可以向你们保证，7 年后的北京，将让你们为今天的决定而自豪……"

第一轮 44 票，第二轮 56 票，北京只用了两轮便轻松胜出，得票数比第二名多伦多高出 34 票，这在奥运会申办历史上是一个纪录。

北京时间7月13日22点10分，萨马兰奇缓缓打开装有2008年奥运会主办城市的信封，"获得2008年第29届奥运会主办权的城市是——北京"。这句简短的英语，这段一个人的画面，令萨马兰奇永载中国史册，也成为记录中国改革开放伟大成就的重要符号。

改革家萨马兰奇

1980年，国奥会新任主席萨马兰奇面对的是狼藉一片。政治上，1976年蒙特利尔奥运会，28个非洲国家因种族隔离制度而拒绝出席，1980年莫斯科奥运会和1984年洛杉矶奥运会，又因东西方两大阵营的冷战而遭到互相抵制。经济上，蒙特利尔奥运会亏空超过10亿美元，该市的纳税人到20世纪90年代末还一直在还债，骇人的"蒙特利尔陷阱"令1984年奥运会只有洛杉矶一家参与申办，与此同时，1980年国奥会财务报表上只剩20万美元流动资金。

1978年11月，也就是十一届三中全会召开前一个月，奥运会同样迎来转折点。刚刚获得奥运主办权的洛杉矶市议会通过一项不准动用公共基金筹办奥运会的市宪章修正案。洛杉矶求援美国政府遭拒后只好向国奥委申请，要求允许以民间方式由私人主办奥运会。

这一系列"苦心志，劳筋骨"之事，令萨马兰奇仿佛"天命之人"，顺势而为放手改革。和中国改革开放的实践类似，萨马兰奇的改革也是由解放思想开始的。首先，摒弃视商业化为洪水猛兽的陈腐观点，大胆引入市场经济机制，积极且可控地对奥运会进行多种商业开发。以拍卖的方式出售奥运电视转播权，奥林匹克全球赞助计划（TOP计划），使得奥运会通过经济独立实现重生。"洛杉矶奥运会收入2.87亿美元，悉尼奥运会收入超过14亿美元，雅典奥运会超过16亿美元，看来奥运会无论对谁来说都是一笔不错的生意。"萨马兰奇说。

其次，废止理想化的业余主义原则，宣布奥运会向世界上一切最优秀的运动员开放，这就保证了奥运会比赛具有最高的竞争水平和观赏价值。

第三，拒绝继续执行"鸵鸟政策"，承认体育不能独立于政治之外，主动与政府和非政府组织开展对话，积极灵活地斡旋于国际风云变幻中。需要强调的是，经济上的宽裕增强了国奥会的政治独立性。

第四，限制奥运大项和总参赛人数，28 个大项，一万名运动员，两个运动员可以有一名官员陪同，以避免因奥运会扩容增加承办者负担。

第五，严惩腐败。1998 年"盐湖城丑闻"爆发，别有用心的美国调查委员会公开要求传讯萨马兰奇、改组国际奥委会，欲将国奥会置于美国的控制之下。萨马兰奇果断领导反腐运动，排除问题委员，制定了一系列反腐规定，在何振梁等委员的大力支持下渡过危机。1999 年 6 月的国奥会第 109 次全会上，萨马兰奇高兴地说："波涛汹涌的大海已经过去，现在又是平静的湖面了。"

2010 年 4 月 21 日，萨马兰奇在巴塞罗那与世长辞，享年 89 岁。他是顾拜旦之后，最成功的国际奥委会主席，他是奥林匹克运动的中兴之主，他是我们的朋友。

齐赫文斯基

我走近了你，中国

任姗姗

莫斯科的郊外，像歌中吟唱的一样，静谧、美丽。

疗养院的廊道，一位白发先生缓缓踱步。

呵！窗外的叶子又黄了。近一个世纪的人生旅程，他从列宁格勒到莫斯科，从新疆，到重庆，再至北京……总是在告别，却总是在回归。就像这窗外的叶子，一茬接一茬。

他在等待，等待着从中国远道而来的新朋友，也等待着与他们一起返回历史现场。黑色拐杖撞击着地面，"咚、咚、咚"的声响，干脆、硬朗，仿佛那是来自记忆深处的召唤。

"俄罗斯科学院主席团顾问、俄中友好协会理事会名誉主席，齐赫文院士。"他向访者递上中文名片。齐赫文是他唯一的中文名字。

齐赫文的故事，该从何处讲起？

叩开汉学大门
第一位"导师"是孔子

1935 年 9 月 1 日，列宁格勒哲学、历史、文学和语言学院中文班开学，也是齐赫文 17 岁生日。身材魁梧的瓦西里·阿列克谢耶夫院士走进教室。院士打着黑色领结，用粉笔写下一连串汉字。大多数人是第一次见到这种文字，大家一笔一画描摹着，不知不觉过去了一个课时。第二节课，院士又用俄语写出了这段文字的译文。"学而时习之，不亦乐乎。"他说："这是生活在公元前 5 世纪的中国古代哲学家和教育家孔子的名言，我希望你们都能记下它。"

这大概是少年齐赫文经历过的最忐忑的生日。他无心享用生日晚餐，一头扎进书房，一遍又一遍抄写汉字课文，直至深夜。这句诞生在 2000 多年前的中国哲言难倒了大部分新生，让人望而却步。它却成了齐赫文珍藏一生的座右铭。

他是新生中唯一自愿报名学习汉语的。让这个从未到过中国的俄罗斯少年树立志向的，是三位文化"摆渡人"。一位是邻居汉学家阿列克谢耶夫院士。父亲经常与这位邻居隔着栅栏交谈，齐赫文几乎每次都能听到有趣的故事，它们大多与邻邦中国的文化和历史有关，令他十分向往。还有两位中国艺术家——画家徐悲鸿和京剧艺术家梅兰芳。1934 年，徐悲鸿应邀在莫斯科举办"中国近代画展"；隔年春天，梅兰芳在莫斯科、列宁格勒巡回演出 15 场，苏联电影大师爱森斯坦用镜头记录了梅兰芳的《虹霓关》。东方写意美学，在少年齐赫文的心里埋下了种子。

学中文比想象中难得多。列宁格勒哲学、历史、文学和语言学院的老师都是苏联杰出的汉学家。可惜这些汉学家没有人会讲汉语，学生们只能根据语言学家赵元任的语音课录音学习。第三年结束时，最初编入中文班的 28 名学生，只剩下两名，齐赫文是其中之一。

● 1937 年，齐赫文就读于列宁格勒大学中文班三年级

就这样，齐赫文迈进了汉学神秘的大门，第一位未谋面的老师便是孔子，而孔子"教"的第一课，便是东方哲学。

见证"开国大典"
"马上发电报给莫斯科"

那个在灯光下、一遍遍抄写汉字课文的少年，也许不会想到，自己真切地记录了新中国从诞生到成长的大时代。14 年后，距离列宁格勒 8000 公里之外，一个五千年文明的古国，正经历着新生！

他记得，1949 年 10 月 1 日，天气晴好。故宫前的巨大广场笼罩着欢乐的气氛，红旗招展，鼓乐齐鸣，大家兴奋地交谈着，有的人还舞起了大秧歌。齐赫文此时已是苏联驻北京总领事，也是唯一坐在观礼台观礼的外国使节。大家的目光都集中在天安门城楼上——新选举产生的中华人民共和国中央人民政府成员都在那里。而齐赫文的目光，迫切搜索着城楼上的另一群人——由著名作家、社会活动家法捷耶夫和西蒙诺夫率领的苏联社会团体代表团。他们已乘火车在当天早晨抵达北京，为了一个东方大国的新生而来。"苏联文化界人士见证新中国的诞生，这在中苏关系史上具有非凡的象征意义。"时隔 60 载，齐赫文依然激动不已。

刚从天安门回到东交民巷 37 号总领馆，齐赫文就见到了周总理的秘书韩叙。韩叙带来一封正式信函，这封信的复印件一直被齐赫文珍藏——

苏联驻北京总领事齐赫文斯基先生：

兹通知您，今天中华人民共和国中央人民政府主席毛泽东发表了公告。

现具函将此公告送达给您，并希望您转给贵国政府。

我认为，中华人民共和国与世界各国之间建立正常外交关系是必要的。

中华人民共和国中央人民政府外交部部长　周恩来

1949 年 10 月 1 日于北京

事关紧急，齐赫文马上着手翻译，为了更准确地传达内容，他与韩叙用英语和汉语反复确认一些词句。一再确认无误之后，他吩咐工作人员道："马上发电报给莫斯科！"

这一夜，极其漫长又极其短暂。第二天早 8 时，齐赫文的房门便被匆匆敲响，值班人员弗拉基米尔急促的声音传来："我听到了莫斯科广播电台的广播，苏联向全世界宣布承认中华人民共和国！"

"莫斯科与北京有五个小时的时差，当时还在工作中的斯大林接到了这封电报，随后命令发给各大报社电台。"回忆时，已过九旬的齐赫文眼中闪耀着别样的光彩，"苏联由此成为第一个承认新中国的国家。"

10 月 2 日，苏联外交部第一副部长葛罗米柯向周恩来发来电报："……由于力求与中国人民保持友好关系的始终不渝的意愿……苏联政府决定建立苏联与中华人民共和国之间的外交关系，并互派大使。"10 月 3 日，周恩来复电葛罗米柯。10 月 4 日，苏联首任驻中华人民共和国大使罗申由莫斯科启程，六天后抵达北京。罗申是外国派驻新中国的第一位外交官。

应周恩来的邀请，齐赫文担任了两国呈递国书仪式的非正式顾问。记忆里，这个庄重的历史时刻清晰如昨：1949 年 10 月 16 日，罗申由使馆高级官员陪同来到中南海怀仁堂的一间会议厅，着金丝刺绣外交礼服、腰带佩剑、胸挂勋章和奖章的苏联外交官们站成一排，等候着中华人民共和国中央人民政府主席毛泽东的到来……

这个场景，被相机定格——担任翻译的齐赫文站在罗申一侧，他戴着一副眼镜，腰间佩剑，神情庄重，双手托着的或许就是翻译文稿。那年，齐赫文 31 岁，像刚刚诞生的新中国一样，英姿勃发。

重回天安门
"改革开放让中国大大跃进了一步"

1999 年 9 月 30 日，齐赫文再次回到北京。时隔半个世纪再登天安门，他已是两鬓斑白的老人。

中华人民共和国成立 50 周年，中国人民对外友好协会邀请以俄罗斯宇航员中心领导人瓦连金娜·弗拉基米罗夫娜·捷列斯科娃为首的俄罗斯国际

● 在向中华人民共和国中央人民政府主席毛泽东递交国书时，齐赫文正在翻译苏联首任驻华大使罗申讲话稿

科学与文化学术交流中心和俄中友好协会代表团访问北京，出席相关庆祝活动。由于瓦连金娜·弗拉基米罗夫娜·捷列斯科娃不能飞往中国，齐赫文被委托率领代表团。

抵达北京的当晚，齐赫文就出席了庆祝中华人民共和国成立50周年的招待会。在人民大会堂可容纳5000人的大宴会厅，包括齐赫文在内的外国来宾，与中国政府和社会组织、人民解放军的领导人，还有艺术、科学和文化界代表人士，围坐在一起。招待会上，让齐赫文印象深刻的是时任国务院总理朱镕基的一番讲话。朱镕基说，过去50年，中国发生了翻天覆地的变化。他还特别谈到实施改革开放政策的最近20年。这让再度回到北京的齐赫文充满好奇，尽管从事汉学研究的他一直关注中国的变化，但正如中国古话所说：百闻不如一见。

1999 年 10 月 1 日，秋风送爽，风和日丽。"这几乎和 50 年前我出席令人激动的开国大典时的天气一样"，站在东观礼台最前排的齐赫文，内心并不平静，"自 1949 年 10 月中华人民共和国宣告成立的半个世纪里，天安门广场是这个国家诸多重要时刻的见证者"。

一幅幅画面仿佛历历在目：50 年代初，在"抗美援朝"口号下举行群众大会和示威游行；中华人民共和国成立十周年，人们在扩大几倍的广场上举行庆祝活动，新建的人民大会堂、中国革命和中国历史博物馆宣告建设一个新中国的蓬勃生机；1976 年 1 月，周总理的灵车沿着十里长街，在自发来送行的群众的泪水哀悼中远去；1984 年 10 月，参加国庆游行的学生们打出了横幅"小平你好"，中国走上现代化、改革开放的道路，改变了整个国家的面貌……此次，重回天安门，他看到了一个与半个世纪之前不太一样的中国，一个让他惊讶、敬佩的中国。

最有说服力的，除了庆典活动，就是规模宏大的中华人民共和国 50 年成就展。60 多个展厅、琳琅满目的展品，给齐赫文和俄罗斯代表团成员留下了难以磨灭的印象。"展品令人信服地显示了中华人民共和国过去 50 年，特别是近 20 年间发展、改革和对外开放所取得的巨大成就。与四五十年代我在中国看到的情况相比，中国大大跃进了一步！"

在 20 年的改革开放中，中国国民经济总产量增加了 4.5 倍，生产规模扩大了 6.5 倍；这期间人均消费提高了 2.5 倍；由于实行开放政策，每年吸收 400 亿到 450 亿美元的外资推动了经济的发展。1998 年，中国经济总量上升到世界第七位……在北京返回莫斯科的八小时旅途中，一系列数字，一系列亲眼目睹的变化，在齐赫文的脑海中不断翻滚。他不由想起邓小平所说的话，改革只有在这样的情况下才有意义，第一，能提高生产力；第二，能提高人民的生活水平；第三，能增加国家实力。"中国在实行改革开放政策和实现四个现代化目标的道路上取得了惊人的成就。中国没有放弃建设社会主义，它在日益繁荣和坚定不移地前进。"

重回天安门的所见所闻，似乎为齐赫文的汉学研究带来更长久的动力。2000年，由他主编的《中国的改革与革命》系列丛书获俄罗斯联邦国家奖，时任总统普京亲自给他颁奖。

故事仍在继续
"中俄友好的未来在青年"

"历史的道路不是涅瓦大街上的人行道，它完全是在田野中前进的，有时穿过尘埃，有时穿过泥泞，有时横渡沼泽，有时行经丛林。"俄罗斯作家、哲学家车尔尼雪夫斯基曾说。然而，在大时代的洪流下，又有几人能独具穿越历史的慧眼？

受涅瓦河水和俄罗斯文化滋养的齐赫文，尽管前后只在中国工作生活了7年，但与中国结下了不解之缘。纵使20世纪后半叶两个国家各自风云变幻，但唯有文化的共鸣，成为他一生寄情中国的精神纽带。

他记得，他接触的第一个中国人是孙科。

1939年，克里姆林宫莫洛托夫会客室。齐赫文被派为斯大林同中国国民政府立法院院长、孙中山之子孙科的谈话担任翻译。"你好！"齐赫文用中文向孙科打招呼。"你好，年轻人，你懂中文吗？"孙科面有难色，"虽然我是中国人，但我在南粤长大，我的中文在中国都没有人能听懂。"这是齐赫文学习中文以来，见到的第一个中国人。或许得益于此，他后来得到宋庆龄的帮助，致力于孙中山研究，先后完成了《孙逸仙的对外政策观点和实践》等著作。

他难忘，中国早期革命者的风范。

新中国成立前夕，他与苏联援华专家组负责人科瓦廖夫在香山双清别墅见到了毛泽东。齐赫文向毛泽东提了三个问题：如何看待康有为以及 19 世纪末的改良派？将对中国资产阶级实行什么政策？可否将汉字拉丁字母化？毛泽东断言：汉字是中华民族的瑰宝，任何字母也替代不了。

1957 年，受茅盾邀请，齐赫文与曾任《真理报》副总编辑的茹科夫访问中国。在中南海，他们与周恩来交换了很多关于国际问题的看法。茹科夫关心的是：中国将在什么时候加入联合国？周恩来则用孙悟空最终被接纳的故事回答了他们：最终，我们会加入联合国的。

关于中国的故事，还有很多。他把这些思考置于学术研究的维度中，作为孙中山、周恩来研究专家，出版 12 部著作、发表 500 多篇文章……2014 年，我们见面时，他正忙于十卷本著作《中国通史——从古代至 21 世纪初》的出版事宜。三年后，2017 年 11 月，著作最后一卷（第十卷）首发式在莫斯科举行，这也标志着俄汉学界耗时 5 年的《中国通史》全部编纂完成。

"学而时习之，不亦乐乎。"两个国家之间的交往，又何尝不是如此？

"中俄的政治交流正沿着正确的轨道前进。我和很多俄罗斯汉学家已经注意到习近平总书记提出的'中国梦'构想，也很赞赏中国政府正在推动的文化传播工作。这能让世界人民更好地了解中国，了解中国在世界上的作用。"对齐赫文来说，当时最大的愿望就是，"中俄两国青年能够永远做好朋友，因为中俄友好的未来在青年！"

临别时，齐赫文赠予访者两件礼物：一件是俄中友协副主席库利科娃的著作《俄罗斯－中国：民间外交》，书中赞美了孕育生长在中俄民间的美好情谊。另一件，便是朋友们为他 95 岁生日制作的卡片。小小卡片上，翠绿的底色彰显着勃勃生机，身着礼服的齐赫文，胸前缀满了各式荣誉勋章，目光如炬，如 1999 年 10 月 1 日重回天安门时一样。

齐赫文说："我这一生，多半与中国有关。是历史命运的共同性将俄罗斯与中国联系在了一起。"

古特雷斯

中国，多边主义的重要支柱

凌云

69 岁的安东尼奥·古特雷斯的形象富有亲和力：个子不高，稍有些发胖，灰白的头发，红色的领带，走路缓慢而平稳，脸上总是带着淡淡的微笑。

2018 年 9 月 2 日，国家主席习近平在北京人民大会堂会见古特雷斯。这一次，古特雷斯是来北京出席中非合作论坛北京峰会的。习近平指出，联合国是多边主义的旗帜。当前，单边主义和保护主义抬头，冲击国际秩序和全球治理体系，世界比以往更加需要多边主义，更加需要一个强有力的联合国。习近平强调，中国同非洲国家长期友好，命运与共。中非合作始终是发展中国家心心相印的合作。中方愿同联合国就如何更好支持非洲加强沟通，深入探讨。

古特雷斯说，非洲事务一直是联合国工作的重中之重。我这次与会就是要体现联合国对非洲和中非合作的支持。感谢中国始终关心和重视非洲，中非合作论坛已经成为南南合作的典范，将对世界和平与发展作出重要贡献，具有重要的全球性示范意义。

"中国与联合国的合作是根本性的"

与热情洋溢的前任潘基文相比，古特雷斯似乎更有一种稳重而坚定的力量感。熟悉他的人会从他的背景中去寻找这种力量感的来源：一位以亲民著称、又久经政坛历练的葡萄牙中左翼政治家，将公平、正义奉为终生的政治信仰，在"地球球长"的关键位置上为人类的和平与发展奉献心力。

而中国人对古特雷斯更有一种特别的亲切感：他是改革开放之初就来到广东的旅行者，是亲历澳门政权交接的葡萄牙官员，更是见证中国从加入世界贸易组织到共建"一带一路"、不断走向开放的联合国"当家人"。

2018 年 4 月 9 日，记者在钓鱼台国宾馆第一次近距离接触古特雷斯。那一次，古特雷斯应习近平主席邀请访华。在启程前往海南参加博鳌亚洲论坛 2018 年年会前，他接受了人民日报全媒体采访。

接受过无数采访的古特雷斯，那一天也显得有些兴奋——通过人民日报全媒体平台，超过 7 亿的受众观看了文字和视频采访。古特雷斯说："我想这是我拥有过的最大的平台了。"两个多月后的 6 月 15 日，是《人民日报》创刊 70 周年纪念日。他高兴地祝贺《人民日报》70 岁生日，并接过了主持人递上的特别礼物——人民日报古特雷斯报道集。

这本报道集里，有一张古特雷斯当选联合国秘书长后和习近平主席首次会见的照片，还有相关的报道。"谢谢！"古特雷斯高兴地用中文说。

那是 2016 年 11 月 28 日，那一年是中国恢复在联合国合法席位 45 周年。在钓鱼台国宾馆，习近平主席会见了作为候任联合国秘书长访华的古特雷斯。习近平强调,中国将坚定支持他履行好秘书长工作职责,并指出,作为最具普遍性、权威性、代表性的政府间国际组织,联合国在应对全球性挑战中的作用不可代替。

2017年1月18日晚,习近平来到日内瓦湖畔的万国宫,出席"共商共筑人类命运共同体"高级别会议。在第71届联大主席汤姆森和新近就任联合国秘书长的古特雷斯陪同下,习近平步入会场,全场掌声四起。古特雷斯说:"习主席,在您领导下,中国已成为多边主义的重要支柱,而我们践行多边主义的目的,就是要建立人类命运共同体。"他向习近平赠送了周恩来总理1954年率团出席日内瓦会议的珍贵历史文件和1945年各国签署的《联合国宪章》正本复印件两件重要礼物。中国向联合国日内瓦总部赠送了景泰蓝花瓶。习近平说,中国是第一个在《联合国宪章》上签字的国家,将继续做联合国坚定的合作伙伴。

几天以后,古特雷斯亲自录制了一段祝贺中国农历鸡年新春的视频。他讲述了与习主席的会面过程,强调中国为联合国发挥着至关重要的作用,还用中文拜年。他说:"鸡年象征着凡事早早行动,也象征着迎来新的开端。鸡年强调的是在工作中必须充满活力,下定决心,还要有强烈的责任感。"

当年5月,古特雷斯来华参加"一带一路"国际合作高峰论坛,并在论坛开幕式上致辞。2018年4月,他首次以联合国秘书长身份正式访华,习近平主席会见了他。古特雷斯回忆:"习主席和我非常一致。我们都认为,当今世界面临很多复杂的问题,面对很多挑战,保护主义和孤立主义在上升。但我们坚信,解决全球性问题只有一个方式,那就是全球性的解决方案——全球治理,而不是单边主义。我们需要更多的国际合作、多边主义、全球治理。"

古特雷斯说，习主席关于构建人类命运共同体的理念，是对国际社会的重要贡献。他说，中国与联合国的合作是根本性的。中国坚定支持联合国的工作，是多边主义的支柱。中国提出的"一带一路"倡议是对全球化面临的挑战所做出的积极回应。"中国积极参与全球发展合作，和国际社会一道寻找解决应对全球挑战的全球治理机制。未来，联合国与中国的发展合作将进一步深化。"在访华前接受采访时，他对贸易战表达了明确的反对立场。他说，贸易战总是非常糟糕的，不仅对涉及其中的各方来说如此，而且对于整个国际经济来说也是如此。"我们需要国际合作，不管有什么问题，必须通过对话、通过严肃的谈判来解决问题。"

2018 年 9 月，古特雷斯来华出席中非合作论坛北京峰会。行前，他在纽约联合国总部接受中国媒体采访。他表示，中非合作是南南合作的核心内容，对非洲乃至世界的和平与发展都至关重要。中非合作是非洲发展的重要举措，与联合国 2030 年可持续发展议程以及非盟《2063 年议程》的目标相契合。非洲的成功对世界的和平与发展至关重要，而与中国的合作对非洲的成功至关重要。

对中国历史和文化充满兴趣

1949 年出生的古特雷斯，恰巧是中华人民共和国的同龄人，其政坛经历也与中国改革开放几乎同步——他 1974 年加入葡萄牙社会党，1976 年在首次民主选举中当选议员，踏入政坛。两年以后，中国开始了改革开放。又过了 6 年，作为政坛新锐的古特雷斯到访广东的一座城市。后来，他以不同身份多次来过中国，1998 年以总理身份访华。

数十年过去了，古特雷斯对初访中国的印象依旧深刻。他说，那是清

● 古特雷斯（前右）和当地儿童一起叠纸鹤

晨 5 点，在一座连接城市两个部分的大桥上，自行车和行人川流不息。在他的记忆里，那个城市的街头"没有一辆汽车，却有数以万计的自行车"。在那以后，他又来过中国很多次，如今的中国"你几乎已找不出 1984 年的样子"。有一次，他特意旧地重游，在同一座桥上却看不到一辆自行车。当年那座城市到处是平房，现在除了一部分景观区，其他地方都找不到平房了。

　　身为"理工男"的古特雷斯，毕业于里斯本高级技术学院的物理和电子工程专业，当过大学老师，执教系统理论和通信信号课程，英语流利，还能讲法语和西班牙语。但他真正喜欢的却是研究历史。他最欣赏法国史学家乔治·杜比和英国史学家艾伦·约翰·珀西瓦尔·泰勒。前者以研究中世纪历史著称，主编《法国史》，对历史的细节有生动的描摹。后者精于中欧史、英国史和外交史，对俾斯麦的研究非常深入。从历史的细节中，他触摸着不同民族的历史与文化。

很自然地，古特雷斯对中国的历史和文化充满兴趣。2006 年，他访问北京时来到老舍茶馆体验京味文化，当年的照片至今还挂在店堂里。2018 年，他旧地重游，一踏入茶馆就听到"来了您呐，里边请"的京味儿吆喝。在老舍茶馆，他欣赏了龙嘴壶茶艺表演，品尝了老北京特色糖葫芦，还饶有兴致地拿起木槌敲打铜盘，"玩"起了鬃人。

葡萄牙是一个诗的国度，古特雷斯非常推崇葡萄牙诗人费尔南多·佩索阿，认为他的作品"独一无二"。他还很喜欢当代艺术，是纽约切尔西等地的画廊以及众多博物馆的常客。他又是个音乐迷，在家最喜欢的享受就是听唱片，在纽约时经常去音乐厅看演出，访问中国时曾去音乐厅欣赏经典的交响乐演出，京剧表演也让他看得津津有味。他说，京剧就很好地展示了中国的传统文化，中国文明是世界上最古老的文明之一，应该珍视这样的传统文化。"在中国，优秀的传统文化与来自世界各地的文化相融合，文化不仅让人们团结在一起，并且能够推动和平对话与理解，在今天的世界中，这一点非常重要。"

古特雷斯不仅是中国历史的观察者，某种程度上也是参与者。1999 年，他作为葡萄牙政府代表团成员，出席了澳门政权交接仪式。他说，在和平、和谐的气氛中，看到葡萄牙国旗缓缓降下，中国国旗缓缓升起，"那的确是个激动人心的时刻"。后来他回忆，在这个过程中他感受到双方都充满善意。

"虽然澳门回归的过程很复杂，但双方都能做到相互谅解。我认为还有一点也很重要，那就是依据葡萄牙宪法，澳门并不算是我们的殖民地，而是由葡萄牙治理的中国领土。所以澳门的回归并不算领土移交，而只是管理权的移交。我们一直都承认澳门是中国的领土，而我们则仅对澳门进行治理。一旦时机成熟，我们就会离开，并由中国政府接手澳门进行自治。一切相关事宜都是由中方战略决定的。"

朴素而有情怀的政治家

多次访华的古特雷斯，有一个镜头给中国人留下特别的印象：虽然身居高位，他却自己拉着行李箱，一点都没有"官架子"。而葡萄牙人则熟悉他的另一段逸事：2002 年，当他卸下葡萄牙总理职位后，每周数次到里斯本郊区的一个贫困社区给孩子们免费辅导数学。他从不允许记者跟随采访，也不许摄影记者拍摄他教的学生们的照片。他告诉学生们，自己这样做完全是个人行为，不是为了作政治秀。

这两件事显示了古特雷斯的风格——朴素而有情怀。在他担任总理那几年，葡萄牙经济迅速发展，几乎实现了全面就业。政府在削减预算的同时增加福利，建立了最低收入保障制度，这是他的标志性成就之一。他也非常赞赏中国所取得的民生成就，认为中国的发展和现代化在全球来说都是独一无二的。他说："（中国有）数亿人脱贫，现在你们有一个目标是要完全摆脱贫困，这些巨大的变化全球罕见。毫无疑问，中国将会坚定不移地实现全面现代化，全中国人民都会受益于国家的进步。"

古特雷斯谈到过自己所尊敬和喜爱的历史人物，都是为道义而不惜牺牲的政治家，其中一位是在他年轻时影响过他的瑞典政治家奥拉夫·帕尔梅；

另一位是在他生命的成熟期影响他的南非已故领导人纳尔逊·曼德拉。"他们都倡导平等、进步的世界观，主张人人平等、社会平等。帕尔梅对他的国家和国际关系的进步做出了巨大贡献，而曼德拉则是宽恕、容忍和社会重建能力的象征。"

2005 年，古特雷斯出任联合国难民事务高级专员，在两届、十年的任期里领导分布在 126 个国家的超过 1 万名员工，为超过 4000 万难民提供人道主义援助。由于阿富汗、伊拉克两场战争，以及"阿拉伯之春"带来的中东动荡，他遭遇了二战后最大的难民危机。2007 年，他称伊拉克难民潮为"中东自 1948 年以来最严重的难民问题"。在第二个任期中，他努力为叙利亚难民提供援助。2015 年，他批评一些西方国家"躲在紧闭的大门后，任由战争和暴力的受害者颠沛流离"，认为"当今世界的不公令人震惊"。

另一方面，古特雷斯很重视在社会问题上与中国的合作。2013 年访华时，他称赞中国政府的难民安置措施，为知名演员姚晨颁发证书，正式授予她联合国难民署中国亲善大使称号。出任联合国秘书长后，他同样积极鼓励中国民众参与到对未来至关重要的公共领域，如气候变化、保护濒危物种、人道主义行动等。在北京，他说，很多中国年轻人包括一些名人积极参与到这些领域，提高了公众的意识。"我看到中国社会正做出越来越重要的贡献，中国的名人在各个领域参与进来，对此我非常赞赏和珍视。"这方面的最新例子是，2018 年 7 月 12 日，古特雷斯宣布成立数字合作高级别小组，阿里巴巴集团董事局主席马云被任命为联合主席。他希望马云和另一位联合主席梅琳达·盖茨能领导该小组加强人们对数字技术影响力的认知，并在数字领域促进国际合作。

赞赏中国的担当精神

古特雷斯喜欢吃中国菜，尤其喜欢劲辣的川菜。他告诉记者："我还记得我作为葡萄牙总理访问中国的时候，去了重庆（那时候还属于四川省），当时我们吃了各种各样的四川菜，非常好吃，非常辣，我觉得正是因为它的辣让它更吸引人。"听到毛泽东主席曾有"不吃辣就不是革命家"的说法时，古特雷斯笑着说："我们正在推动联合国的改革，有的人也把它叫革命，但是我觉得它是一个改革，目的是让联合国更加高效，更好地服务于人民，因为人民才是最重要的。可能我还得多吃点四川菜，才能更好地推动改革。"

多次访华的古特雷斯去过长城，也知道中国有句俗语"不到长城非好汉"，不过他谦虚地说："我觉得自己算不上好汉，可能这句话对我来说不完全适用。"但葡萄牙前社会党总书记安东尼奥·塞古罗说过，古特雷斯是个"未雨绸缪的强者"，做任何事都会深谋远虑，但决定了的事就坚决去做。他本人也曾在接受葡萄牙媒体采访时说："我喜欢行动，喜欢脚踏实地，喜欢那些迫使我不断介入的事情。"

在联合国的改革问题上，古特雷斯就展现了勇气。他曾经在一场关于联合国改革的会议上直截了当地说："最近有人问，什么事让我夜不能寐。我的回答简单——官僚主义。"具体来说，联合国"组织结构碎片化，工作程序高度复杂且费解，繁文缛节无休无止……如果有人想让联合国发挥不了作用，没有什么办法比施行我们自己制定的条文规定更有效了"。他大声疾呼，联合国需要且正在进行一场广泛而大胆的改革，要简化决策流程，使决策更贴近所服务的人民；要实现更加透明、高效和负责的机构运作，改革烦琐和成本高昂的预算程序，撤销重复的机构，更好地为所有会员国服务。

对为了联合国崇高使命而做出牺牲的维和人员，古特雷斯也表示了高度的敬意。 他在参观中国维和警察培训中心后表示，中国不仅派出了大量的维和人员，还是向全球维和事业投入资金第二多的国家。"如果有你们的保护，我可以去世界上最危险的地方。"他说，中国不仅承诺参与联合国所有维和努力，而且采取了实实在在的行动。"我们必须要让维和部队能够更安全地工作，加快政治进程，保护平民，这需要国际社会更大的投入。"他希望在此过程中，中国能够更多地扮演领导角色。